압수수색에 대한 최근 판례 동향 분석

Lee
&
Ko

법무법인(유) 광장 형사그룹

압수수색에 대한 최근 판례 동향 분석

초 판 인 쇄　　2025년 9월 9일
초 판 발 행　　2025년 9월 19일
지 은 이　　법무법인(유) 광장 형사그룹
발 행 인　　이수형
발 행 처　　(주)법률신문사
출 판 등 록　　1980. 4. 22 제6-46호
주　　　소　　서울특별시 서초구 서초대로 396, 1402호
대 표 전 화　　02-3472-0602~5
팩　　　스　　02-3472-0606
홈 페 이 지　　www.lawtimes.co.kr

I S B N　　979-11-5919-050-6(13360)
정　　　가　　26,000원

압수수색에 대한
최근 판례 동향 분석

Lee
&Ko

법무법인(유) 광장 형사그룹

오늘날 수사기관은 범죄 증거를 확보하기 위해 강제수사를 동원하는데, 인신 구속을 동반한 대인적 강제처분이 이루어진다고 하더라도 과거처럼 이를 통해 자백을 받기도 어렵고 자백을 받는다고 하더라도 검찰 피의자신문조서조차 공판정에서 내용부인만으로 증거능력이 부정되기 때문에 유죄 입증에 필요한 증거 확보 수단으로 그 효용성이 매우 낮은 상황입니다. 그래서 수사기관은 물적 증거 확보를 위한 압수수색에 상당한 공을 들이고 특히 광범위한 데이터가 있는 전자증거를 확보하기 위해 엄청난 노력을 기울이고 있습니다. 이를 위해 검찰과 경찰은 막대한 국가예산을 투입하여 포렌식 장비를 갖추고 압수수색시 수십여 명 이상의 수사관이 투입되는 경우가 종종 있기도 합니다.

한편, 요즘은 대부분의 정보와 데이터가 전자화 되어 있고 전자화 되어 있는 데이터의 양이 매우 방대합니다. 그와 같은 방대한 정보에는 기업의 영업비밀, 내밀한 사생활, 개인정보 등 민감 정보들이 다수 포함되어 있습니다. 그렇기 때문에 범죄혐의와 무관한 정보가 압수수색의 대상이 되지 않도록 해야 할 필요가 있는데, 형사소송법령에서 정하고 있는 내용은 압수수색에 대한 기본 원칙에 불과하여 구체적인 사안에서 압수수색이 허용되는지 여부는 판례법에 따라 정해질 수밖에 없습니다.

우리 법원은 그간 압수수색에 대한 판례를 축적하여 오고 있고, 여러 가지 쟁점들에 대해 압수수색의 허용 기준을 구체적으로 판시하였습니다. 법원은 크게 '실체적 진실발견'이란 원칙과 '적법절차 준수' 간의 긴장감 속에 점점 후자를 강조하는 방향으로 판례법을 형성하여 오고 있습니다.

의뢰인의 이익을 최대한으로 보호해야 하는 변호인 입장에서는 압수수색 현장은 사실상 총성 없는 전쟁터와도 같습니다. 최대한 자료를 확보하려는 수사기관과 이를 최대한으로 방어해야 하는 변호인 간에 팽팽한 줄다리기가 이어지고 간혹 압수수색 현장에서 충돌이 발생하는 경우까지 있습니다.

법무법인(유) 광장 형사그룹은 그간 수많은 압수수색 현장 대응을 하여 오면서 변호사들의 내부 교육용 및 수사기관 대응 자료를 위해 압수수색과 관련한 판례들을 분석하여 오고 있고, 일부 사례에서는 의뢰인을 대리하여 준항고를 제기하거나 형사 재판에서 적법절차 미준수를 이유로 증거능력을 다투어 다수의 사건에서 피의자의 이익으로 판례법이 생성되는 데 큰 역할을 하여 왔습니다.

이번에 그간 축적하여 온 판례 연구의 성과를 고객들을 위한 책자로 만들기로 하여 『압수수색에 대한 최근 판례 동향 분석』을 발간하게 되었습니다. 이 책을 발간하는데 법무법인(유) 광장 포렌식팀장으로서 기획 및 총괄 편집을 담당한 이태엽 변호사를 비롯하여 소진, 정유철, 박기완, 남동성, 박양호, 이한재, 김아름, 이주현, 김승현, 김균해, 이동원, 김태호, 김영민, 김광표, 박상욱, 이재호, 최성덕, 류경민, 김은수, 서한솔, 송승훈, 안영준, 이상목, 최성욱, 주현우 변호사가 큰 역할을 하였습니다.

법무법인(유) 광장
형사그룹 대표변호사

송찬엽

I

최근 대법원의 압수수색 관련 판례 동향 분석

압수수색에 대한
최근 판례 동향 분석

Ⅰ. 서론 : 압수수색의 급증과 방어권, 적법절차 보장의 중요성

2019년부터 2023년까지 전국 법원에 청구된 압수수색 영장 건수는 2019년 289,625건, 2020년 316,611건, 2021년 347,623건, 2022년 396,807건, 2023년 457,160건으로 매년 큰 폭으로 증가하였고, 2023년 한 해만 해도 전년 대비 15.2% 증가한 수치로, 최근 5년 사이 최대치를 기록하였다.[1] 결국 이러한 통계는 경제범죄, 영업비밀 침해, 분식회계 등 범죄의 종류를 막론하고 압수수색이 수사의 핵심 수단으로 자리잡았음을 보여준다.

이처럼 압수수색이 급증하는 과정에서 피의자의 방어권, 변호인 참여권, 적법절차 보장 문제가 중요한 이슈로 부각되고 있고, 압수수색은 단순한 수사기법을 넘어 피의자의 기본권에 중대한 영향을 미치는 절차로 자리매김 하고 있다. 이와 같은 상황에서 법원행정처는 2023년 2월 압수수색 전 대면심리 제도를 도입하고, 전자정보 압수수색 영장청구시 검색어·집행방법을 필수적으로 영장에 기재하도록 하는 내용의 형사소송규칙 개정안을 입법예고 하기도 했다.

대법원은 2007년 전원합의체 판결[2]로 기존의 판례를 변경하고 압수물의 증거능력에 대하여 위법수집증거 배제원칙을 적용한 이래 수사기관의 증거수집 과정에서 이루

---

1) 법원행정처, 2024 사법연감, 881

2) 대법원 2007. 11. 15. 선고 2007도3061 전원합의체 판결

어진 절차 위반 행위에 대하여 엄격하게 보고 있다. 특히 2015년 전원합의체 결정[3]으로 디지털 증거 수집에 있어서 구체적인 방법과 적법절차 원칙을 명확히 하였으며, 전자정보의 특수성을 감안해 수사기관의 자의적 탐색·복제·출력을 방지하고, 피의자의 참여권을 실질적으로 보장하는 방향으로 형사소송법 해석의 기준을 제시하였다.

최근에는 전자정보 압수수색과 관련하여 판례가 다수 나오고 있는데, 이는 전자정보에 대하여 압수수색이 활발하게 이루어지고 있는 현실을 반영한다. 전자정보 압수수색의 경우 법 개정 속도가 정보기술의 발달 속도를 따라잡지 못해 발생한 공백을 법원의 판례가 해석론을 제시하고, 이것이 실무상 다시 압수수색 방법론으로 자리잡는 경향을 보인다.

이하에서는 최근 판례의 동향에 대하여 살펴보고자 한다.

II. 압수수색 절차에서의 최근 판례의 동향

1. 전자정보 압수·수색에서 실질적 피압수자 개념의 도입과 참여권 법리의 발전

가. 전자정보의 특성과 참여권의 중요성

전자정보는 저장매체(컴퓨터, 서버, 스마트폰 등)에 방대한 양이 저장될 수 있으며, 복제나 추출이 용이하고 한번 확보된 정보는 무한히 복제·유통될 수 있어 기본권 침해의 위험이 매우 크다. 당사자 또는 변호인의 참여권이 보장되지 않으면 수사기관이 무관정보까지 임의로 탐색·복제하거나 별건수사에 활용될 가능성이 높다는 특성을 가지고 있다.

---

3) 대법원 2015. 7. 16.자 2011모1839 전원합의체 결정

대법원은 정보저장매체 내의 전자정보가 가지는 중요성은 헌법과 형사소송법이 구현하고자 하는 적법절차, 영장주의, 비례의 원칙과 함께 사생활의 비밀과 자유, 정보에 대한 자기결정권 등의 관점에서 유래된다고 보고 있다.[4]

이와 같은 전자정보의 특성으로 인해 **대법원은 앞서 언급한 2015년 전원합의체 결정**[5]**을 통하여 디지털 증거 압수수색에 대한 절차적 통제 수단으로 참여권을 제시하면서, 유관정보 선별을 위한 저장매체 탐색 과정에서 피압수자의 참여권이 보장되어야 관련성 원칙(형소법 제106조 제1항, 제3항)이 준수될 수 있다고** 판시하였다.

나. '실질적 피압수자 법리'의 확립과 구체적 기준

피압수자의 의미를 형식적으로만 해석하게 되면, 피의자가 실질적으로 소유·관리하는 정보를 제3자가 보관하는 경우에는 참여권 보장의 취지가 몰각되는 경우가 발생할 수 있다. 이에 **대법원은 2021. 11. 18. 선고 2016도348 전원합의체 판결을 통해 "실질적 피압수자"라는 법리를 설시**하였다.

이 판결은 형식적으로는 피압수자가 아니지만, 압수수색과 근접한 시기까지 압수물인 정보저장매체를 자신의 것으로 사용한 피의자를 "실질적 피압수자"로 보아 참여권이 보장되는 당사자로 인정하였다.

그리고 대법원은 위 법리를 바탕으로, 최근 실질적 피압수자 법리를 적용할 수 있는 요건을 보다 구체적으로 제시하였다.[6] 대법원은 2021도11170 판결에서 임의제출자가 아닌 피의자에게도 참여권이 보장되어야 하는 '피의자의 소유·관리에 속하는 정보저장매체'의 의미에 대하여, **"피의자가 압수수색 당시 또는 이와**

4) 대법원 2023. 9. 18. 선고 2022도7453 전원합의체 판결
5) 대법원 2015. 7. 16.자 2011모1839 전원합의체 결정
6) 대법원 2022. 1. 27. 선고 2021도11170판결

시간적으로 근접한 시기까지 해당 정보저장매체를 현실적으로 지배·관리하면서 그 정보저장매체 내 전자정보 전반에 관한 전속적인 관리처분권을 보유·행사하고, 달리 이를 자신의 의사에 따라 제3자에게 양도하거나 포기하지 아니한 경우로써, 피의자를 그 정보저장매체에 저장된 전자정보에 대하여 실질적인 압수수색 당사자로 평가할 수 있는 경우"라고 판시하였다.

대법원은 또한, 수사기관이 압수수색 영장에 기하여 피의자의 카카오톡 계정정보, 대상기간 동안 대화내용 등 정보 일체에 대한 압수수색을 실시한 사안에서, 실질적 피압수자에 해당하는 피의자에게 참여권을 보장하지 않은 것은 위법하다고 명시적으로 판단하기도 했다.[7]

다. 변호인의 독립적 참여권 인정

이와 같은 압수수색 영장 집행 과정에서 참여권은 형사소송법 제219조, 제121조[8]를 근거로 하는데, 조문에 규정된 피의자 외에 변호인의 참여권이 독립적인 권리인지가 의문이 생길 수 있다.

최근 대법원 2025. 4. 24. 선고 2024도19106 판결에서는 **형사소송법 제219조 및 제121조가 규정한 변호인의 참여권은 피압수자의 보호를 위한 고유한 권리**로서, 설령 피압수자에게 압수수색 집행의 일시와 장소가 통지되고 피압수자가 스스로 참여 의사를 표시하거나 참여하지 않겠다는 의사를 밝힌 경우에도, 특별한 사정이 없는 한 '변호인'에게는 별도로 형사소송법 제219조 및 제122조에 따라 집행 일시와 장소를 미리 통지하여 참여 기회를 보장해야 한다고 판시하기도 했다.

---

7) 대법원 2022. 5. 31.자 2016모587 결정

8) 제121조(영장집행과 당사자의 참여) 검사, 피고인 또는 변호인은 압수·수색영장의 집행에 참여할 수 있다.
    제219조(준용규정) 제106조, 제107조, 제109조 내지 제112조, 제114조, 제115조제1항 본문, 제2항, 제118조부터 제132조까지, 제134조, 제135조, 제140조, 제141조, 제333조제2항, 제486조의 규정은 검사 또는 사법경찰관의 본장의 규정에 의한 압수, 수색 또는 검증에 준용한다. 단, 사법경찰관이 제130조, 제132조 및 제134조에 따른 처분을 함에는 검사의 지휘를 받아야 한다.

2. 피의사실 관련성에 대한 엄격한 해석

형사소송법상 압수수색은 해당 사건과 관계가 있다고 인정할 수 있는 것에 한정하여 할 수 있다(제106조, 제215조). 여기서 관련성이란 객관적 관련성과 인적 관련성을 의미하는데, 혐의사실과의 객관적 관련성은 압수수색 영장에 기재된 혐의사실 자체 또는 그와 기본적 사실관계가 동일한 범행과 직접 관련되어 있는 경우는 물론 범행 동기, 경위, 수단, 방법, 시간, 장소 등을 증명하기 위한 간접증거나 정황증거 등으로 사용될 수 있는 경우에도 인정될 수 있다. **객관적 관련성은 압수수색 영장 범죄혐의사실의 내용과 수사의 대상, 수사 경위 등을 종합하여 구체적·개별적 연관관계가 있는 경우에만 인정된다고 보아야 하고, 혐의사실과 단순히 동종 또는 유사 범행에 관한 것이라는 사유만으로 객관적 관련성이 있다고 할 것은 아니다**(대법원 2017. 12. 5. 선고 2017도13458 판결, 대법원 2021. 8. 26. 선고 2021도2205 판결 등 참조).

압수의 목적물이 전자정보가 저장된 저장매체인 경우에도 마찬가지로, 수사기관이 압수수색 영장의 범죄 혐의사실과 관련있는 정보의 범위를 정하여 출력하거나 복제하여 이를 제출받아야 하고, **범죄 혐의사실 관련성에 대한 선별(구분) 없이 임의로 저장매체에 저장된 전자정보를 문서로 출력하거나 파일로 복제하는 행위는 원칙적으로 위법한 압수가 된다.**[9]

최근 대법원은 객관적 관련성을 인정할 수 있는 구체적·개별적 연관관계에 대한 기준을 제시하였다. 즉 대법원은 "객관적 관련성을 인정할 수 있는 구체적·개별적 연관관계가 있는 경우인지 여부는, 관련성을 요구하는 이유가 혐의사실과 완전히 무관한 별개의 범죄에 관한 증거가 압수됨으로써 헌법이 정한 적법절차의 원칙과 영장주의가 잠탈되고 궁극적으로 국민의 기본권이 침해되는 결과를 방지하기 위한 것임을 염두에 두고, 범죄의 속성, 압수수색 영장에 기재된 혐의사

---

[9]   대법원 2022. 1. 14.자 2021모1586 결정

실의 내용, 증거의 특징, 수사의 경위, 수사기관의 인식, 추가 수사의 개연성, 압수수색의 필요성, 압수수색을 허용할 경우 침해될 수 있는 기본권 내지 무관정보에 대한 이익 등을 종합적으로 고려하여, 적법절차의 원칙과 실체적 진실 규명의 조화를 도모하고 이를 통하여 형사사법정의를 실현하려는 헌법과 형사소송법의 궁극적 취지가 몰각되지 않도록 신중히 판단하여야 한다."고 보았다.[10]

그러면서 대법원은 위와 같은 법리에 따라, 대법원 2025. 4. 10. 선고 2024도15789 판결에서 관련성 원칙 위반의 효과에 대하여 명확한 입장을 재확인하였다. 즉 **해당 사건에서 1차 압수수색 영장 범죄사실과 압수물(황금도장)이 범죄혐의사실 자체 또는 그와 기본적 사실관계가 동일한 범행과 직접 관련되어 있지 않다고 판단하면서, 위 압수물(황금도장)이 영장주의와 적법절차 원칙을 위반하여 취득한 것이므로 이에 대해 2차 압수수색 영장을 발부받아 위 압수물을 형식적으로 반환하는 외관을 만든 후 다시 압수했다고 하여 그 위법성이 치유되지 않았다고 보았다.**

더 나아가 2차 압수수색 영장 집행 이후 진술증거, 통신내역, 입출차내역, 대금지급내역 등 2차적 증거의 수집도 선행 절차 위법 사이 인과관계가 희석되거나 단절되었다고 보기 어렵다고 판시하여, **관련성 원칙을 위반한 압수수색의 효과가 후속 증거의 증거능력까지 영향을 미칠 수 있음을 명확히 하였다.**

3. 압수수색 영장 집행에 있어서 엄격한 절차 준수 요구

최근의 일련의 판결 흐름을 보면, 압수수색 영장 집행 과정에서도 엄격한 절차를 준수할 것을 요구하고 있다. 이를 압수수색 영장 집행 단계에 따라 간략하게 살펴본다.

---

10) 대법원 2025. 2. 13. 선고 2024도17385 판결 등

가. 압수수색 영장의 적법한 제시

압수수색 영장 집행 과정에서 영장 첫페이지와 범죄사실 부분만 보여주고, 나머지 압수수색 검증할 물건, 압수수색 검증장소, 압수수색 검증을 필요로 하는 사유, 압수대상 및 방법의 제한 등이 기재된 부분을 보여주지 않은 것은 적법한 제시라고 볼 수 없다(대법원 2017. 9. 21. 선고 2015도12400 판결).

압수수색 영장은 원본을 제시하여야 하고, 팩스로 영장 사본을 송신한 것은 적법한 제시라고 볼 수 없다(대법원 2017. 9. 7. 선고 2015도10648 판결, 대법원 2019. 3. 14. 선고 2018도2841 판결). 다만 최근 대법원은 금융계좌추적용 압수수색 영장의 집행에 있어서도 수사기관이 금융기관으로부터 금융거래자료를 수신하기에 앞서 금융기관에 영장 원본을 사전에 제시하지 않았다면 원칙적으로 적법한 집행방법이라고 볼 수 없으나, 예외적으로 적법한 집행방법으로 인정되는 경우[11]에 대한 판시를 하기도 했다.

나. 압수수색 영장의 엄격한 해석 경향

대법원은 법관이 압수수색 영장을 발부하면서 '압수할 물건'을 특정하기 위하여 기재한 문언은 엄격하게 해석해야 하고, 함부로 피압수자 등에게 불리한 내용으로 확장 또는 유추해석하여서는 안된다고 판시하였다.[12]

이와 같은 법리는 전자정보 압수수색 집행 절차에도 마찬가지로 적용되어, 최근 대법원은 원격지 서버에 저장된 전자정보를 압수하기 위해서는 압수수색 영장

---

11) 대법원 2022. 1. 27. 선고 2021도11170 판결 : 금융기관으로부터 회신받은 금융거래정보가 해당 영장의 집행대상과 범위에 포함되어 있고, 모사전송 내지 전자적 송수신 방식의 금융거래정보 제공요구 및 자료회신 전 과정이 해당 금융기관의 자발적 협조의사에 따른 것이며, 자료 중 범죄혐의사실과 관련된 금융거래를 선별하는 절차를 거친 후 최종적으로 영장 원본을 제시하고 선별된 금융거래자료에 대해 압수절차가 집행된 경우로, 그 과정이 금융실명법에서 정한 방식에 따라 이루어지고 달리 적법절차와 영장주의 원칙을 잠탈하기 위한 의도에서 이루어진 것이라고 볼만한 사정이 없었던 사안

12) 대법원 2009. 3. 12. 선고 2008도763 판결

에 별도로 원격지 서버 저장 전자정보가 특정되어야 한다고 보았다. [13]

같은 취지로 대법원은 원격지 서버는 현장 저장매체와 구별되는 것으로서, 계정에 로그인된 상태를 이용하여 원격지 서버에 해당하는 클라우드에 접속하여 전자정보를 압수수색한 경우 압수수색 영장에서 허용한 압수의 범위를 초과한 것으로서 위법한 것으로 보았다. [14]

또한 법원이 압수수색 영장을 발부하면서 정보저장매체 수색방법을 제한한 경우 이를 위반한 수색을 통하여 확보한 전자정보는 위법수집증거로 보기도 했다. [15]

다. 압수수색 영장 집행 과정에서의 실질적 참여권 보장

압수수색 영장 집행 과정에서 당사자 및 변호인의 참여권이 보장되어야 하며, 법원은 이러한 참여권은 실질적으로 보장되어야 한다고 보았다. 서울고등법원 2023. 4. 21. 선고 2023노150, 2023노842 판결은 **"당사자와 변호인에게 압수수색 절차에 참여권을 보장하는 취지는 범죄혐의사실과 무관한 전자정보의 탐색·추출을 막기 위함이므로 피고인이나 변호인에게 압수수색에 대한 참여 기회가 '실질적으로' 보장되었다고 하기 위해서는 그들이 전자정보를 탐색·추출하는 과정을 실제로 확인하면서 영장 기재 혐의사실과 무관한 정보의 탐색·추출에 이의하는 등 사전에 이를 제지할 수 있는 기회가 있었어야 할 것"**[16]이라고 판시하였다.

위 판결에서는 **피의자의 참여권을 보장하지 않았으므로 해당 정보의 증거능력을 인정하지 않았고 이에 기초한 수사기관의 피의자신문조서 등 2차 증거에 대하여**

---

13) 대법원 2022. 6. 30. 2020모735 결정

14) 대법원 2022. 6. 30. 선고 2022도1452 판결

15) 사법행정권 남용의혹사건, 서울중앙지방법원 2020. 1. 13. 선고 2019고합186 판결에서 이와 같이 판단되었고, 항소심(서울고등법원 2021. 2. 4. 선고 2020노132 판결) 및 상고심(대법원 2021. 10. 14. 선고 2021도2485 판결)에서 이를 수긍하였다.

16) 서울고등법원 2023. 4. 21. 선고 2023노150, 2023노842 판결. 검사가 상고하였으나 상고기각으로 확정되었다(대법원 2023. 7. 27. 선고 2023도5700 판결)

서도 증거능력을 인정하지 않았다.

이와 같은 법리는 최근 2차 증거가 수사기관에서의 진술인 경우가 아닌 법정진술인 사건에서도 그대로 이어졌다.[17]

라. 적법한 압수목록의 교부 필요

압수수색 절차가 종료되면, 수사기관은 곧바로 압수목록을 작성하여 압수물의 소유자, 소지자 또는 보관자에게 교부해야 한다(형사소송법 제219조, 제129조). 이는 수사기관의 영장 집행에 대한 사후적 통제를 가능하게 하고, 피의자 등이 즉시 준항고 등을 통해 권리를 구제받을 수 있도록 보장하기 위한 절차적 장치다 (형사소송법 제417조).

대법원은 이러한 압수목록 교부의무를 형식적인 것으로 보지 않고, 실질적이고 구체적인 내용이 포함되어야 한다는 입장을 취하고 있다. 예컨대, 대법원 2022. 7. 14.자 2019모2584 결정에서는 **압수물의 품종, 종류, 명칭, 수량, 외형상 특징**

---

17) 대법원 2025. 1. 9. 선고 2024도12689 판결 : 헌법과 형사소송법이 정한 절차에 따르지 아니하고 수집된 증거는 물론, 이를 기초로 하여 획득한 2차적 증거 역시 유죄 인정의 증거로 삼을 수 없는 것이 원칙이다. 수사기관의 절차 위반행위가 적법절차의 실질적인 내용을 침해하는 경우에 해당하지 않고, 오히려 그 증거의 증거능력을 배제하는 것이 헌법과 형사소송법이 형사소송에 관한 절차조항을 마련하여 적법절차의 원칙과 실체적 진실 규명의 조화를 도모하고, 이를 통하여 형사 사법 정의를 실현하려 한 취지에 반하는 결과를 초래하는 것으로 평가되는 예외적인 경우에 한하여 유죄 인정의 증거로 사용될 수 있다. 따라서 2차적 증거의 경우에도, 절차에 따르지 아니한 1차적 증거수집과 관련된 모든 사정들, 즉 절차 조항의 취지와 그 위반의 내용 및 정도, 구체적인 위반 경위와 회피가능성, 절차 조항이 보호하고자 하는 권리 또는 법익의 성질과 침해 정도 및 피고인과의 관련성, 절차 위반행위와 증거수집 사이의 인과관계 등 관련성의 정도, 수사기관의 인식과 의도 등은 물론, 나아가 1차적 증거를 기초로 하여 다시 2차적 증거를 수집하는 과정에서 추가로 발생한 모든 사정들까지 전체적·종합적으로 고려하여 인과관계가 희석 또는 단절되었다고 평가되는 예외적인 경우에 한하여 유죄 인정의 증거로 사용될 수 있다(대법원 2007. 11. 15. 선고 2007도3061 전원합의체 판결, 대법원 2009. 3. 12. 선고 2008도11437 판결, 대법원 2024. 4. 16. 선고 2020도3050 판결 등 참조).

수사기관이 위법하게 수집한 1차적 증거가 수사개시의 단서가 되었거나 사실상 유일한 증거 내지 핵심증거이고 위 법의 정도 역시 상당할뿐더러, 피고인이 수사기관에서 1차적 증거를 제시받거나 1차적 증거의 내용을 전제로 신문받은 바가 있다면, 특별한 사정이 없는 이상 법정진술도 1차적 증거를 직접 제시받고 한 것과 다름없거나 적어도 1차적 증거의 존재를 전제로 한 것으로 볼 수 있으므로, 이는 절차 위반행위와의 인과관계의 희석 또는 단절을 인정하기 어려운 정황에 속한다. 이러한 경우더라도, 피고인의 법정진술이 다른 독립된 증거에서 기인하는 등 1차적 증거와 무관하게 이루어졌다고 평가된다면 인과관계의 희석 또는 단절을 인정할 수 있으나, 그러한 특별한 사정이 존재한다는 점은 검사가 증명하여야 한다.

등을 **압수방법·장소·대상자별로 명확히 구분하여 최대한 구체적으로 기재하여야 한다**고 하면서, 해당 사안에서는 압수방법, 장소, 압수대상자별로 구분되지 않았고 압수물 중 상당수가 목록에서 누락되었으며, 기재내용과 방식이 지나치게 포괄적인데다, 심지어 준항고인에게 교부조차 되지 않았다는 점을 지적하며 압수처분 자체를 취소하기도 했다.

또한, 압수목록은 원칙적으로 압수 직후 현장에서 작성 교부되어야 하며, 예외적으로 지체가 허용되기 위해서는 그 취지가 압수영장에 명시되어 있어야 하고, 특수한 사정이 실제로 존재해야 한다. 대법원 2024. 1. 5.자 2021모385 결정은, **압수영장에 기재된 예외 규정은 피압수자의 권리구제 절차가 무력화되지 않도록 엄격히 해석되어야 하며, 수사기관은 그러한 특수한 사정의 존재를 증명할 책임이 있다고 보았다. 아울러, 압수 및 대상 확인이 끝나면 압수절차는 종료되며, 혐의와의 관련성 판단이나 추가 수사는 이후 절차에 해당하므로 이를 이유로 압수목록 작성 교부를 지연하거나 생략할 수는 없다**고 하였다.

특히 압수물이 전자정보의 경우에는 전자정보 상세목록이 교부되어야 하며, 파일명세가 특정되어야 하고[18] 교부되지 않으면 위법하다.[19] 기술적인 문제로 전자정보 전체를 1개의 파일 등으로 복제·저장할 수밖에 없다고 하더라도, 적어도 **압수목록이나 전자정보 상세목록에 압수의 대상이 되는 전자정보 부분을 구체적으로 특정하고, 파일 전체를 보관할 수 밖에 없는 사정을 부기하는 등의 방법을 취하여야 한다.**[20]

---

18) 대법원 2018. 2. 8. 선고 2017도13263 판결
19) 서울고등법원 2024. 1. 26. 선고 2023노2045 판결(확정)
20) 대법원 2022. 1. 14.자 2021모1586 결정

Ⅰ. 최근 대법원의 압수수색 관련 판례 동향 분석

마. 무관 정보의 즉시 삭제 의무

수사기관은 범죄 혐의사실과 관련 있는 전자정보의 탐색·복제·출력이 완료된 때에는 지체없이 범죄 혐의사실과 무관한 나머지 정보를 삭제·폐기·반환하여야 할 의무가 있다. 만일 범죄 혐의사실과 관련 없는 나머지 정보를 삭제·폐기하지 아니한 채 그대로 보관하고 있다면 그 나머지 전보에 대한 압수는 영장 없이 압수수색하여 취득한 것으로서 위법하고, 사후 법원으로부터 압수수색 영장이 발부되었다거나 피고인이나 변호인이 이를 증거로 함에 동의하였다고 하여 그 위법성이 치유된다고 볼 수 없다.

대법원은 최근 휴대폰 압수수색 과정에서 사건과 무관한 정보를 대검 서버(D-NET)에 보관하고, 영장 없이 별건 수사에 활용한 경우 이는 위법하게 수집된 증거이고, 이후 D-NET 서버 전자정보를 대상으로 발부된 새로운 영장을 받았다고 하더라도 당연히 삭제·폐기되었어야 할 전자정보를 대상으로 한 것으로 위법하며 그 하자가 치유된다고 보기 어렵다고 판시하였다.[21]

III. 결어

앞서 살펴본 바와 같이 최근 압수수색 건수는 매년 증가하는 추세를 보이고 있다. 이러한 압수수색 급증의 배경에는 2020년 2월 4일 개정되어 2022년 1월 1일부터 시행된 형사소송법이 검사 작성 조서의 증거능력 인정 요건을 보다 엄격하게 규정함에 따라, 조서 중심의 수사에서 객관적 증거 확보 중심으로 수사방식이 변화한 것이 원인 중 하나로 분석된다.

또한 정보의 디지털화와 통신기술의 발전으로 범죄 관련 전자적 증거들이 다양하게 분산되고 더욱 은밀해지면서, 이를 추적하기 위한 압수수색 영장의 청구와 발부가

---

21) 대법원 2024. 4. 16.선고 2020도3050 판결

증가하는 양상을 보이고 있다. 특히 전자정보, 휴대폰, PC 등에 개인정보 및 기업의 영업비밀 정보가 다수 혼재되어 있고, 파일을 열어보기 전까지는 압수수색 대상 정보인지 파악하기 어렵다는 특성으로 인하여 당사자 참여권이 더욱 중요해지고 있다.

전자정보에 대한 압수수색의 경우 기존 형사소송법 규정만으로는 충분히 대응하기 어려운 상황이다. 이에 따라 압수수색 전 단계부터 각 절차마다 관련 판례가 발전하고 있으며, 이러한 발전된 법리는 수사 진행 과정에서 실무상 가이드라인으로 작용하고 있다.

전자정보 압수수색이 증가하면서 개인의 사생활 등 기본권 침해 우려가 높아짐에 따라, 참여권을 비롯한 다양한 사법적 제어장치의 필요성이 대두되고 있다. 법원의 태도 역시 점차 전자정보 압수수색에 있어 절차적 적법성을 보다 엄격하게 심사하는 경향이 강화되고 있으며, 참여권 보장 또한 강화되는 추세이다.

그러나 판례는 개별 구체적인 상황에서 도출된 것으로, 사건의 성격에 따라 수사기관의 수사 강도 역시 달라질 수 있음을 유의해야 한다. 더욱이 압수수색 절차가 완료되어 공소제기된 이후 증거능력을 다투는 과정에서도 압수수색의 위법성을 다툴 수 있으나, 위법한 압수수색이 발생한 경우 수사 중에라도 준항고 등의 절차를 통해 그 위법성 여부를 다툴 필요가 있다.

따라서 압수수색 등 수사기관의 강제수사가 개시되는 경우 변호인의 조력은 필수불가결하다. 압수수색 영장 집행 과정에서 ▲혐의사실과의 관련성 문제 ▲압수 대상이나 장소를 초과한 압수수색 여부 ▲전자정보에서의 키워드 적용 등 선별과정의 적정성 ▲이후 별건 압수수색 방지를 위한 삭제·폐기 절차 이행 여부 등 개별 구체적 상황에서 적용되는 법리를 정확히 파악하고 적극적으로 방어할 필요가 있다.

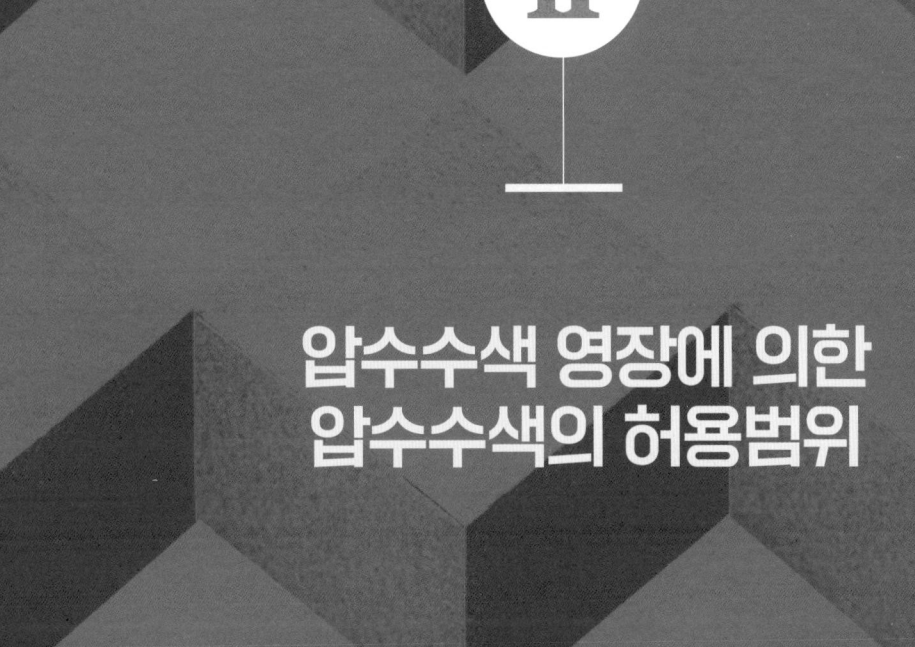

Ⅱ

압수수색 영장에 의한
압수수색의 허용범위

압수수색에 대한
최근 판례 동향 분석

1 압수수색 영장 기재 혐의사실과 압수물 사이의 관련성 판단 기준에 관한 대법원 판례 경향

I. 대상 판결

형사소송법 제215조 제1항은 "검사는 범죄수사에 필요한 때에는 피의자가 죄를 범하였다고 의심할 만한 정황이 있고 해당 사건과 관계가 있다고 인정할 수 있는 것에 한정하여 지방법원 판사에게 청구하여 발부받은 영장에 의하여 압수, 수색 또는 검증을 할 수 있다."라고 정하여, 압수수색물이 압수수색의 목적이 된 범죄와 관련성이 있을 것을 정하고 있다.

이때 관련성의 의미에 대해 대법원 2019. 10. 17. 선고 2019도6775판결(대상 판결 1.), 대법원 2020. 2. 13. 선고 2019도14341, 2019전도130 판결(대상 판결 2.)은 **「압수수색 영장의 범죄 혐의사실과 관계있는 범죄라는 것은 압수수색 영장에 기재한 혐의사실과 객관적 관련성이 있고 압수수색 영장 대상자와 피의자 사이에 인적 관련성이 있는 범죄를 의미한다. 그중 혐의사실과의 객관적 관련성은 압수수색 영장에 기재된 혐의사실 자체 또는 그와 기본적 사실관계가 동일한 범행과 직접 관련되어 있는 경**

우는 물론 범행 동기와 경위, 범행 수단과 방법, 범행 시간과 장소 등을 증명하기 위한 간접증거나 정황증거 등으로 사용될 수 있는 경우에도 인정될 수 있다. 그 관련성은 압수수색 영장에 기재된 혐의사실의 내용과 수사의 대상, 수사 경위 등을 종합하여 구체적·개별적 연관관계가 있는 경우에만 인정된다고 보아야 하고, 혐의 사실과 단순히 동종 또는 유사 범행이라는 사유만으로 관련성이 있다고 할 것은 아니다.」고 판시한다.

Ⅱ. 사안의 개요

1. 대상판결 ① : 대법원 2019. 10. 17. 선고 2019도6775 판결

- 피고인에 대한 마약류관리에관한법률위반(향정) 사건에서 경찰은 피고인의 소변을 압수하기 위하여 2018. 5. 29.자로 압수수색 영장을 발부 받음

- 위 압수수색 영장에 기재된 필로폰 투약 혐의 사실은 피고인이 2018. 5. 23. 부산 이하 불상지에서 필로폰 불상량을 불상의 방법으로 투약하였다는 것임

- 경찰은 이 사건 영장이 발부된 후 약 한 달이 지난 2018. 6. 25.에야 이 사건 압수영장으로 피고인의 소변을 확보할 수 있었는데, 그때는 이미 범죄 혐의 일시인 2018. 5. 23.로부터 마약류 투약자의 소변에서 마약류 등이 검출될 수 있는 기간인 4~10일이 지난 뒤였음. 한편, 별도의 영장으로 압수한 피고인의 모발에서도 필로폰 성분이 검출되지 않음

- 검찰은 이에 따라 피고인의 2018. 5. 23.자 필로폰 투약 부분을 기소하지 않았고, 대신 피고인의 소변 검사에서 2018. 6. 25. 필로폰 양성 반응이 나온 점만을 근거로 피고인이 2018. 6. 21. ~ 2018. 6. 25. 사이에 필로폰을 투약하였다는 사실을 기소함

2. 대상판결 ② : 대법원 2020. 2. 13. 선고 2019도14341, 2019전도130 판결

▨ 수사기관은 피고인의 피해자 공소외 1에 대한 간음유인미수, 성폭력처벌법위반(통신매체이용음란) 범행을 인지하고 피고인을 긴급체포하면서 피고인 소유의 휴대전화(이하 '이 사건 휴대전화')를 압수한 다음 법원으로부터 사후 압수수색검증 영장을 발부 받음

▨ 위 영장에 의한 디지털증거분석중 피해자 공소외 2, 공소외 3, 공소외 4에 대한 간음유인 및 간음유인미수, 미성년자의제강간, 성폭력처벌법위반(13세미만미성년자강간), 성폭력처벌법위반(통신매체이용음란)등 범행에 관한 추가 자료들이 발견됨

▨ 수사기관은 위 자료들을 근거로 피고인의 피해자 공소외 2, 공소외 3, 공소외 4에 대한 각 범죄사실을 기소함

Ⅲ. 재판 진행경과

1. 대상판결 ① : 대법원 2019. 10. 17. 선고 2019도6775 판결

가. 제1심의 판단

대상 판결 1.의 1심[22]은 증거능력에 대한 판단 없이 피고인의 필로폰 투약으로 인한 마약류관리에관한법률위반(향정)의 점을 인정하여 유죄를 선고하였다.

---

22) 부산지방법원 2018. 11. 27. 선고 2018고단3015 판결

나. 제2심 및 대법원의 판단

제2심[23]은 제1심 판결 중 피고인의 필로폰 투약으로 인한 마약류관리법위반(향정)에 대한 부분을 파기하고 무죄를 선고하였다. 제2심이 설시한 법리는 아래와 같다.

"그런데, 형사소송법 제215조 제1항은 "검사는 범죄수사에 필요한 때에는 피의자가 죄를 범하였다고 의심할 만한 정황이 있고 해당 사건과 관계가 있다고 인정할 수 있는 것에 한정하여 지방법원 판사에게 청구하여 발부받은 영장에 의하여 압수, 수색 또는 검증을 할 수 있다."라고 정하고 있다. 따라서 영장 발부의 사유로 된 범죄혐의사실과 무관한 별개의 증거를 압수하였을 경우 이는 원칙적으로 유죄 인정의 증거로 사용할 수 없다. 그러나 압수수색의 목적이 된 범죄나 이와 관련된 범죄의 경우에는 그 압수수색의 결과를 유죄의 증거로 사용할 수 있다(대법원 2016. 3. 10. 선고 2013도11233 판결 등 참조)."

"이 때 압수수색 영장의 범죄 혐의사실과 관계있는 범죄라는 것은 압수수색 영장에 기재한 혐의사실과 객관적 관련성이 있고 압수수색 영장 대상자와 피의자 사이에 인적 관련성이 있는 범죄를 의미한다. 그중 혐의사실과의 객관적 관련성은 압수수색 영장에 기재된 혐의사실 자체 또는 그와 기본적 사실관계가 동일한 범행과 직접 관련되어 있는 경우는 물론 범행 동기와 경위, 범행 수단과 방법, 범행 시간과 장소 등을 증명하기 위한 간접증거나 정황증거 등으로 사용될 수 있는 경우에도 인정될 수 있다. 그 관련성은 압수수색 영장에 기재된 혐의사실의 내용과 수사의 대상, 수사 경위 등을 종합하여 구체적·개별적 연관관계가 있는 경우에만 인정된다고 보아야 하고, 혐의 사실과 단순히 동종 또는 유사 범행이라는 사유만으로 관련성이 있다고 할 것은 아니다. 그리고 피의자와 사이의 인적 관련성은 압수수색 영장에 기재된 대상자의 공동정범이나 교사범 등 공범이나 간접정범은 물론 필요적 공범 등에 대한 피고사건에 대해서도 인정될 수 있다(대법원 2017. 12. 5. 선고 2017도13458 판결, 대법원 2017. 1. 25. 선고 2016도13489 판결 등 참조)."

---

23) 부산지방법원 2019. 5. 3. 선고 2018노4441 판결

위 법원은 피고인에 대한 필로폰 투약 범죄사실을 유죄로 인정할 직접적인 증거는 피고인의 소변에 대한 마약류 검사 결과를 기재한 마약감정서가 유일하다는 점을 전제한 후, 압수수색 영장에 기초하여 압수한 피고인의 소변과 이를 기초로 획득된 2차적 증거인 소변에 대한 마약류 검사 결과를 기재한 마약감정서는 이 사건 압수수색 영장 기재 혐의사실과 관련성이 인정되지 않는 별개의 증거를 압수한 위법수집증거에 해당하거나 이를 기초로 하여 획득한 2차적 증거로서 증거능력이 없다고 판단하였다. 그 구체적 근거로는 아래의 사정들을 들었다.

(1) 이 사건 압수영장에 기재된 메트암페타민(이하 '필로폰'이라 한다) 투약 혐의 사실은 피고인이 2018. 5. 23. 시간불상경 부산 이하 불상지에서 필로폰 불상량을 불상의 방법으로 투약하였다는 것이다. 이 사건 공소사실 중 필로폰 투약의 점은 피고인이 2018. 6. 21.경부터 같은 달 25일경까지 사이에 부산 이하 불상지에서 필로폰 불상량을 불상의 방법으로 투약하였다는 것이다.

(2) 마약류 투약 범죄는 그 범행일자가 다를 경우 별개의 범죄로 보아야 하고, 이 사건 압수영장 기재 혐의사실과 이 부분 공소사실은 그 범행 장소, 투약 방법, 투약량도 모두 구체적으로 특정되어 있지 않아 어떠한 객관적인 관련성이 있는지 알 수 없다. 이 사건 압수영장 기재 혐의사실과 이 부분 공소사실이 동종 범죄라는 사정만으로 객관적 관련성이 있다고 할 수 없다.

(3) 경찰은 제보자의 진술을 토대로 이 사건 압수영장 기재 혐의사실을 특정하였는데, 이 사건 압수영장이 발부된 후 약 한 달이 지난 2018. 6. 25.에야 이 사건 압수영장을 집행하여 피고인의 소변을 압수하였으나 그 때는 필로폰 투약자의 소변에서 마약류 등이 검출될 수 있는 기간이 지난 뒤였고, 별도의 압수수색 영장으로 압수한 피고인의 모발에서 마약류 등이 검출되지 않자 결국 압수된 피고인의 소변에서 필로폰 양성반응이 나온 점을 근거로 이 부분 공소사실과 같이 기소하였다. 이 사건 압수영장 기재 혐의사실의 내용과 수사

의 대상, 수사 경위 등을 종합하여 보면, 이 부분 공소사실과 같은 필로폰 투약의 점은 경찰이 이 사건 압수영장을 발부받을 당시 전혀 예견할 수 없었던 혐의사실이었던 것으로 보이므로, 이 사건 압수영장 기재 혐의사실과 이 부분 공소사실 사이에 연관성이 있다고 보기 어렵다.

2. 대상 판결 ② : 대법원 2020. 2. 13. 선고 2019도14341, 2019전도130 판결

가. 하급심 법원의 판단

대상 판결 2.의 하급심 법원[24]은 피고인의 피해자 공소외 2, 공소외 3, 공소외 4에 대한 각 범행을 모두 인정하여 유죄를 선고하였다. 하급심 법원이 설시한 법리는 다음과 같다.

> "헌법과 형사소송법이 구현하고자 하는 적법절차와 영장주의의 정신에 비추어 볼 때, 법관이 압수수색 영장을 발부하면서 '압수할 물건'을 특정하기 위하여 기재한 문언은 이를 엄격하게 해석하여야 하고, 함부로 피압수자 등에게 불리한 내용으로 확장 또는 유추해석하는 것은 허용될 수 없다고 할 것이나, 압수의 대상을 압수수색 영장의 범죄사실 자체와 직접적으로 연관된 물건에 한정할 것은 아니고, 압수수색 영장의 범죄사실과 기본적 사실관계가 동일한 범행 또는 동종·유사의 범행과 관련된다고 의심할 만한 상당한 이유가 있는 범위 내에서는 압수를 실시할 수 있다(대법원 2015. 10. 29. 선고 2015도9784 판결 등 참조)."

> "압수수색 영장의 범죄 혐의사실과 관계있는 범죄라는 것은 압수수색 영장에 기재한 혐의사실과 객관적 관련성이 있고 압수수색 영장 대상자와 피의자 사이에 인적 관련성이 있는 범죄를 의미한다. 그 중 혐의사실과의 객관적 관련성은 압수수색 영장에 기재된 혐

---

24) 인천지방법원 부천지원 2019. 1. 11. 선고 2018고합143, 2018전고11판결, 서울고등법원 2019. 9. 27. 선고 2019노320, 2019전노22 판결

의사실 자체 또는 그와 기본적 사실관계가 동일한 범행과 직접 관련되어 있는 경우는 물론 범행 동기와 경위, 범행 수단과 방법, 범행 시간과 장소 등을 증명하기 위한 간접증거나 정황증거 등으로 사용될 수 있는 경우에도 인정될 수 있다(대법원 2017. 12. 5. 선고 2017도13458 판결 등 참조)."

하급심 법원은 아래와 같은 사정을 근거로 피고인의 피해자 공소외 1에 대한 간음유인미수, 성폭력처벌법위반(통신매체음란) 범행과 피고인의 피해자 공소외 2, 공소외 3, 공소외 4에 대한 각 범행은 단순히 동종 또는 유사 범행인 것을 넘어서 구체적·개별적 연관관계가 있는 경우로서 객관적·인적 관련성을 모두 갖추었다고 평가하였다.

(1) 이 사건 압수수색 영장에 기재된 범죄 혐의사실은 미성년자인 피해자 공소외 1에 대한 간음유인, 성폭력범죄의처벌등에관한특례법위반(통신매체이용음란) 각 범행에 관한 것인데, 위 각 범행과 이 사건 각 추가 범행의 구성요건적 행위는 모두 '피고인이 범행 도구인 이 사건 휴대전화를 사용해 미성년자인 피해자에게 성적 수치심을 일으키는 문자메시지를 보내고, 그와 같은 문자메시지를 통해 간음 목적으로 피해자를 유혹하는 유인행위를 하였다'는 것으로서 그 범행 경위 및 수법, 범행 도구가 동일할 뿐만 아니라 죄명 및 적용 법령도 동일하다.

(2) 이 사건 휴대전화를 압수할 당시 수사기관으로서는 이 사건 압수수색 영장에 기재된 혐의사실을 입증하기 위하여 피고인에게 주관적으로 '간음할 목적(형법 제288조 제1항)' 또는 '자기 또는 다른 사람의 성적 욕망을 유발하거나 만족시킬 목적(성폭력범죄의 처벌 등에 관한 특례법 제13조)'이 있었음을 증명할 필요성이 있었다. 그런데 이 사건 추가 자료들은 위 혐의사실의 범행 시기와 비교적 근접한 기간인 2017. 12.경부터 2018. 5.경까지 사이에 피고인이 자신의 성적 욕망을 만족시키려는 목적으로 미성년자인 공소외 2, 공소외 3, 공소외 4에게 반복적, 계속적으로 보낸 문자메시지의 출력물로서

성적 수치심을 일으키는 내용 및 피고인과 성관계를 하자고 현혹하는 내용을 담고 있으므로, 위와 같은 주관적 구성요건인 목적을 증명하기 위한 중요한 간접증거 내지 정황증거에 해당한다.

(3) 이 사건 압수수색 영장에 기재된 범죄 혐의사실과 이 사건 각 추가 범행은 모두 피고인이 자신의 성적 욕망을 해소하기 위하여 미성년자인 피해자들을 대상으로 저지른 일련의 성범죄이므로, 그 범행 동기가 공통되고, 범행 대상이 유사하다.

(4) 수사기관은 피해자 공소외 1의 진술, 문자메시지 내용 등을 확인하고 피고인이 모바일게임을 통해 미성년자인 피해자 공소외 1에게 접근한 다음 문자메시지를 보내는 방식으로 피해자 공소외 1을 유인한 사실을 알게 되었는바, 그 범행 경위 등에 비추어 피고인이 동종, 유사 방식으로 추가 범행을 저지른 것을 의심하고 있었기 때문에 이 사건 휴대전화를 압수할 당시 이미 피고인신문과정 등에서 피고인의 동종, 유사 범행을 조사하고 있었던 것으로 보인다. 그래서 검사는 압수수색검증 영장을 청구하면서 '압수수색·검증을 필요로 하는 사유'로서 '추가 여죄 수사에 활용하기 위해 이 사건 휴대전화를 압수한다'는 취지를 명시하였고, 이 사건 압수수색 영장을 발부받은 다음 이 사건 추가 자료들을 수집하여 이 사건 각 추가 범행의 수사에 사용하였다.

(5) 압수수색은 수사 초기 아직 공소가 제기될 범죄사실이나 죄명이 확정되지 않은 상태에서 이루어지는 것이 대부분이고, 압수수색을 실시하기 전에는 어떤 증거가 존재하는지 명확히 예상하기도 어려우므로, 압수수색 영장에 기재된 혐의사실 그 자체와 직접 관련된 증거뿐만 아니라, 위 혐의사실과 동종·유사의 범행에 관련된 증거도 객관적 관련성이 있는 증거로서 적법한 압수 대상에 포함된다고 보아야 한다. 위와 같이 객관적 관련성이 인정되는 동종·유사의 범행에 해당하기 위하여는 위 혐의사실의 내용과 당해 수

사의 대상 및 수사 경위 등을 종합하여 구체적·개별적 연관관계가 있어야하지만, 변호인의 주장대로 반드시 위 혐의사실의 피해자와 위 동종·유사의 범행의 피해자가 동일하거나, 위 혐의사실과 위 동종·유사의 범행이 일죄에 해당할 필요는 없다(대법원 2017. 1. 25. 선고 2016도13489 판결, 대법원 2017. 12. 5. 선고 2017도13458 판결 등 참조).

나. 대법원의 판단

대법원도 이 사건 추가 자료들이 압수수색 영장 기재 혐의사실과 관련성이 있다고 본 원심의 판결이 타당하다고 보아 피고인의 상고를 기각하였다.

대법원은 특히, ① 피고인의 전자정보저장매체에 대한 긴급압수가 적법한 절차를 거쳐 이루어졌다는 점, ② 이 사건 압수수색 영장에 '계속 압수수색검증이 필요한 사유'로서 영장 범죄사실에 관한 혐의의 상당성 외에도 추가 여죄수사의 필요성을 포함시켰다는 점, ③ 피고인이 형법 제305조의2 등에 따라 상습범으로 처벌될 가능성이 완전히 배제되지 아니한 상태였으므로, 이 사건 추가 자료들로 밝혀지게 된 공소외 2, 공소외 3, 공소외 4에 대한 범행이 이 사건 압수수색 영장에 기재된 혐의사실과 기본적 사실관계가 동일한 범행에 직접 관련되어 있는 경우라고 볼 수 있는 점, ④ 이 사건 추가 자료들이 압수수색 영장 기재 범죄사실 중 간음유인죄의 '간음할 목적'이나 성폭력범죄처벌법(통신매체이용음란)죄의 '자기 또는 다른 사람의 성적 욕망을 유발하거나 만족시킬 목적'을 뒷받침하는 간접증거로도 사용될 수 있었다는 점을 그 근거로 들었다.

IV. 대상 판결의 의의

압수수색을 통해 확보한 물건이 당해 혐의사실과 관련성이 있는 증거물인지 여부는 때로 판단이 어려울 뿐만 아니라, 수사 및 재판의 적정성을 좌우하는 핵심적인 쟁점

이 된다. 특히 대법원이 설시하고 있는 바와 같이, 압수수색의 혐의사실과 관련성이 인정되기 위해서는 '구체적·개별적 연관관계'가 요구되나, 이 개념의 의미는 명확히 정형화되어 있지 않으며, 개별 사건의 사실관계에 따라 법관의 해석과 평가에 맡겨져 있는 것이 현실[25]이다. 따라서 관련 법리를 보다 정확하게 이해하기 위해서는 주요 판례들의 판단 경향을 면밀히 분석할 필요가 있다.

대상 판결들은 '구체적·개별적 연관관계'의 판단에 있어 법원이 실질적으로 어떠한 기준을 적용하고 있는지를 보여주는 대표적 사례이다.

첫째, **법원은 압수수색 영장에 기재된 혐의사실과 압수물을 통해 입증하고자 하는 공소사실 사이의 유사성을 중심으로 관련성을 판단하고 있다.**[26]

구체적으로는 범행의 경위, 동기, 방법, 공범 및 범행 대상의 유사성이 판단 기준이 된다. 예컨대 대상판결 1.에서는 혐의사실과 공소사실 모두 필로폰 투약이라는 점에서 동종 범죄이긴 하였으나, 각 범행의 장소, 투약 방법 및 투약량 등이 모두 특정되어 있지 않았고, 상호 간의 객관적 관련성을 확인할 수 없다는 이유로 관련성을 부정하였다. 반면 대상판결 2에서는, 압수수색 영장에 기재된 혐의사실과 추가적으로 기소된 범죄사실 모두가 피고인이 자신의 성적 욕망을 해소하기 위하여 미성년자인 피해자들을 대상으로 반복적으로 범한 성범죄라는 점에서 범행의 동기와 대상이 유사하다고 보아, 구체적·개별적 연관관계를 긍정하였다.

---

25) 이와 관련하여, 대법원 2025. 2. 13. 선고 2024도17385 판결은 객관적 관련성을 인정할 수 있는 구체적·개별적 연관관계가 있는 경우인지 여부를 "범죄의 속성, 압수수색 영장에 기재된 혐의사실의 내용, 증거의 특징, 수사의 경위, 수사기관의 인식, 추가 수사의 개연성, 압수수색의 필요성, 압수수색을 허용할 경우 침해될 수 있는 기본권 내지 무관정보에 대한 이익" 등을 종합적으로 고려하여야 한다고 보충하여 판시한 바 있으나, 위와 같은 기준도 여전히 모호하고, 사안의 해석에 따라 다른 판단이 가능하다는 한계가 있다.

26) 이와 관련하여, 수사기관은 피고인의 '보이스피싱 범죄집단 가입 및 활동'에 관한 혐의를 입증하기 위해 피고인의 메신저 대화내용 및 은행거래내역을 압수하였는데, 그 중 일부가 피고인의 '마약 매매 및 소지' 혐의에 관한 증거에 해당한 사안에서, 법원은 "피고인과 D이 주고받은 대화는 대부분 D의 지시에 따라 위 피고인이 받은 물건을 제3의 장소에 갖다 두는 방법으로 성명불상자에게 전달하는 것을 내용으로 하고 있는데, 그 중 일부가 보이스피싱 범행에 사용된 중계기 부품이 아니라 마약류 전달과 관련된 것들이었던 점" 등 양 범죄의 실행행위가 사실상 공통된다는 것을 근거로 관련성을 인정하였다(대법원 2024. 5. 17. 선고 2024도4044 판결 참조).

II. 압수수색 영장에 의한 압수수색의 허용범위

둘째, 법원은 피고인의 혐의사실이 구성하는 범죄의 속성에 따라 압수수색 영장 기재 혐의사실과 공소사실 사이의 객관적 관련성을 판단한다.[27) 28)]

대상판결 1에서는, 필로폰 투약에 따른 마약류관리법위반(향정) 범죄가 **즉시범**에 해당하며, 투약 행위마다 별개의 범죄가 성립한다는 점을 근거로 들어, 개별 투약 사이에 객관적 관련성을 인정할 수 없다고 판단하였다. 반면 대상판결 2에서는, 간음유인 미수죄 및 통신매체이용음란죄가 **목적범**에 해당함을 전제로, 피해자가 다르더라도 각 범행 사이에 '간음할 목적' 또는 '자기 또는 다른 사람의 성적 욕망을 유발하거나 만족시킬 목적'을 입증할 수 있는 간접증거로 기능할 수 있다고 보아, 관련성을 인정하였다.

셋째, 법원은 수사기관이 압수수색을 집행한 시점을 기준으로, 공소사실을 예견할 수 있었는지 여부에 따라 관련성 인정 여부를 판단하고 있다.[29) 30)]

---

27) 이와 관련하여, 대법원 2021. 11. 18. 선고 2016도348 판결은 다음과 같이 판시하였다. "특히 카메라의 기능과 정보저장매체의 기능을 함께 갖춘 휴대전화인 스마트폰을 이용한 불법촬영 범죄와 같이 범죄의 속성상 해당 범행의 상습성이 의심되거나 성적 기호 내지 경향성의 발현에 따른 일련의 범행의 일환으로 이루어진 것으로 의심되고, 범행의 직접증거가 스마트폰 안에 이미지 파일이나 동영상 파일의 형태로 남아 있을 개연성이 있는 경우에는 그 안에 저장되어 있는 같은 유형의 전자정보에서 그와 관련한 유력한 간접증거나 정황증거가 발견될 가능성이 높다는 점에서 이러한 간접증거나 정황증거는 범죄혐의사실과 구체적·개별적 연관관계를 인정할 수 있다.".

28) 이와 관련하여, 창원지방법원 2024. 6. 11. 선고 2024노11 판결(확정)은 다음과 같이 판시하였다. "아동학대범죄의 속성상 학대 범행의 상습성이 의심되거나 어린이집 보육시간 중 일상적으로 행해졌을 가능성이 의심되는 상황에서 어린이집의 일상을 아동학대 방지 등의 목적으로 촬영한 CCTV 영상은 간접증거나 정황증거로서 범죄혐의사실과 구체적·개별적 연관관계가 인정된다.".

29) 이와 관련하여, 대법원 2021. 7. 29. 선고 2021도3756 판결도 다음과 같이 판시하였다. "이 사건 압수영장의 혐의사실은 "피고인이 2020. 7. 11.~12.일 및 2020. 7. 16. 공소외인에게 무상으로 필로폰을 교부하였다."라는 것이나, 이 부분 공소사실은 "피고인이 2020. 9. 11. 필로폰을 투약하였다."라는 것인바, 이 부분 공소사실은 이 사건 압수영장을 발부받을 당시 전혀 예견할 수 없었던 범행으로 보이므로, 이 사건 압수영장의 혐의사실과 이 부분 공소사실 사이에 연관성이 있다고 보기 어렵다.".

30) 추가로 최근 선고된 대법원 2025. 2. 27. 선고 2021도8284 판결에 의하면, 판례는 관련성 판단의 기준시점과 관련하여, "증거 수집 단계의 관련성과 증거 사용을 위한 관련성은 구분되므로, 수사기관이 영장 집행 당시까지 알거나 알 수 있었던 사정에 비추어 관련성을 인정할 수 있는 물건 등을 압수하였다면, 그 후 관련성을 부정하는 사정이 밝혀졌다고 하더라도 이미 이루어진 압수처분이 곧바로 위법하게 되는 것은 아니다."라고 판시하였는데, 해당 사안은 군검찰이 부대 개편 및 이전계획을 누설한 혐의사실에 대해 압수수색을 하면서 부대작전현황, 부대운용문건을 압수 하였는데, 사후적으로 압수된 문건은 압수수색 영장 혐의대상 문건과 작성일자, 경위 등에 차이가 있음이 밝혀졌지만, 압수 당시 사정에 의하면 부대배치현황에 대한 간접, 정황증거가 될 수 있어 압수수색이 위법이라고 판단되지 아니한다고 판시하였다.

대상판결 1에서는, 압수수색 영장이 발부된 2018. 5. 29.을 기준으로 볼 때, 이후 확보된 피고인의 소변을 통해 입증된 2018. 6. 22. ~ 2018. 6. 25.자 필로폰 투약 사실은 수사기관이 예견할 수 없었을 것이라는 이유로 관련성을 부정하였다. 반면 대상판결 2에서는, 검사가 압수수색 영장을 청구하면서 그 사유에 '추가 여죄 수사에 활용하기 위하여 이 사건 휴대전화를 압수한다'는 점을 명시하였고, 실제로 피고인 신문과정에서 이미 동종 또는 유사 범행이 조사되고 있었던 사정 등을 근거로 하여, 압수 당시에도 관련성이 인정된다고 판단하였다.

2 압수수색 절차에 있어 미국법상 Plain View 원칙에 의한 증거 수집의 한계

I. 대상 판결

압수수색 절차에 있어 미국법상 Plain View 원칙에 의한 증거수집이 가능한지, 가능하다면 그 한계는 어떻게 되는지의 쟁점에 대해, 대법원 2024. 4. 16. 선고 2020도 3050 판결은 『**별건에서 압수되어 저장되어 있던 전자정보를 탐색하던 중 우연히 발견된 전자정보를 영장 없이 압수수색한 것은 증거능력이 인정되지 않는다.**』고 판시하였다.

II. 사안의 개요

▨   수사기관은 사업자 甲 등의 쪼개기 인허가로 인한 국토계획법위반 등 혐의사실에 대해 수사하면서, 법원으로부터 시청 공무원 乙의 휴대전화 등에 대한 압수수색 영장(제1영장)을 발부받아 乙의 휴대전화를 압수(제1차 압수)

- 수사기관은 공무원 乙의 휴대전화에 저장된 전자정보를 디지털 증거분석 하여 이미징[31] 작업을 한 파일을 대검찰청 통합디지털증거관리시스템(D-NET, 이하 '대검찰청 서버')에 저장하고, 제1영장 기재 혐의사실과 관련된 전자정보를 탐색하던 중, **우연히 다른 공무원인 피고인과 공무원 乙 사이에 여러 차례 통화한 내역을 녹음한 녹음파일, 일정내역표, 문자메시지 등(이하 '이 사건 녹음파일 등') 피고인의 청탁금지법위반 및 공무상비밀누설 혐의와 관련된 전자정보를 발견**

- 수사기관은 이 사건 녹음파일 중 피고인의 혐의와 관련된 부분을 정리하여 이를 CD에 복제한 다음 수사기록에 편철(제1처분)

- 이후에도 수사기관은 이 사건 녹음파일 등을 계속 대검찰청 서버에 그대로 저장한 채, 이를 통해 피고인이 공무원 乙로부터 받은 구체적인 청탁의 내용, 피고인과 공무원 乙이 만난 일자 및 장소 등에 관해 수사

- 수사기관은 이 사건 녹음파일에 대한 녹취록을 작성하고 해당 부분을 저장하여 이를 수사기록에 첨부, 공무원 乙의 휴대전화에 저장되어 있던 문자메시지 내역을 조사하여 피고인의 혐의에 관한 증거를 수집(제2처분)

- 수사기관은 피고인의 청탁금지법위반 및 공무상비밀누설을 혐의사실로 하여 대검찰청 서버에 저장된 이 사건 녹음파일 등을 대상으로 압수수색 영장(제2영장)을 발부받음

- 그러나 **수사기관은 제2영장을 집행하지 않은 상태에서 이 사건 녹음파일 등을 확인**해 피고인과 공무원 乙이 만난 장소를 조사하는 등 피고인의 혐의에 대한 수사를 계속 진행

---

31) 디지털 포렌식에서 이미징(Imaging)이란, 저장 장치(HDD, SSD, USB, 메모리 카드 등)의 전체 내용을 비트 단위(bit-by-bit)로 복사하여 동일한 사본(디스크 이미지)을 만드는 작업을 의미한다. 이 과정은 원본 데이터의 무결성을 보장하면서도 분석을 수행할 수 있도록 하기 위해 필수적으로 수행된다.

- 수사기관은 제2영장의 유효기간 만료가 임박하자, 다시 피고인의 청탁금지법위반 및 공무상비밀누설을 혐의사실로 하여 대검찰청 서버에 저장된 이 사건 녹음파일 등에 대한 압수수색 영장(제3영장)을 발부받음

- 그러나 수사기관은 제3영장을 집행하지 않은 상태에서 피고인 등 관련자들의 주거지, 사무실 등에 대한 압수수색을 하고 피고인을 비롯한 관련자들을 소환하여 진술을 받는 등 피고인의 혐의에 대한 수사를 계속 진행

- 수사기관은 제3영장으로 공무원 乙로부터 압수 절차에 참여할 의사가 없음을 확인한 다음, 대검찰청 서버에 저장되어 있는 이 사건 녹음파일 등을 압수(제2차 압수)

- 이후 수사기관은 피고인 등 관련자들을 소환하여 조사하는 등 추가 수사를 진행하고, 피고인을 청탁금지법위반 및 공무상비밀누설 공소사실로 기소

- 피고인은 제1심 법정에서 '사실관계는 인정하나 법리적인 부분에 다툼이 있다'는 취지로 진술하면서 검사가 제출한 모든 서류에 대하여 증거로 함에 동의하였고, 피고인의 변호인은 제1심 제3회 공판기일에 이르러 최종의견 진술을 하면서 이 사건 녹음파일 등이 위법수집증거에 해당한다는 것을 비로소 주장하였으며, 이에 변론이 재개되어 검사는 제4회 공판기일에 제2, 3영장 사본 등을 증거로 제출

Ⅲ. 재판 진행경과

1. 제1심 및 제2심의 판단

제1심[32]은 피고인의 청탁금지법위반 및 공무상비밀누설 혐의에 관한 증거들의

---

32) 춘천지방법원 원주지원 2019. 8. 14. 선고 2019고단305 판결

증거능력이 인정된다고 판단하면서, 피고인에게 징역 2년, 집행유예 4년을 선고하였다. 구체적으로, 제1심은 ① 피고인의 일부 법정진술은 공개된 법정에서 진술거부권을 고지받고 변호인의 충분한 조력을 받은 상태에서 자발적으로 이루어진 것인 점, ② 영장 집행의 경위와 사건의 특수성 등에 비추어 수사기관이 의도적으로 영장주의의 취지를 회피하려고 시도하였다고 보기 어려운 점, ③ 제3영장이 집행된 이후에 수집된 증거들은 절차에 따르지 않은 1차적 증거 수집과 인과관계가 희석 또는 단절되었다고 보이는 점 등에 비추어 위 증거들의 증거능력이 인정된다고 판단하였다.

제2심[33]에서도 마찬가지 이유로 위 증거들의 증거능력이 인정된다고 판단하면서, 항소를 기각하였다.

2. 대법원의 판단

대법원[34]은 수사기관이 공무원 乙의 휴대전화에서 확보한 이 사건 녹음파일 등은 영장주의와 적법절차 원칙을 위반하여 위법하게 수집된 증거에 해당한다고 판단했다. 이와 관련하여 대법원은, 수사기관이 전자정보에 대한 압수수색 과정에서 별도의 범죄혐의와 관련된 전자정보를 우연히 발견한 경우 더 이상의 추가 탐색을 중단하고 법원으로부터 별도의 범죄혐의에 대한 압수수색 영장을 발부받아야 한다는 기존의 법리를 재확인하였다. 대법원이 설시한 법리는 아래와 같다.

> "전자정보에 대한 압수수색에 있어 그 저장매체 자체를 외부로 반출하거나 하드카피·이미징 등의 형태로 복제본(이하 '복제본'이라 한다)을 만들어 외부에서 그 저장매체나 복제본에 대하여 압수수색이 허용되는 예외적인 경우에도 혐의사실과 관련된 전자정보(이하

---

33) 춘천지방법원 2020. 2. 7. 선고 2019노718 판결
34) 대법원 2024. 4. 16. 선고 2020도3050 판결

'유관정보'라 한다) 이외에 이와 무관한 전자정보(이하 '무관정보'라 한다)를 탐색·복제·출력하는 것은 원칙적으로 위법한 압수수색에 해당하므로 허용될 수 없다. 그러나 전자정보에 대한 압수수색이 종료되기 전에 유관정보를 적법하게 탐색하는 과정에서 무관정보를 우연히 발견한 경우라면, 수사기관으로서는 더 이상의 추가 탐색을 중단하고 법원으로부터 별도의 범죄혐의에 대한 압수수색 영장을 발부받은 경우에 한하여 그러한 정보에 대하여도 적법하게 압수수색을 할 수 있다(대법원 2015. 7. 16.자 2011모1839 전원합의체 결정 등 참조)."

"수사기관이 유관정보를 선별하여 압수한 후에도 무관정보를 삭제·폐기·반환하지 아니한 채 그대로 보관하고 있다면 무관정보 부분에 대하여는 압수의 대상이 되는 전자정보의 범위를 넘어서는 전자정보를 영장 없이 압수수색하여 취득한 것이어서 위법하고, 사후에 법원으로부터 압수수색 영장이 발부되었다거나 피고인이나 변호인이 이를 증거로 함에 동의하였다고 하여 그 위법성이 치유된다고 볼 수 없다(대법원 2022. 1. 24.자 2021모1586 결정 등 참조)."

"수사기관이 새로운 범죄혐의의 수사를 위하여 무관정보가 남아 있는 복제본을 열람하는 것은 압수수색 영장으로 압수되지 않은 전자정보를 영장 없이 수색하는 것과 다르지 않다. 따라서 복제본은 더 이상 수사기관의 탐색, 복제 또는 출력 대상이 될 수 없으며, 수사기관은 새로운 범죄혐의의 수사를 위하여 필요한 경우에도 기존 압수수색 과정에서 출력하거나 복제한 유관정보의 결과물을 열람할 수 있을 뿐이다. 사후에 법원으로부터 복제본을 대상으로 압수수색 영장이 발부받아 집행하였다고 하더라도, 이는 압수수색 절차가 종료됨에 따라 당연히 삭제·폐기되었어야 할 전자정보를 대상으로 한 것으로 위법하다(대법원 2023. 6. 1. 선고 2018도19782 판결, 대법원 2023. 10. 18. 선고 2023도8752 판결 등 참조)."

대법원은 이 사건에서 수사기관이 무관정보를 우연히 발견하였을 때의 조치로서 추가 탐색을 중단하고 법원으로부터 압수수색 영장을 발부받았다고 평가할 수 없으므로, 수사기관이 공무원 乙의 휴대전화에서 확보한 피고인의 청탁금지법위반 및 공무상비밀누설 혐의에 관한 자료들은 위법하게 수집된 증거에 해당한다고 판단했다. 그 구체적 근거로는 아래의 사정들을 들었다.

(1) 수사기관은 공무원 乙의 휴대전화에 저장된 전자정보의 이미징 파일에서 무관정보인 이 사건 녹음파일 등을 발견한 2018. 12. 21. 무렵부터 제2영장의 발부를 청구한 날인 2019. 1. 23.까지 약 1개월에 걸쳐 영장을 발부받지 않은 채 이 사건 녹음파일 등에 대한 탐색을 계속하면서 제1, 2처분으로 이 사건 녹음파일을 취득하고 그에 기초하여 다른 증거를 수집하는 등 영장 없이 수사를 계속하였다.

(2) 이후에도 수사기관은 제2영장은 집행하지 않은 채 제3영장을 집행한 날인 2019. 3. 22.까지 약 2개월에 걸쳐 무관정보인 이 사건 녹음파일 등을 탐색, 복제, 출력을 하면서 수사를 계속 진행하였다.

(3) 제1영장 혐의사실인 국토계획법위반 등 사건과 이 사건은 피의자, 범행의 내용, 사건의 발생 시기, 관련자 등이 서로 전혀 달라 유관정보와 무관정보를 구별하기 어려웠다고 볼 수 없다.

(4) 무관정보를 발견하고 제2영장을 발부받기까지 약 한 달이라는 상당한 시간이 소요된 것은, 제1영장 혐의사실에 대한 무관정보를 구별하기 위한 것이 아니라 오로지 무관정보를 기초로 한 이 사건 수사를 위한 것이었다고 보인다.

(5) 기록상 이 사건 녹음파일 등을 발견하고 제2, 3영장을 발부받을 무렵까지 제1영장에 의한 집행이 종료되지 않고 계속되는 상태에 있었다고 볼 만한 아무런 자료가 없다. 따라서 제1영장 집행 종료 후 무관정보를 삭제·폐기·반환하는 등의 조치를 취하지 않고 계속 보관하면서 이를 탐색·복제·출력하는 제1, 2처분을 비롯한 일련의 수사상 조치는 모두 위법함이 명백하다.

(6) 제2차 압수 또한 제1영장에 의한 압수에 따른 복제본이 저장된 대검찰청 서

버의 전자정보를 대상으로 발부된 제3영장을 집행한 것에 불과하다. 이는 제1영장의 집행이 종료됨에 따라 당연히 삭제·폐기되었어야 할 전자정보를 대상으로 한 것이어서 그 자체로 위법하고, 제3영장을 발부받아 제2차 압수를 하였다는 사정만으로는 그 하자가 치유된다고 보기 어렵다.

결국 수사기관으로서는, 제1영장에 따라 압수되어 대검찰청 서버에 저장되어 있던 전자정보를 탐색하던 중 피고인의 청탁금지법위반 및 공무상비밀누설 혐의에 관한 자료(이 사건 녹음파일 등)를 우연히 발견하였다면, 그 즉시 더 이상의 추가 탐색을 중단하고 법원으로부터 피고인의 청탁금지법위반 및 공무상비밀누설 혐의에 대한 압수수색 영장을 발부받았어야 한다.

그럼에도 이 사건에서 수사기관은 법원의 영장 없이 이 사건 녹음파일 등을 취득하고 그에 기초하여 다른 증거들을 수집하였으므로, 그러한 경위로 수집된 이 사건 녹음파일 등과 거기에서 비롯된 2차적 증거들은 모두 위법수집증거로서 증거능력이 없게 되었다.[35] 비록 수사기관은 제3영장을 발부받아 대검찰청 서버의 전자정보에 대하여 제2차 압수를 하였으나, 이로써는 앞서 이루어진 증거수집 절차의 위법성이 치유될 수 없다.

IV. 대상 판결의 의의

미국법상 Plain View 원칙은 수사기관이 어떤 장소에 들어가거나(entry) 적법한 체포(arrest), 수색(search)을 하는 경우에, 육안으로 한 눈에 다른 범죄의 증거 또는 금제품임을 즉시 인식할 수 있는 상황(immediately recognizable)이라면 해당 물건 등을 영장 없이 압수할 수 있다는 원칙을 말한다. 이는 영장 없는 **'수색'을 허용하는 것**

---

35) 이 사건에서 대법원은, 이 사건 녹음파일 등을 기초로 수집된 증거들도 위법수집증거에 터잡아 획득된 2차적 증거로서 인과관계가 희석 또는 단절되었다고 볼 수 없으므로, 증거능력을 인정할 수 없다고 판단하였다.

이 아니고 단지 적법한 영장의 집행 현장 등에서 발견된 물건의 영장 없는 '압수'만을 허용하는 것이다.[36]

미국 연방대법원은 Plain View 원칙을 적용하기 위한 요건으로 ① 수사기관이 적법하게 대상물이 존재하는 장소에 들어갔을 것(prior valid intrusion), ② 범죄행위의 증거물임이 한눈에 명백할 것(immediately apparent), ③ 대상물에 대한 적법한 접근권한(lawful right of access)을 가질 것, ④ 증거의 발견이 우연적일 것(inadvertent)을 제시하였다.[37] **다만 이러한 Plain View 원칙이 디지털 저장매체(전자정보)에 대한 압수의 경우에도 적용될 수 있는지에 관하여는 미국에서도 법원의 판결이 나뉘고 있다.**

예컨대, 경찰이 타인에게 위협적인 이메일을 보낸 혐의를 받는 용의자의 집을 수색하다가 그의 컴퓨터에서 아동 포르노 이미지를 발견한 사안에서, 미국 법원은 "수사기관이 컴퓨터를 압수수색할 수 있는 적법한 영장을 발부받은 이상 그 안에 있는 개별 파일들은 마치 '하나의 캐비넷에 들어있는 수많은 개별 문서들과 같은 것(search of a file cabinet containing a large number of documents)'이므로 유체물에 대한 압수수색과 동일하게 Plain View 법리가 적용된다."고 하여 해당 이미지가 적법하게 압수된 것이라고 판단하였다.[38]

반면, 경찰이 마약 판매 및 소지 혐의를 받는 용의자의 집에서 적법하게 컴퓨터를 반출하여 그 컴퓨터를 수색하던 중 아동성착취물을 발견한 사안에서, 미국 법원은 "수사기관이 열어본 첫 번째 jpg 파일 이외의 다른 모든 jpg 파일은 위법한 수색의 산물이므로 그 증거능력이 배제되어야 하고, 다른 jpg 파일을 수색하기 위해서는 별도의

---

36) 정수정, "디지털 성범죄 수사 중 우연히 발견된 별건 촬영물에 대한 압수수색 방안", 「형사법의 신동향」, 통권 제81호(2023), 81

37) Coolidge v. New Hampshire, 403. U.S. 443 (1971).

38) United States v. Williams, 592 F.3d 511 (4th Cir. 2010).

영장을 받았어야 한다."고 판시하며 Plain View 원칙의 적용을 배제하기도 하였다.[39]

우리나라의 경우, 형사소송법에서 사전영장주의를 기본 원칙으로 하되 일정한 요건 하에서 긴급 압수수색 제도를 인정하고 있다. 체포현장에서의 압수수색(형사소송법 제216조 제1항), 범죄장소에서의 압수수색(같은 조 제3항), 긴급체포 과정에서의 압수수색(같은 법 제217조 제1항)이 바로 그것이다. **그런데 Plain View 원칙과 같이 압수수색 과정에서 다른 범죄의 증거가 발견된 경우 예외적으로 압수를 허용한다는 것은 우리 법에 명문으로 도입되어 있지 않고, 판례에서도 그러한 예외를 인정하고 있지 않다.**

특히 전자정보의 압수에 관하여 우리 대법원은 전원합의체 결정(대법원 2015. 7. 16.자 2011모1839 전원합의체 결정)을 통해 "전자정보에 대한 압수수색이 종료되기 전에 유관정보를 적법하게 탐색하는 과정에서 무관정보를 우연히 발견한 경우라면, 수사기관으로서는 더 이상의 추가 탐색을 중단하고 법원으로부터 별도의 범죄혐의에 대한 압수수색 영장을 발부받은 경우에 한하여 그러한 정보에 대하여도 적법하게 압수수색을 할 수 있다(대법원 2015. 7. 16.자 2011모1839 전원합의체 결정 등 참조)"는 원칙을 확립한 이래, 여러 판례들을 통하여 영장집행 과정에서 무관정보 발견시 취하여야 할 수사기관의 조치, 무관정보의 삭제의무 등 무관정보에 대한 수사기관의 적법한 압수수색 요건을 엄격하게 요구하여 왔다.

대법원은 이 사건에서도 마찬가지로, ① 수사기관이 대검찰청 서버에 무관정보를 계속 보관하면서 영장 없이 탐색·복제·출력하여 취득한 증거는 위법수집증거로 증거능력이 없고, ② 2차적 증거의 인과관계 희석 또는 단절에 관하여도 여러 사정을 고려하여 엄격하고 신중하게 판단하여야 한다고 판시하여, 종전 대법원 판례의 법리를 다시 한번 확인하였다.

---

39) United States v. Carey, 172 F.3d 1268 (10th Cir. 1999).

이와 관련하여, 대법원 2021. 11. 18. 선고 2016도348 전원합의체 판결에서는, 수사기관이 압수수색 영장에 의해서 압수한 것이 아니라 임의제출된 정보저장매체에서 별도의 범죄혐의와 관련된 전자정보를 우연히 발견한 경우에도, 영장에 의한 압수수색의 경우와 마찬가지로 수사기관은 추가 탐색을 중단하고 법원으로부터 별도의 범죄혐의에 대한 압수수색 영장을 발부받아야만 그 별도의 범죄혐의에 관한 전자정보에 대하여 적법하게 압수수색을 할 수 있다고 판시하였다.

한편, 수사기관이 피의자로부터 압수하거나 임의제출받아 보관하고 있던 전자정보 복제본에서 별건 혐의를 포착하여 새로이 압수수색 영장을 발부받아 집행하는 경우, 그 집행과 관련하여 절차적 권리를 보장받아야 할 피압수자는 (복제본을 보관하고 있는 수사기관이 아니라) 최초의 압수 또는 임의제출 이전부터 해당 전자정보를 관리하고 있던 피의자이므로, 수사기관으로서는 피의자에게 영장을 제시하고 참여의 기회를 보장하며 압수목록을 교부하여야 하고, 그렇게 하지 않으면 압수처분이 위법하다.[40]

---

40)   대법원 2015. 7. 16.자 2011모1839 전원합의체 결정, 대법원 2020. 11. 17.자 2019모291 결정

III

압수수색이 허용되는지 여부

압수수색에 대한

최근 판례 동향 분석

1 전자정보가 저장된 매체 자체에 대한 압수 가능 여부

I. 대상 판결

전자정보에 대한 압수수색 영장 집행 절차에 있어 전자정보가 저장된 매체 자체를 압수할 수 있는지 여부에 대해, 대법원 2011. 5. 26.자 2009모1190 결정은 『**원칙적으로 영장 발부의 사유인 혐의사실과 관련된 부분만을 문서 출력물로 수집하거나 수사기관이 휴대한 저장매체에 해당 파일을 복사하는 방식으로 이루어져야 하고, 집행현장의 사정상 위와 같은 방식에 의한 집행이 불가능하거나 현저히 곤란한 부득이한 사정이 존재하는 경우에 저장매체를 직접 혹은 하드카피나 이미징 등 형태로 수사기관 사무실 등 외부로 반출할 수 있다.**』고 판시하였다.

II. 사안의 개요

■ 수사기관은 재항고인 2인 공무원 甲의 등 41명이 시국선언을 하여 국가공무원법

을 위반하였다는 혐의사실에 대해 수사하면서, 법원으로부터 아래와 같은 주요 내용의 압수수색 영장을 발부 받았다.

■ **압수수색할 장소**

■ **압수수색할 물건**

　○ 압수수색할 장소에 보관중인 회의자료, 기안문서, 보도자료, 수첩, 메모, 및 데이터베이스(DB) 일체

　○ 위 자료를 보관중인 컴퓨터, 노트북, 외장 하드디스크, 플레쉬메모리, CD, DVD, 플로피 디스켓, 기타 외부 저장매체 및 그 출력물

■ **압수의 방법**

　1. 압수할 물건이 문서인 경우, 해당 문서가 몰수 대상물인 경우에는 그 원본을 압수하고, 해당문서가 증거물인 경우에는 이를 사본하여 피압수자 또는 형사소송법 제123조에 정한 참여인의 확인을 받는 방법으로 압수함(다만, 사본 작성 및 확인에 협조하지 아니하는 경우에는 원본을 압수할 수 있고, 업무일지·수첩·다이어리·메모지·도장·통장·현금·CD·수표·주권·상품권 기타 유가증권·금품은 원본을 압수할 수 있음)

　2. 컴퓨터 저장장치에 저장된 정보는 피압수자 또는 형사소송법 제123조에 정한 참여인의 확인을 받아 수사기관이 휴대한 저장장치에 하드카피·이미징하거나, 문서로 출력할 수 있는 경우 그 출력물을 수집하는 방법으로 압수함(다만, 하드카피·이미징 또는 문서의 출력을 할 수 없는 경우에는 컴퓨터 저장장치 자체를 압수할 수 있음)

사법경찰관은 재항고인의 사무실에서 압수수색 영장을 집행하였고, 당시 사법경찰관은 저장매체에 저장된 파일들을 카피하기 위하여 하드 복사기 2대를 준비하여 갔으나 위 사무실에 설치된 컴퓨터 50여 대 중 대부분의 컴퓨터에서 하드디

스크가 제거된 상태였고, 컴퓨터와 서버의 전원공급은 차단된 상태여서 저장매체에 저장된 내용을 확인할 수도 없는 상태였다. 이에 따라 사법경찰관은 저장매체가 포함된 데스크탑 컴퓨터 3대 및 서버 컴퓨터 10대를 압수하고 관할 경찰서로 가지고 갔다. 그런데 위와 같은 저장매체에서 이후 열람된 문서 파일만 8,000여 개(DVD 3장 분량 및 CD 1장 분량)가 존재하였다.

▪ 이 사건 압수수색 영장집행 직후 경찰서에서, 사법경찰관은 재항고인 및 그 변호인이 참관하고 있는 가운데 압수된 저장매체에 저장된 파일들 중, 범죄사실 관련 특정시점 이후에 열람한 모든 문서 및 파일들을 해쉬값 교환 등을 통하여 무결성을 확보하는 방식으로 DVD 및 CD에 카피하였다. 이때 **재항고인 및 그 변호인은 카피 범위가 너무 넓다는 이유로 이를 축소할 것(시국선언과 가까운 일자에 '작성된 문서' 등)등을 요구**하기도 하였다.

▪ 위와 같이 파일 카피가 마쳐진 후 사법경찰관은 저장매체가 포함된 압수물을 재항고인 측에 가환부하였다.

III. 재판 진행경과

1. 준항고 결정

재항고인들은 위 압수수색 직후 압수수색에 대한 준항고를 제기하였다. 준항고 주장의 요지 중 본건과 관련하여, "이 사건 영장은 '컴퓨터 저장장치에 저장된 정보의 경우 원칙적으로 수사기관이 휴대한 저장장치에 하드카피, 이미징하거나 출력물을 수집하는 방법으로 압수하되 이를 할 수 없는 불가피한 경우에만 그 저장장치 자체를 압수할 수 있다'며 압수방법을 제한하고 있다. 그런데도 피준항고인들은 단지 '카피할 시간적 여유가 없다'는 이유로 저장장치 자체를 압수하였으므로 이 사건 영장집행은 위법하다."고 주장하였다.

또한 준항고인들은 이 사건 영장은 압수할 물건으로 '시국선언발표와 관련된 각종 문서' 및 '위 자료를 보관 중인 컴퓨터, 노트북, 외장하드디스크, 플레쉬메모리, CD, DVD, 플로피 디스켓 기타 외부저장매체 및 그 출력물'로 정하고 있는데, 이는 저장매체의 의미와 관련하여 디지털 정보에 대한 압수에 있어서 그 대상 특정에 대한 어려움으로 인하여 저장매체로 표현하여 기재한 것에 불과한 것이므로, 영장의 표현과 관계없이 압수할 물건은 저장매체 자체가 아니라 저장매체 안에 저장된 파일을 의미하고, 따라서 압수할 물건으로서 '시국선언 관련 자료를 보관 중인 저장매체'라 함은 '시국선언 관련 자료가 보관된 저장매체 및 이에 포함된 파일 일체'가 아니라 당연히 '시국선언 관련 자료가 보관된 저장매체 내 시국선언관련 파일'만을 의미한다고 할 것인데도 불구하고 저장매체 자체를 압수한 후 당해 저장매체에 저장되어 있는 2001년 이후에 작성되고 시국선언과 관련 없는 다수의 파일을 카피하는 방식으로 압수한 이 사건 영장집행은 위법하다고 주장하였다.

그러나 준항고심[41]은 '압수수색할 물건이나 압수방법으로 기재된 문언에 따라 확장 혹은 유추해석의 범주를 넘어서지 않는 범위 내에서 적법하게 압수수색 영장을 집행할 수 있다고 할 것'이라고 하면서, 준항고인의 '압수방법의 제한위반 주장'에 대하여 ① 압수수색 장소의 사무실에 증거인멸의 정황이 있었던 점, ② 피압수자인 조합의 조합원 수가 70,000여 명에 달하고, 피의사실과 관련된 조합원 수도 17,000여 명에 달하였던 점, **③ 피압수자인 조합의 직원들 중 여러 명이 이 사건 영장집행 당시에 사무실에 있었고 이들은 피준항고인인 사법경찰관이 이 사건 영장을 집행하는 것에 대하여 적대시하였고, 더 나아가 다른 직원 또는 조합원들이 이들로부터 연락을 받고 몰려올 가능성도 있었던 점, ④ 이 사건 영장집행 당시 초기에 서버에 전원 공급 등이 제대로 되지 아니하여 하드카피가 물**

---

41) 서울중앙지방법원 2009. 9. 11. 선고 2009보5 판결

리적으로 불가능하였고, 이에 따라 서버 및 컴퓨터를 압수하기 위하여 본체를 떼어내 들고 나오려고 할 때서야 비로소 조합의 직원들이 전원 공급이 가능하다고 말하였던 점(저장매체에 저장된 파일 크기를 고려할 때, 이를 현장에서 이미징하거나 문서로 출력하는 것은 원천적으로 불가능하다), ⑤ 피준항고인인 사법경찰관이 하드카피에 필요한 장비 등을 소지하고 있었던 점 등을 종합하여 보면, 피준항고인 사법경찰관이 이 사건 영장집행 당시 저장매체에 저장된 시국선언과 관련된 파일들을 휴대한 하드디스크에 하드카피 하는 방법으로 집행할 수는 없다고 판단되고, 따라서 시국선언과 관련된 파일들이 담긴 컴퓨터 및 서버의 저장장치 자체를 압수한 것은 이 사건 영장의 내용에 부합하는 집행이라고 보았다.

또한 준항고심은 준항고인의 '압수대상의 제한 위반 주장'에 대하여 이 사건 영장은 문언상, 압수수색할 물건으로 '시국선언과 관련된 파일이 저장된 저장매체'를, 압수방법의 제한으로 '원칙적으로는 위와 같은 파일을 하드카피 하는 등의 방법으로 압수하여야 하나 예외적으로 하드카피 등을 할 수 없는 경우에 저장매체 자체를 압수하는 것'으로 기재하고 있고, 이 사건 사실관계상 이 사건 영장의 압수방법 제한의 해제요건이 충족되었으므로 이 사건 영장집행은 적법하다고 보면서, 압수수색 영장 집행에 대한 준항고 청구를 기각하였다.

2. 대법원의 판단

대법원[42]은 전자정보에 대한 압수수색 영장의 집행에 있어서는 **원칙적으로 영장 발부의 사유로 된 혐의사실과 관련된 부분만을 문서 출력물로 수집하거나 수사기관이 휴대한 저장매체에 해당 파일을 복사하는 방식으로 이루어져야 하고, 예외적으로만 그 저장매체 자체를 직접 혹은 하드카피나 이미징 등**

---

42) 대법원 2011. 5. 26.자 2009모1190 결정

형태로 수사기관 사무실 등 외부로 반출함으로써 해당 파일을 압수수색할 수 있다고 **판단**하였다.

대법원이 설시한 법리는 아래와 같다.

"전자정보에 대한 압수수색 영장의 집행에 있어서는 원칙적으로 영장 발부의 사유로 된 혐의사실과 관련된 부분만을 문서 출력물로 수집하거나 수사기관이 휴대한 저장매체에 해당 파일을 복사하는 방식으로 이루어져야 하고, 집행현장의 사정상 위와 같은 방식에 의한 집행이 불가능하거나 현저히 곤란한 부득이한 사정이 존재하더라도 그와 같은 경우에 그 저장매체 자체를 직접 혹은 하드카피나 이미징 등 형태로 수사기관 사무실 등 외부로 반출하여 해당 파일을 압수수색할 수 있도록 영장에 기재되어 있고 실제 그와 같은 사정이 발생한 때에 한하여 예외적으로 허용될 수 있을 뿐이다."

"나아가 이처럼 저장매체 자체를 수사기관 사무실 등으로 옮긴 후 영장에 기재된 범죄 혐의 관련 전자정보를 탐색하여 해당 전자정보를 문서로 출력하거나 파일을 복사하는 과정 역시 전체적으로 압수수색 영장 집행의 일환에 포함된다고 보아야 한다. 따라서 그러한 경우의 문서출력 또는 파일복사의 대상 역시 혐의사실과 관련된 부분으로 한정되어야 함은 헌법 제12조 제1항, 제3항, 형사소송법 제114조, 제215조의 적법절차 및 영장주의의 원칙상 당연하다. 그러므로 **수사기관 사무실 등으로 옮긴 저장매체에서 범죄 혐의와의 관련성에 대한 구분 없이 저장된 전자정보 중 임의로 문서 출력 혹은 파일 복사를 하는 행위는 특별한 사정이 없는 한 영장주의 등 원칙에 반하는 위법한 집행이 된다.**"

"검사나 사법경찰관이 압수수색 영장을 집행함에 있어서는 자물쇠를 열거나 개봉 기타 필요한 처분을 할 수 있지만 그와 아울러 압수물의 상실 또는 파손 등의 방지를 위하여 상당한 조치를 하여야 하므로(형사소송법 제219조, 제120조, 제131조 등), 혐의사실과 관련된 정보는 물론 그와 무관한 다양하고 방대한 내용의 사생활 정보가 들어 있는 저장매체에 대한 압수수색 영장을 집행함에 있어서 그 영장이 명시적으로 규정한 위 예외적인 사정이 인정되어 그 전자정보가 담긴 저장매체 자체를 수사기관 사무실 등으로 옮겨 이를 열람 혹은 복사하게 되는 경우에도, 그 전체 과정을 통하여 피압수수색 당사자나 그 변호인의 계속적인 참여권 보장, 피압수수색 당사자가 배제된 상태에서의 저장매체에 대한 열람·복사 금지, 복사대상 전자정보 목록의 작성·교부 등 압수수색의 대상인 저장매체 내 전자정보의 왜곡이나 훼손과 오·남용 및 임의적인 복제나 복사 등을 막기 위한 적절한 조치가 이루어져야만 그 집행절차가 적법한 것으로 될 것이다."

그러나 대법원은 이 사건에서 전자정보에 대한 압수수색 영장의 집행이 위법했다고 볼 수는 없다고 판단했다. 대법원은 그 구체적 근거를 아래와 같이 설시하였다.

(1) 수사기관이 이 사건 압수수색 영장을 집행함에 있어 ① 그 영장이 허용한 바와 같은 사유로 이 사건 저장매체 자체를 영장 기재 집행장소에서 수사기관 사무실로 가져가 그곳에서 저장매체 내 전자정보파일을 다른 저장매체로 복사하였는데, 그 과정 내내 피압수수색 당사자의 직원들과 변호인들의 참여가 허용된 사실, ② **위 당사자 측의 참여하에 이루어진 이 사건 전자정보파일의 복사에 있어 그 대상을 영장에 기재된 혐의사실의 일시로부터 소급하여 일정 시점 이후에 열람된 파일들로 제한한 사실, ③ 이러한 압수수색 영장의 집행방법과 관련하여 당사자 측은 위 소급 복사하는 파일 열람시점에 관한 의견만 제시하였을 뿐, 범죄 혐의와의 관련성에 관한 별도의 이의나 저장매체의 봉인 요구 등 절차상 이의를 제기하지 않고 오히려 위와 같은 방법으로 수사기관이 대상 전자정보파일을 복사하여 담아 둔 저장매체 2개 중 하나를 수령하였을 뿐만 아니라 위 영장의 집행일 당일이 아닌 3일 후에야 비로소 이 사건 준항고를 제기한 사실 등이 확인**된다.

(2) 수사기관이 이 사건 저장매체 내 전자정보에 대한 압수수색 영장을 집행함에 있어 저장매체 자체를 수사기관 사무실로 옮긴 것은 영장이 예외적으로 허용한 부득이한 사유의 발생에 따른 것으로 볼 수 있고, 나아가 당사자 측의 참여권 보장 등 압수수색 대상물건의 훼손이나 임의적 열람 등을 막기

위해 법령상 요구되는 상당한 조치가 이루어진 것으로 볼 수 있으므로 이 점에 있어 절차상 위법이 있다고는 할 수 없다.

(3) 다만 수사기관 사무실에서 저장매체 내 전자정보를 파일복사 함에 있어서 당사자 측의 동의 등 특별한 사정이 없는 이상 관련 파일의 검색 등 적절한 작업을 통해 그 대상을 이 사건 범죄 혐의와 관련 있는 부분에 한정하고 나머지는 대상에서 제외하여야 할 것이므로, 영장의 명시적 근거가 없음에도 수사기관이 임의로 정한 시점 이후의 접근 파일 일체를 복사하는 방식으로 8,000여 개나 되는 파일을 복사한 이 사건 영장집행은 원칙적으로 압수수색영장이 허용한 범위를 벗어난 것으로서 위법하다고 볼 여지가 있다.

(4) 그런데 **범죄사실 관련성에 관하여 명시적인 이의를 제기하지 아니한 이 사건의 경우**, 당사자 측의 참여하에 이루어진 위 압수수색의 전 과정에 비추어 볼 때, 수사기관이 영장에 기재된 혐의사실의 일시로부터 소급하여 일정 시점 이후의 파일들만 복사한 것은 나름대로 혐의사실과 관련 있는 부분으로 대상을 제한하려고 노력을 한 것으로 보이고, **당사자 측도 그 조치의 적합성에 대하여 묵시적으로 동의한 것으로 봄이 상당**하므로, 결국 이 사건 범죄 혐의와 관련 있는 압수수색의 대상을 보다 구체적으로 제한하기 위한 수사기관의 추가적인 조치가 없었다 하여 그 영장의 집행이 위법하다고 볼 수는 없다.

결국 대법원은 이 사건에서 수사기관으로서는 영장 발부의 사유로 된 혐의사실과 관련된 부분만을 문서 출력물로 수집하거나 수사기관이 휴대한 저장매체에 해당 파일을 복사하는 방식으로 전자정보에 대한 압수수색 영장을 집행하기 어려웠으므로, 그 저장매체 자체를 직접 혹은 하드카피나 이미징 등 형태로 수사기관 사무실 등 외부로 반출할 예외 사정이 있다고 보았다.

다만 영장의 명시적 근거가 없음에도 수사기관이 임의로 정한 시점 이후의 접근

파일 일체를 복사하는 방식으로 8,000여 개나 되는 파일을 복사한 점은 영장이 허용한 범위를 벗어났으나, 당사자가 명시적인 이의를 제기하지 아니하였으므로 그 조치의 적합성에 대하여 묵시적으로 동의한 것으로 볼 수 있다고 판단하였다.

Ⅳ. 대상 판결의 의의

현행 형사소송법 제106조 제3항은 대상 판결의 취지를 그대로 수용하여 "**법원은 압수의 목적물이 컴퓨터용 디스크, 그 밖에 이와 비슷한 정보저장매체인 경우에는 기억된 정보의 범위를 정하여 출력하거나 복제하여 제출받아야 한다. 다만, 범위를 정하여 출력 또는 복제하는 방법이 불가능하거나 압수의 목적을 달성하기에 현저히 곤란하다고 인정되는 때에는 정보저장매체 등을 압수할 수 있다.**"고 규정하고 있고, 위 규정은 형사소송법 제219조(준용규정)에 따라 검사 또는 사법경찰관의 압수, 수색 또는 검증에 준용하도록 되어 있다.

이는 해당 조항이 명문화되기 전에 압수수색의 현장에서는 오히려 '원 저장매체의 압수의 원칙'과 '출력과 복제의 예외적 압수'로 변칙적으로 운영된 점에 대한 비판적 고려가 입법화된 것이다. 관련성 조항도 함께 마련하여 해당 사건과 관련성 있는 전자정보에 한정하여 출력과 복제의 예외적 압수의 원칙을 기본으로 하여 피압수자 등의 인권과 재산권, 그리고 개인정보를 보호하려는 입법자의 의도를 엿볼 수 있다.[43] 대상 판결은 정보저장매체 등에 대한 압수수색에 있어서 적법절차의 관점에서 관련성의 요건, 출력 또는 파일 복사의 원칙, 저장매체에 대한 예외적 압수, 피압수자의 참여권 보장, 전자정보의 왜곡이나 훼손 등의 방지조치 등 그 적법 요건과 한계를 선언

---

43) 조광훈, 전자정보의 압수수색절차에서 참여권의 범위와 한계(대법원 2015. 7. 16.자 2011모1839 전원합의체 결정을 중심으로), 법조 통권 711호(2015), 312

하였다는 점에서 중요한 의의가 있다.[44] 한편, 대상 판결에서는 압수수색 영장 범죄 사실과 관련된 증거물의 범위에 대해 혐의사실의 일시로부터 소급하여 일정 시점 이후에 열람된 파일들로 한정하는 정도로도 위법하지 않다고 하면서, 압수수색 선별 절차에서 피의자 측이 그 관련성에 대해 명시적인 이의를 제기하지 아니하여 당사자 측도 그 조치의 적법성에 대하여 묵시적으로 동의한 것으로 봄이 상당하다고 하여, 피의자 측의 이의 제기 여부를 중요한 판단 요소로 제시하였다.

압수수색 영장 범죄사실과 관련된 범위의 문서에 대해서만 압수수색이 이루어져야 한다는 것은 압수수색 영장이 허용하고 있는 본질적인 사항인데, 피의자 측이 압수수색 선별 현장에서 즉시 이의를 제기하지 아니하였다고 하여 압수수색이 허용하는 본질적인 범위에 대한 수사기관의 위법적 조치가 치유된다고 보는 점은 동의하기 어려운 부분이다.

---

44) 전승수, 디지털 정보에 대한 압수수색 영장의 집행(대법원 2011. 5. 26.자 2009모1190 결정), 법조 통권 670호(2012), 237

2 원격지 저장 전자정보에 대한 압수수색 요건

I. 대상 판결

원격지에 저장된 전자정보에 대한 압수수색의 적법성에 대해, 대법원 2017. 11. 29. 선고 2017도9747 판결은 『**피압수자의 이메일 계정에 대한 접근 권한에 갈음하여 발부받은 압수수색 영장에 따라 원격지의 저장매체에 적법하게 접속하여 내려받거나 현출된 전자정보를 대상으로 하여 범죄 혐의사실과 관련된 부분에 대하여 압수수색하는 것이 허용되며, 이러한 법리는 원격지의 저장매체가 국외에 있는 경우에도 마찬가지로 적용된다.**』고 판시하였다.

그 이후 대법원 2022. 6. 30.자 2020도735 결정 등을 통해, 원격지 저장 전자정보 압수의 적법 요건, 즉 압수수색 영장 중 '압수할 물건' 부분에 '원격지에 저장된 전자정보'가 기재되어 있어야 한다는 점을 명확히 확인하였다.

Ⅱ. 원격지 저장 전자정보의 압수수색을 적법하다고 한 사례

1. 중국 소재 이메일 서버에 저장된 전자정보에 대한 원격 접속을 통한 압수 수색이 적법하다고 인정된 사례

가. 사안의 개요

▨ 수사기관은 피고인에 대한 별도 압수수색을 통해 '피고인이 사용할 이메일 주소와 암호'를 알게 됨

▨ 수사기관은 **'압수수색·검증할 물건'**을 **'중국 인터넷서비스 제공자인 A사 등 의 이메일 계정, 각종 편지함, 드라이브 내 문서함 등에 저장되어 있는 내용 과 동 내용을 저장한 저장매체'**로, '압수수색·검증할 장소'를 '한국인터넷진행 원에 설치된 인터넷용 PC'로, 압수수색·검증방법으로 '한국인터넷진흥원 사 무실에 설치된 인터넷용 PC에서 영상녹화 및 동 기관의 전문가, 일반인 포렌 식 전문가가 입회한 가운데 **A사 등의 이메일 홈페이지 로그인 입력창에 수 사기관이 입수한 위 이메일 계정과 비밀번호를 입력해 로그인한 후 혐의와 연관된 자료를 선별하여 저장한 저장매체 봉인·압수'**로 각 특정하여 압수수 색 영장 청구

▨ 수사기관은 위 압수수색 영장에 기재된 방법대로 이메일 계정에 접속한 후 전체보관함에 저장되어 있는 17개 이메일 등을 선별 압수수색하여 저장함

나. 재판 진행경과

1) 원심의 판단

원심[45]은 이 사건 압수수색은 형사소송법에서 규정한 대물적 강제처분인 압

---

45) 서울고등법원 2017. 6. 13. 선고 2017노23 판결

수수색의 효력을 아무런 근거 없이 확장하는 것이고 우리나라 사법관할권이 미치지 아니하는 영역에 대하여 형사소송법에서 규정한 방식과 효력의 범위를 넘어서는 국내 압수수색 영장을 집행한 것이라는 등의 판시와 같은 이유를 들어 위법하다고 인정하고, 이를 통해 취득한 이메일 내용은 위법수집증거로서 그 위법성이 중대하여 증거능력이 없다고 보았다.

한편, 원심은 이 사건 압수수색이 적법하다고 하더라도 검사가 제출한 증거만으로는 2013. 7. 7.경에 피고인과 북한 225국 소속 공작원이 이 사건 이메일 계정을 공동으로 사용하고 있었다는 사실을 인정하기에 부족하고, 달리 이를 인정할 증명이 없다고 판단하였다.

결국 피고인이 위 이메일 계정을 수신인으로 지정하여 대북보고문 파일을 발송함으로써 북한 225국 소속 공작원과 통신연락하고 그 공작원에게 편의를 제공하였다는 이 부분 공소사실에 대한 증명이 없다고 판단하고, 이 부분 공소사실을 유죄로 인정한 제1심판결을 파기하고 무죄를 선고하였다.

2) 대법원의 판단

대법원[46]은, **인터넷서비스 이용자(피의자)는 자신의 이메일 계정과 관련 전자정보에 대한 접속권한과 처분권한을 가지는 소유자·소지자에 해당하므로, 수사기관이 피의자를 상대로 그의 전자정보를 압수수색하는 것은 적법한 대물적 강제처분**이라고 보았다.

대법원은 더 나아가 압수수색할 전자정보가 피의자 컴퓨터가 아닌 제3자 관리 원격지 서버에 저장되어 있더라도, 수사기관이 영장에 따라 피의자 컴퓨터에서 적법하게 취득한 이메일 계정 정보로 통상적인 방법에 따라 원격지

---

46) 대법원 2017. 11. 29. 선고 2017도9747 판결

서버에 접속하여 전자정보를 내려받거나 화면에 현출시키는 것은 여전히 피의자 소유·소지 전자정보에 대한 압수수색에 해당하며, 이는 인터넷서비스 제공자가 허용한 접근권한과 절차에 기초한 것으로 특별한 사정이 없는 한 서비스 제공자 의사에 반한다고 볼 수 없다고 판단하였다.

또한, 대법원은 수색행위는 원격지에서 영장 기재 장소로 내려받은 전자정보를 대상으로 하고, 압수행위는 해당 장소의 정보처리장치에서 출력·복제 방법으로 이루어지므로 전 과정이 영장 기재 장소에서 행해진다. 따라서 이러한 압수수색은 영장 집행을 위해 필요한 최소한도 범위 내에서 사회통념상 타당한 처분으로서 형사소송법 제120조 제1항의 "집행에 필요한 처분"에 해당하며, 원격지 저장매체가 국외에 있는 경우에도 동일하게 적용된다고 판시하였다.

대법원은 위와 같은 법리에 의해, 이 사건 압수수색은 적법하게 발부된 영장에 따라 영장 기재 수색장소의 컴퓨터에서 **수사기관이 사전에 적법하게 취득한 피의자의 이메일 계정 정보를 이용하여 통상적인 방법으로 원격지 서버에 접속해 전자정보를 현출시켜 범죄 관련 부분을 선별 압수수색한 것**으로서, 인터넷서비스 이용자인 피의자를 대상으로 한 적법한 전자정보 압수수색에 해당하며, 피의자와 변호인에게 영장을 제시하고 참여 기회를 부여한 후 한국인터넷진흥원 연구원 등이 참여한 가운데 **영장에서 정한 내용에 따라 범죄 관련 전자정보를 출력·복제하는 등 형사소송법에서 정한 절차를 준수하여 이루어졌으므로 적법하다고 판단**하였다.

다만, 원심은 설령 이 사건 압수수색이 적법하다고 하더라도 공소사실을 인정하기에는 부족하다고 판단하였는바, 대법원은 이 부분에 대해 원심의 결론을 수긍할 수 있으므로 판결에 영향을 미친 위법이 없다고 판단하였다.

2. 클라우드 계정, 비밀번호 제공을 통한 원격지 전자정보 임의제출의 적법성을 인정한 사례

가. 사안의 개요

- 수사기관은 피고인에게 혐의사실을 설명하고 소지하고 있는 휴대전화를 임의제출할 것을 요구하여, 피고인은 수사기관에 휴대전화를 임의제출하겠다는 의사를 표시하고 그 휴대전화의 암호패턴을 수사기관에 알려줌

- 수사기관은 해당 휴대폰에 네이버 클라우드가 연계되어 있음을 확인하고, **네이버 클라우드에 저장된 파일 등의 임의제출에 갈음하여 피고인에게 네이버 클라우드의 아이디와 비밀번호 등을 문의하여 제공받음**

- 수사기관은 네이버 클라우드에 저장된 파일 등을 내려받아 압수함

나. 재판 진행경과

1) 원심의 판단

원심[47]은 원격지 서버 접속을 통한 전자정보 압수수색이 형사소송법 제120조 제1항의 집행에 필요한 처분으로서 적법하다는 대법원 판시의 취지는 임의제출 절차에 관하여도 마찬가지로 적용되므로, 임의제출자가 휴대전화 등을 통하여 원격지의 저장매체에 접속하여 내려받을 수 있는 파일에 관하여 임의제출의 의사를 표시하였다면 수사기관은 이를 압수하는 것은 사회통념상 타당하여 허용된다고 판단하였다.

---

47) 서울고등법원 2020. 10. 15. 선고 2019노2808 판결

2) 대법원의 판단

대법원[48]은 피의자가 휴대전화를 임의제출하면서 휴대전화에 저장된 전자
정보가 아닌 클라우드 등 제3자가 관리하는 **원격지에 저장되어 있는 전자정
보를 수사기관에 제출한다는 의사로 수사기관에게 클라우드 등에 접속하기
위한 아이디와 비밀번호를 임의로 제공하였다면 위 클라우드 등에 저장된
전자정보를 임의제출하는 것으로 볼 수 있다**고 판시하며, 원심의 위 판단을
수긍하였다.

Ⅲ. 원격지 저장 전자정보의 압수수색에 대한 증거능력을 인정하지 않은 사례

1. 영장에서 기각된 원격지 서버 전자정보에 대한 수색 및 이에 기초한 추가 압수로 확보한 전자정보의 증거능력을 인정하지 않은 사례

가. 사안의 개요

▨ 수사기관은 산업기술 유출 혐의로 피의자 회사에 대한 압수수색 영장을 신
청하면서 '압수할 물건'에 '유출된 기술자료가 저장되어 있는 컴퓨터 등 저장
매체 및 클라우드, 웹하드, 전산망 서버에 보관된 전자정보, 전자우편 등'을
기재하여 신청하였으나, **법원에서는 저장매체 부분에 대해서만 압수수색 영
장을 발부하고(제1영장) 클라우드, 웹하드 등에 대하여는 기각**

▨ 수사기관은 압수수색 영장을 집행하면서 피의자 회사로부터, 피의자 회사에
데스크톱 가상화 인프라인 VDI(Virtual Desktop Infrastructure) 시스템이
구축되어 있어 직원들이 가상 데스크톱에서 업무를 수행한다는 점 및 업무

---

48) 대법원 2021. 7. 29. 선고 2020도14654 판결

자료가 업무용 컴퓨터 자체에 저장되지 않고 VDI 서버에 있는 팀룸(Team Room) 폴더에 저장된다는 점에 대한 설명을 들었음

- 그럼에도 수사기관은 직원들이 가상 데스크톱에 접속시킨 업무용 컴퓨터를 넘겨받아 **팀룸 폴더 안의 파일들 탐색하고 내용을 확인한 다음, 혐의 관련 자료를 선별하여 압축한 다음 별도의 USB에 저장·봉인(이하 '이 사건 수색 등 처분')하여** 피의자 회사의 직원에게 보관하도록 한 후 영장 집행을 중지

- 수사기관은 다음날 추가 압수수색 영장을 신청하여 압수수색·검증을 필요로 하는 사유로 '피의자 회사의 업무용 컴퓨터 자체에는 아무런 자료가 저장되어 있지 않고 VDI 시스템 전산망 서버에 있는 팀룸 폴더에서 혐의 관련 자료가 발견되었으므로 이를 확보하기 위한 추가 압수수색이 필요'하다고 기재하였고, 법원은 이를 발부(제2영장)

- **수사기관은 제2영장에 기하여, 위 별도 USB에 저장·봉인해두었던 자료를 압수(이하 '이 사건 압수 처분')**

나. 재판 진행경과

1) 원심의 판단

원심[49]은, ① 이 사건 수색 등 처분 자체는 압수수색 영장에 기재된 허용 범위를 벗어나 위법하나, 이 사건 수색 등 처분 자체는 이를 취소하여도 피준항고인이 취득하여 보유하고 있는 전자정보를 반환 또는 폐기하게 되는 것이 아니므로, 피의자 회사가 이 사건 압수 처분과 별도로 이 사건 수색 등 처분의 취소를 구할 법률상 이익이 없다고 판단하였다.

---

49) 서울중앙지방법원 2020. 2. 21. 선고 2019보9 결정

그러나 ② 이 사건 압수 처분은 영장의 허용범위를 벗어난 이 사건 수색 등 처분에 기초하여 이루어져 위법하며, 피의자 회사로부터 VDI 시스템에 대한 설명을 듣고 곧바로 제2영장을 발부받아 집행할 수 있었음에도 그렇게 하지 않았고, 이를 허용하면 수사기관이 영장의 허용범위를 벗어나는 수색을 하더라도 추가로 영장을 발부받기만 하면 증거로 쓸 수 있게 되어 사실상 영장주의를 포기하게 되는 결과가 되는 등 그 위법의 정도가 영장주의 원칙의 본질적인 부분을 침해하여 중대하므로 취소하여야 한다고 판단하였다.

2) 대법원의 판단

대법원[50]은, 현장에 있는 컴퓨터 등 정보처리장치와 원격지 서버는 소재지, 관리자, 저장용량 측면에서 구별되고, 원격지 서버 전자정보의 압수는 네트워크 접속 및 다운로드 등 별도 절차가 필요하여 압수방식에 차이가 있으며, 전자정보의 내용과 질이 달라 기본권 침해 정도도 다르다고 보았다. 따라서 **원격지 서버 저장 전자정보를 압수하려면 압수수색 영장의 '압수할 물건'에 이를 별도로 특정해야 하고, 현장 정보처리장치 저장 전자정보만 기재된 영장으로는 원격지 서버 전자정보를 압수할 수 없다는 법리를 설시하였다.**

위 법리에 따라, 제1영장 청구 당시 영장을 발부한 법원이 클라우드 저장 전자정보 부분을 기각하였음이 명백하므로 클라우드에 대한 수색도 허용되지 않아 이 사건 수색 등 처분은 위법하며, 이 사건 압수 처분 역시 이 사건 수색 등 처분에 따라 알게 된 사정을 토대로 한 것으로 위법하다고 판단하였다.

---

50) 대법원 2022. 6. 30.자 2020모735 결정

2. 압수수색 영장에 명시되지 않고 압수된 '클라우드 저장 전자정보'의 증거 능력을 인정하지 않은 사례

가. 사안의 개요

- 수사기관은 **'압수할 물건'을 '여성의 신체를 몰래 촬영한 것으로 판단되는 사진, 동영상 파일이 저장된 컴퓨터 하드디스크 및 외부 저장매체'로, '수색할 장소'를 피고인의 주거지로, '범죄사실'을 '성폭력범죄처벌법 위반(카메라등이용촬영·반포등) 등'으로 한 압수수색 영장을 신청하여 발부받음**

- 수사기관은 피고인의 주거지에서 피고인의 휴대전화를 발견하여 압수하고, **압수된 휴대전화가 클라우드 계정에 로그인되어 있는 상태를 이용하여 해당 클라우드에서 불법촬영물을 확인한 후 선별한 파일을 다운로드받는 방식으로 동영상, 사진 압수**

나. 재판 진행경과

1) 원심의 판단

원심[51]은 압수수색 과정에서 피고인에게 참여권이 보장된 상태에서 적법하게 이루어진 점, 불법촬영물로 인한 범죄행위는 피해자의 인격권을 현저히 침해하는 성격을 지니고 있고 몰수의 대상이기도 하므로 신속하게 압수수색하여 불법촬영물의 유통 가능성을 적시에 차단함으로써 피해자를 보호할 필요성이 크다는 점 등으로 볼 때 위 클라우드에서 다운로드받은 동영상과 사진은 증거능력이 인정된다고 판단하였다.

---

51) 인천지방법원 2022. 1. 14. 선고 2021노3352, 2021노4171(병합)

2) 대법원의 판단

그러나 대법원[52]은, 현장에 있는 컴퓨터 등 정보처리장치와 원격지 서버는 소재지, 관리자, 저장용량 측면에서 구별되며, 원격지 서버 전자정보는 네트워크 접속 후 다운로드나 화면 현출 등 별도 절차가 필요해 압수방식이 다르고, **전자정보의 내용과 질이 달라 기본권 침해 정도도 다르므로, 원격지 서버 저장 전자정보를 압수하려면 압수수색 영장의 '압수할 물건'에 이를 별도로 특정해야 하며, 현장 정보처리장치 저장 전자정보만 기재된 영장으로는 원격지 서버 전자정보를 압수할 수 없다고 판시하였다.**

대법원은 수사기관이 발부받은 압수수색 영장에는 원격지 서버 저장 전자정보가 기재되어 있지 않으므로, 해당 영장에 기재된 **'압수할 물건'은 피고인의 주거지에 있는 컴퓨터 하드디스크 및 외부저장매체에 저장된 전자정보에 한정됨에도 원격지 서버에 해당하는 클라우드에 접속하여 그곳에 저장된 파일을 압수하였으므로, 이는 이 사건 압수수색 영장에서 허용한 압수의 범위를 넘어선 것으로 위법하다고 판단**하였다.

3. 압수할 장소를 건물 내로 한정하였음에도 압수한 '클라우드 저장 전자정보'의 증거능력을 인정하지 않은 사례

가. 사안의 개요

▨ 수사기관은 A 회사 사무실에 대한 압수수색 영장을 청구하면서 '압수할 물건'을 '위 영장의 범죄사실과 관련된 자료 등 및 각 자료가 저장·수록된 컴퓨터, 서버 등 전산망 장비, 외장하드디스크 등 외부저장 매체, USB 등 이동식 저장장치, 녹음기, 블랙박스 등 통신 및 전자 기기'로, '수색·검증할 장소, 신

---

52) 대법원 2022. 6. 30. 선고 2022도1452 판결

체 및 물건'으로는 'A 회사 사무실 및 전산서버가 보관되어 있는 장소, 본건 범죄사실 관련된 A 회사 전자메일, 메신저, 전자결재문서 등 압수할 물건이 저장되어 있는 서버를 관리·접속하거나 서버가 설치된 사무실, 전산실(외부에 위탁한 경우 외부 업체 포함)'으로 신청하였는데, **법원은 영장 발부시에 '수색·검증할 장소, 신체 및 물건'에서 각각 '위 건물 내'를 자필로 추가하고, '(외부에 위탁한 경우 외부 업체 포함)'의 기재를 삭제하고 발부**하였음

- 수사기관은 위 영장에 기해 A 회사 사무실을 압수수색하면서 '압수할 물건' 기재 전자정보가 외국 소재 클라우드 시스템 서버에 보관되어 있음을 알게 되자, A 회사 임직원들로 하여금 해당 클라우드 계정에 접속하도록 하여 해당 전자정보를 컴퓨터에 내려받는 형식으로 압수함

나. 재판 진행경과

1) 원심의 판단

원심[53]은, 이 사건 압수수색 영장의 '압수할 물건'란에 압수 대상 자료가 저장된 매체로 '컴퓨터, 서버 등 전산망 장비, 외장하드디스크 등 외부저장 매체' 등이 기재되어 있으나 별도로 '원격지 서버 저장 전자정보'가 특정되어 있지 않다고 보았다. 또한 영장을 발부한 판사가 압수수색 장소를 'A 회사 사무실 건물 내'로 한정하면서 '외부에 위탁한 경우 외부 업체 포함' 부분을 삭제하였으므로, **영장에 기재된 '서버'에는 원격지에 존재하는 외부 업체의 서버인 클라우드 시스템 서버가 포함된다고 볼 수 없다고 판단**하였다.

따라서 수사기관이 **이 사건 압수수색 영장에 기하여 원격지 서버에 해당하는 클라우드 시스템 서버에서 전자정보를 압수한 것은 영장에서 허용한 범**

---

53) 서울고등법원 2022. 12. 7. 선고 2020노367 판결

위를 넘어선 것으로 적법절차 및 영장주의 원칙에 반하여 위법**하며, 해당 전자정보는 위법수집증거로서 증거능력이 없다고 판단하였다. 검사는 A 회사 측의 자발적 협조에 의하여 A 회사 사무실 컴퓨터에 해당 전자정보를 내려받았고 그런 뒤에 A 회사 컴퓨터에서 압수수색 영장에 기해 압수한 것이므로 적법한 압수라고 주장하였으나, **법원은 수사기관이 실제로는 A 회사 임직원들로 하여금 클라우드 계정에 접속하도록 하여 거래내역을 내려받은 것이라는 이유로 이러한 주장을 받아들이지 않았다.**

2) 대법원의 판단

대법원[54]은, 원심의 판단에 논리와 경험의 법칙을 위반하여 자유심증주의의 한계를 벗어나거나 위법수집증거 배제법칙에 관한 법리를 오해하여 판결에 영향을 미친 잘못이 없다며 상고를 기각하였다.

Ⅳ. 대상 판결의 의의

최근 많은 전자정보들은 컴퓨터, 휴대폰 등 저장매체뿐만 아니라 클라우드, 가상 서버, 이메일 등에 저장되어 있다. 범죄 수사에 있어 이러한 원격지에 저장된 전자정보를 압수하는 방법이 반드시 필요하나 형사소송법 등에서는 이에 대한 명시적 규정을 두고 있지 않은데, **대법원 2017. 11. 29. 선고 2017도9747 판결은 원격지 압수수색의 적법성을 최초로 판단하였다는 점에서 의의가 있다.** [55]

한편, 실체적 진실 발견을 위해서라고 해도 원격지에 저장된 전자정보를 압수하는 방법은 영장에 의하여 엄격히 제한되어야 할 것인데, 대법원 2022. 6. 30. 선고 2022도

---

54) 대법원 2023. 11. 9. 선고 2022도16718 판결

55) 조성훈, 원격지 서버 압수수색의 적법성 (대법원 2022. 6. 30. 선고 2022도1452 판결과 관련 판례를 중심으로), 형사판례연구 제31권(2023), 416

1452 판결은 원격지 압수수색의 구체적인 적법 요건을 분명히 한 것으로 평가된다.[56]

대법원 2022도1452 판결에서 대법원은 "압수할 전자정보가 저장된 저장매체로서 압수수색 영장에 기재된 수색장소에 있는 컴퓨터, 하드디스크, 휴대전화와 같은 컴퓨터 등 정보처리장치와 수색장소에 있지는 않으나 컴퓨터 등 정보처리장치와 정보통신망으로 연결된 원격지의 서버 등 저장매체(이하 '원격지 서버'라 한다)는 소재지, 관리자, 저장 공간의 용량 측면에서 서로 구별된다. **원격지 서버에 저장된 전자정보를 압수수색하기 위해서는 컴퓨터 등 정보처리장치를 이용하여 정보통신망을 통해 원격지 서버에 접속하고 그곳에 저장되어 있는 전자정보를 컴퓨터 등 정보처리장치로 내려 받거나 화면에 현출시키는 절차가 필요하므로, 컴퓨터 등 정보처리장치 자체에 저장된 전자정보와 비교하여 압수수색의 방식에 차이가 있다.** 원격지 서버에 저장되어 있는 전자정보와 컴퓨터 등 정보처리장치에 저장되어 있는 전자정보는 그 내용이나 질이 다르므로 압수수색으로 얻을 수 있는 전자정보의 범위와 그로 인한 기본권 침해 정도도 다르다"면서, '**따라서 수사기관이 압수수색 영장에 적힌 '수색할 장소'에 있는 컴퓨터 등 정보처리장치에 저장된 전자정보 외에 원격지 서버에 저장된 전자정보를 압수수색하기 위해서는 압수수색 영장에 적힌 '압수할 물건'에 별도로 원격지 서버 저장 전자정보가 특정되어 있어야 한다. 압수수색 영장에 적힌 '압수할 물건'에 컴퓨터 등 정보처리장치 저장 전자정보만 기재되어 있다면 컴퓨터 등 정보처리장치를 이용하여 원격지 서버 저장 전자정보를 압수할 수는 없다**"고 판시하였다.

또한 수사기관이 일단 수색에 나서 원격지 저장 전자정보를 선별, 특정해둔 후 별도의 영장으로 이를 압수하는 것도 위법하다고 판단하였는데(대법원 2022. 6. 30.자 2020모735 결정), 원격지 서버에 저장된 전자정보를 압수하기 위한 엄격한 요건을 판시한 것으로 평가된다.

---

56) 조성훈, 위 논문, 420

3 선행 사건에서 압수한 전자정보 이미징 파일을 후행 사건에서 탐색하여 유죄의 증거로 사용한 경우의 증거능력 인정 여부

I. 대상 판결

선행사건에서 압수된 이미징 파일을 후행사건의 수사 과정에서 별도의 영장 없이 탐색하여 증거로 사용할 수 있는지, 그리고 이를 바탕으로 새로운 영장을 발부받아 압수한 증거의 증거능력이 인정되는지에 대해 대법원 2023. 6. 1. 선고 2018도19782 판결은 『선행사건에서 압수된 이미징 파일에는 해당 사건과 무관한 정보가 포함되어 있으므로, 이를 후행사건에서 탐색하는 것은 영장 없는 수색에 해당하여 위법하며, 이를 바탕으로 수집된 증거들은 위법수집증거로서 증거능력이 부정된다.』고 판시하였다.

II. 사안의 개요

- 기무사 수사관은 공소외 1이 방위력개선사업과 관련된 군사기밀을 탐지·수집·누설했다는 혐의로 수사하면서 법원으로부터 甲의 노트북 등에 대한 압수수색 영장(제1영장)을 발부받아 이를 압수

- 제1영장에는 혐의사실과 관련된 전자정보만을 문서로 출력하거나 수사기관이 휴대한 저장매체에 복사하는 방법을 원칙으로 하되, 복제한 저장매체에서 혐의사실과 관련된 전자정보만을 출력, 복사하여야 하고, 위와 같은 증거물 수집이 완료되고 복제한 저장매체를 보전할 필요성이 소멸된 후에는 혐의사실과 관련 없는 전자정보를 지체 없이 삭제·폐기하도록 하는 제한사항이 존재

- 기무사 수사관은 甲의 노트북 등에 저장된 전자정보를 디지털 증거분석하여 이미징 작업을 하였고(이하 '이미징 사본') 여기서 수집된 증거를 통해 甲의 군사기밀보호법위반 등 사건(이하 '선행사건')이 기소되어 유죄확정됨

- 기무사 수사관은 서울중앙지방검찰청에 보관된 선행사건의 압수물 중 이미징 사본을 대출받아 이를 분석(1차 탐색)하고, 이를 기초로 乙이 甲에게 군사기밀을 누설하였다는 혐의로 내사를 개시(이하 '후행사건')

- 기무사 수사관은 서울중앙지방검찰청에 보관된 선행사건의 압수물 중 후행사건과 관련있는 자료에 대한 압수수색 영장(제2영장)을 발부받아 이를 압수

Ⅲ. 대법원의 판단

대법원이 설시한 판단은 다음과 같다.

"수사기관의 전자정보에 대한 압수수색은 원칙적으로 영장 발부의 사유로 된 범죄혐의사실과 관련된 부분만을 문서 출력물로 수집하거나 수사기관이 휴대한 저장매체에 해당 파일을 복제하는 방식으로 이루어져야 한다. 수사기관이 저장매체 자체를 직접 반출하거나 그 저장매체에 들어 있는 전자파일 전부를 하드카피나 이미징 등 형태(이하 '복제본'이라 한다)로 수사기관 사무실 등 외부에 반출하는 방식으로 압수수색하는 것은 현장의 사정이나 전자정보의 대량성으로 인하여 관련 정보 획득에 긴 시간이 소요되거나 전문 인력에 의한 기술적 조치가 필요한 경우 등 범위를 정하여 출력 또는 복제하는 방법이 불가능하거나 압수의 목적을 달성하기에 현저히 곤란하다고 인정되는 때에 한하여 예외적으로 허용될 수 있을 뿐이다(대법원 2015. 7. 16. 자 2011모1839 전원합의체 결정 등 참고)."

"**수사기관은 복제본에 담긴 전자정보를 탐색하여 혐의사실과 관련된 정보(이하 '유관정보'라 한다)를 선별하여 출력하거나 다른 저장매체에 저장하는 등으로 압수를 완료하면 혐의사실과 관련 없는 전자정보(이하 '무관정보'라 한다)를 삭제·폐기하여야 한다.** 수사기관이 새로운 범죄 혐의의 수사를 위하여 무관정보가 남아있는 복제본을 열람하는 것은 압수수색 영장으로 압수되지 않은 전자정보를 영장 없이 수색하는 것과 다르지 않다. 따라서 **복제본은 더 이상 수사기관의 탐색, 복제 또는 출력 대상이 될 수 없으며, 수사기관은 새로운 범죄 혐의의 수사를 위하여 필요한 경우에도 유관정보만을 출력하거나 복제한 기존 압수수색의 결과물을 열람할 수 있을 뿐이다.**"

대법원은 선행사건에서 압수된 甲의 노트북 등에 담긴 전자증거가 후행사건에서 乙의 유죄의 증거로 사용할 수 없다고 판단했다. 그 구체적 근거로는 아래의 사정들을 들었다.

(1) 기무사 수사관은 1차 탐색 당시 제1영장 기재 혐의사실과 관련된 정보와 무관정보가 뒤섞여 있는 이미징 사본을 탐색의 대상으로 삼았다. 무관정보는 제1영장

으로 적법하게 압수되었다고 보기 어려우므로, 참여권 보장 여부와 관계없이 이미징 사본의 내용을 탐색하거나 출력한 행위는 위법하다.

(2) 따라서 이를 바탕으로 수집한 전자정보 등 2차적 증거는 위법수집증거에 해당하여 유죄의 증거로 사용할 수 없다. 공소외 1이 선행사건 수사 당시 이미징 사본에 관한 소유권을 포기하였다거나, 제2영장을 발부받았다는 등 군검사가 상고이유로 주장하는 사유만으로는 위법수집증거라도 유죄의 증거로 사용할 수 있는 예외적인 경우에 해당한다고 보기 어렵다.

결국 대법원은 원심이 같은 취지에서 이 사건 공소사실을 무죄로 판단한 것은 정당하고, 거기에 압수 절차나 압수물의 증거능력, 위법수집증거에 관한 법리를 오해하는 등의 잘못이 없다고 판단하여 상고를 기각하였다.

Ⅳ. 대상 판결의 의의

대법원은 2022. 1. 14.자 2021모1586 결정에서, 수사기관이 범죄 혐의사실과 관련 있는 정보를 선별하여 압수한 후에도 그와 관련이 없는 나머지 정보를 삭제·폐기·반환하지 아니한 채 그대로 보관하고 있는 경우, 범죄 혐의사실과 관련이 없는 부분에 대한 압수는 위법하며, 사후에 법원으로부터 압수수색 영장이 발부되었거나 피고인이나 변호인이 이를 증거로 함에 동의한 경우 그 위법성이 치유되지 않는다고 판시하였다.[57]

그런데 대상 판결은 **수사기관이 하드카피나 이미징 등 형태(복제본)에 담긴 전자정보를 탐색하여 혐의사실과 관련된 정보를 선별하여 출력하거나 다른 저장매체에 저장하는 등으로 압수를 완료한 경우, 혐의사실과 관련 없는 전자정보(무관정보)를 삭**

---

57) 대법원 2022. 1. 14.자 2021모1586 결정

제·폐기하여야 하며, 수사기관이 새로운 범죄 혐의의 수사를 위하여 무관정보가 남아 있는 복제본을 탐색, 복제 또는 출력할 수도 없다고 함으로써, 디지털 증거 수집의 목적과 범위를 명확히 제한하고 영장주의 원칙을 더욱 강화하였다.

대상 판결은 수사기관이 선행 사건에서 압수한 저장매체 복제본을 사건 확정 이후에도 계속 보관하던 중 이를 다른 범죄의 수사에 활용할 목적으로 열람, 탐색, 출력하는 행위가 허용되지 않는다고 최초로 설시한 것으로 해석된다.[58]

대상 판결은 검찰이 무관정보가 혼재된 복제본 전체를 보관하고 있었고 기무사 수사관도 이를 전부 대출하여 탐색하였다는 점, 이미 선행사건이 유죄 확정된 상황으로 복제된 이미징 사본을 계속 보관할 필요성이 없는 것이 명백하였음에도 무관정보를 삭제, 폐기하지 않은 점, 수사관이 압수수색이 적법하다고 신뢰할 만한 객관적이고 합리적인 근거가 부족하다는 점에서 타당한 결론으로 평가된다.[59]

---

58) 황성욱, "수사기관이 전자정보 압수수색 과정에서 생성한 이미지 사본을 그 압수 완료 이후 새로운 범죄혐의의 수사를 위하여 탐색 또는 출력할 수 있는지 여부", 『대법원 판례해설』제136호(2023), 453

59) 박정난, "수사기관의 압수 종료 후 압수물인 전자정보 복제본에 대한 재압수의 적법 여부 -대법원 2023. 6. 1. 선고 2018도19782 판결-", 형사소송 이론과 실무 제17권 제1호(2025), 92-93

압수수색 절차 위반시
증거능력의 인정 여부

압수수색에 대한 최근 판례 동향 분석

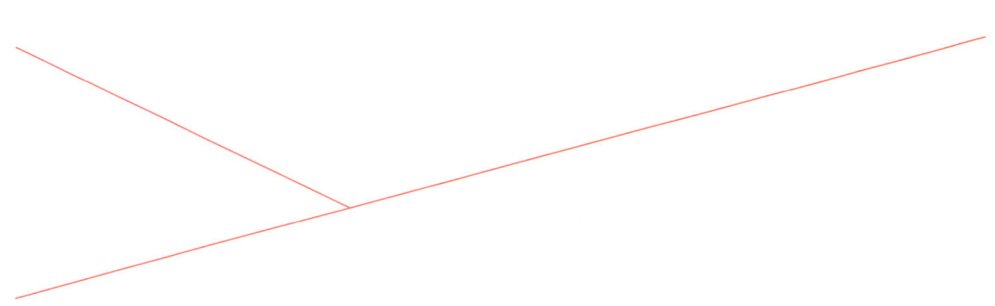

1 압수수색 영장 제시를 결여한 경우의 증거능력 인정 여부

Ⅰ. 대상 판결

압수수색 절차에서 영장 제시 방법과 영장 미제시 시에 증거 능력에 미치는 영향 관련 쟁점에 대해, 대법원 2017. 9. 21. 선고 2015도12400 판결은 『**압수수색 영장은 현장에서 압수수색 당하는 사람 모두에게 개별적으로 제시하여야 하고, 제시하지 않은 경우에 그에 따라 압수한 물건은 증거능력이 없다.**』라고 판시하였다.

Ⅱ. 사안의 개요

▨ 수사기관은 피고인의 공직선거법 위반 등 혐의사실에 대하여 수사하면서 법원으로부터 甲 등이 소지하고 있거나 ○○군청 비서실, 공보계 사무실, 전산실 등 ○○군청 내 사무실에 보관 중이거나 현존하는 자료에 대한 압수수색 영장을 발부 받아, 공소외1 등의 컴퓨터 본체, USB 저장매체, 휴대폰, 업무일지 등 서류를 압수

▨ 영장에서는 정보저장매체에 저장된 전자정보에 대한 압수 방법에 대해 '저장매체의 소재지에서 수색·검증 후 혐의사실과 관련된 전자정보만을 문서로 출력하거나 수사기관이 휴대한 저장매체에 복사하는 방법으로 압수할 수 있고, 출력·복사에 의한 집행이 불가능하거나, 압수의 목적을 달성하기에 현저히 곤란한 경우에 한하여 저장매체의 전부를 복제할 수 있으며, 집행현장에서의 복제가 불가능하거나 현저히 곤란할 때에 한하여 피압수자 등의 참여하에 저장매체원본을 봉인하여 저장매체의 소재지 이외의 장소로 반출할 수 있다. 휴대전화는 10일 이내에 반환하여야 한다.'는 취지로 제한 기재

▨ **수사기관은 甲에게 이 사건 영장 기재 혐의사실의 주요 부분을 요약해서 고지하면서 위 영장 첫 페이지와 甲에 관한 범죄사실이 기재된 부분을 보여 주었으나, 甲이 위 영장의 나머지 부분을 넘겨서 확인하려고 하자 뒤로 넘기지 못하게 하여 甲은 이 사건 영장의 내용 중 나머지 압수수색·검증할 물건, 압수수색·검증할 장소, 압수수색·검증을 필요로 하는 사유, 압수 대상 및 방법의 제한 등이 기재된 부분을 미확인**

▨ 수사기관은 甲의 휴대전화에 저장된 전자정보를 탐색하여 통화내역, 문자메시지·SNS 송수신 내용, 사진 및 문서 파일 등(증거목록 순번 135. 이하 '이 사건 甲 휴대전화 출력물'이라고 한다)을 출력하였는데 甲의 휴대전화에 저장된 전자정보를 탐색·출력하는 과정에서 피의자이자 피압수자인 甲에게 참여권을 보장해 주지 않았고, 압수된 전자정보의 목록을 작성·교부하지도 않았으며, 압수한 날부터 10일을 초과한 2014. 6. 9.경에야 휴대전화를 반환

▨ 수사기관은 위와 같이 압수한 이 사건 동향보고 서류와 甲 휴대전화 출력물을 제시한 상태에서 甲에 대한 피의자신문조서와 乙에 대한 진술조서 등을 작성

▨ 한편, 수사기관은 피압수자 丙, 丁에 대해서는 영장 미제시

III. 재판 진행경과

1. 제1심 및 제2심의 판단

제1심[60]은 증거능력에 대한 별다른 판단을 하지 않으면서 피고인들에게 공소된 죄명에 대하여 각 벌금형을 선고하였다.

제2심[61]에서는 피압수자 丙, 丁에게 적법한 영장 제시 없이 수집한 증거들은 영장주의 원칙과 헌법 및 형사소송법이 정한 적법절차의 실질적인 내용을 침해하여 취득한 증거로 볼 수 있고, 달리 그러한 절차 위반행위에도 불구하고 예외적으로 증거능력을 부여할 만한 사정을 찾아보기 어려우므로 증거능력을 인정할 수 없다고 판시하였다. 한편, 2심은 수사기관이 압수물의 소지자인 甲에게 이 사건 영장 기재내용을 모두 볼 수 있도록 기회를 주지 않은 것으로 볼 수 있으나, 압수수색 영장 제시 범위를 지정함에 있어서 영장 기재 내용 모두 가독할 수 있도록 해야 하는 것으로 해석하기 어렵다는 점 등을 고려하여 사법경찰관의 甲에 대한 이 사건 영장의 제시는 적법하다고 평가할 수 있다고 하여 甲으로부터 압수한 증거의 증거능력을 인정하였다.

2. 대법원의 판단

대법원[62]은 甲의 동향보고 서류, 휴대전화 출력물은 적법한 절차에 따르지 아니하고 수집된 증거로서 증거능력이 없고, 예외적으로 그 증거능력을 인정할 만한 사정도 보이지 아니하고 위법수집증거의 2차적 증거인 甲에 대한 피의자신문

---

60) 청주지방법원 2015. 1. 22. 선고 2014고합259 판결
61) 대전고등법원 2015. 7. 27. 선고 2015노101 판결
62) 대법원 2017. 9. 21. 선고 2015도12400 판결

조서, 이를 제시하고 작성한 乙에 대한 진술조서는 절차적 위법과 인과관계가 희석 또는 단절되었다고 볼 수 없어 그 증거능력을 인정하기 어렵다고 판시하였다. 대법원이 설시한 법리는 아래와 같다.

"압수수색 영장을 집행하는 수사기관은 피압수자로 하여금 법관이 발부한 영장에 의한 압수수색이라는 사실을 확인함과 동시에 형사소송법이 압수수색 영장에 필요적으로 기재하도록 정한 사항이나 그와 일체를 이루는 사항을 충분히 알 수 있도록 압수수색 영장을 제시하여야 한다."

"압수수색 영장은 현장에서 피압수자가 여러 명일 경우에는 그들 모두에게 개별적으로 영장을 제시해야 하는 것이 원칙이다. 수사기관이 압수수색에 착수하면서 그 장소의 관리책임자에게 영장을 제시하였다고 하더라도, 물건을 소지하고 있는 다른 사람으로부터 이를 압수하고자 하는 때에는 그 사람에게 따로 영장을 제시하여야 한다(대법원 2009. 3. 12. 선고 2008도763 판결)."

"저장매체에 대한 압수수색 과정에서 범위를 정하여 출력 또는 복제하는 방법이 불가능하거나 압수의 목적을 달성하기에 현저히 곤란한 예외적인 사정이 인정되어 전자정보가 담긴 저장매체 또는 하드카피나 이미징 등 형태(이하 '복제본'이라고 한다)를 수사기관 사무실 등으로 옮겨 복제·탐색·출력하는 경우에도, 그와 같은 일련의 과정에서 피압수자나 변호인에게 참여의 기회를 보장하고 혐의사실과 무관한 전자정보의 임의적인 복제 등을 막기 위한 적절한 조치를 취하는 등 영장주의 원칙과 적법절차를 준수하여야 한다. 만약 그러한 조치를 취하지 않았다면 피압수자 측이 참여하지 아니한다는 의사를 명시적으로 표시하였거나 절차 위반행위가 이루어진 과정의 성질과 내용 등에 비추어 피압수자 측에 절차 참여를 보장한 취지가 실질적으로 침해되었다고 볼 수 없을 정도에 해당한다는 등의 특별한 사정이 없는 이상 압수수색이 적법하다고 평가할 수 없고, 비록 수사기관이 저장매체 또는 복제본에서 혐의사실과 관련된 전자정보만을 복제·출력하였다고 하더라도 달리 볼 것은 아니다(대법원 2015. 7. 16.자 2011모1839 전원합의체 결정 참조)."

"적법한 절차에 따르지 아니하고 수집한 증거는 증거로 할 수 없다(형사소송법 제308조의2). 다만 수사기관의 증거수집 과정에서 이루어진 절차 위반행위와 관련된 모든 사정을 전체적·종합적으로 살펴볼 때, 수사기관의 절차 위반행위가 적법절차의 실질적인 내용을 침해하는 경우에 해당하지 아니하고, 오히려 그 증거의 증거능력을 배제하는 것이 헌법과 형사소송법이 형사소송에 관한 절차 조항을 마련하여 적법절차의 원칙과 실체적 진실규명의 조화를 도모하고 이를 통하여 형사 사법 정의를 실현하려고 한 취지에 반하는 결과를 초래하는 것으로 평가되는 예외적인 경우라면 법원은 그 증거를 유죄 인정의 증거로 사용할 수 있다. 그러나 구체적 사안이 위와 같은 예외적인 경우에 해당하는지를 판단하는 과정에서 적법한 절차를 따르지 않고 수집된 증거를 유죄의 증거로 삼을 수 없다는 원칙이 훼손되지 않도록 유념하여야 하고, 그러한 예외적인 경우에 해당한다고 볼 만한 구체적이고 특별한 사정이 존재한다는 점은 검사가 증명하여야 한다(대법원 2009. 3. 12. 선고 2008도763 판결 참조)."

"법원이 2차적 증거의 증거능력 인정 여부를 최종적으로 판단할 때에는 먼저 절차에 따르지 아니한 1차적 증거수집과 관련된 모든 사정들, 즉 절차 조항의 취지와 그 위반의 내용 및 정도, 구체적인 위반 경위와 회피가능성, 절차 조항이 보호하고자 하는 권리 또는 법익의 성질과 침해 정도 및 피고인과의 관련성, 절차위반 행위와 증거수집 사이의 인과관계 등 관련성의 정도, 수사기관의 인식과 의도 등을 살피는 것은 물론, 나아가 1차적 증거를 기초로 하여 다시 2차적 증거를 수집하는 과정에서 추가로 발생한 모든 사정들까지 구체적인 사안에 따라 주로 인과관계 희석 또는 단절 여부를 중심으로 전체적·종합적으로 고려하여야 한다(대법원 2009. 3. 12. 선고 2008도11437 판결 참조)."

대법원은 甲의 동향보고 서류, 휴대전화 출력물 압수 과정에서 영장 제시가 이루어지지 않았고, 참여권도 제대로 보장되지 않았으며, 이에 근거한 2차적 증거인 甲에 대한 피의자신문조서, 이를 제시하고 작성한 乙에 대한 진술조서는 증거능력을 인정하기 어렵다고 판단했다. 그 구체적 근거로는 아래의 사정들을 들었다.

(1) 수사기관은 이 사건 영장의 피압수자인 甲에게 이 사건 영장을 제시하면서 표지에 해당하는 첫 페이지와 甲의 혐의사실이 기재된 부분만을 보여 주고,

이 사건 영장의 내용 중 압수수색·검증할 물건, 압수수색·검증할 장소, 압수수색·검증을 필요로 하는 사유, 압수 대상 및 방법의 제한 등 필요적 기재 사항 및 그와 일체를 이루는 부분을 확인하지 못하게 한 것은 이 사건 영장을 집행할 때 피압수자인 甲이 그 내용을 충분히 알 수 있도록 제시한 것으로 보기 어렵다. 따라서 사법경찰관의 甲에 대한 이 사건 영장 제시는 형사소송법 제219조, 제118조에 따른 적법한 압수수색 영장의 제시라고 볼 수 없고, 이 사건 영장에 따라 압수된 이 사건 동향보고 서류, 공소외 1의 휴대전화 역시 적법한 절차에 따라 수집된 증거라고 보기 어렵다.

(2) 수사기관은 위와 같이 위법하게 압수한 甲의 휴대전화에 저장된 이 사건 甲 휴대전화 출력물을 출력하여 증거를 수집하는 과정에서 피의자이자 피압수자인 甲에게 참여권을 보장하지 않았다.

(3) 압수된 전자정보에 대한 목록을 작성하여 교부하지도 않았으며, 휴대전화를 10일 내에 반환하라는 영장 기재 제한을 위반하였다.

(4) 甲의 동향보고 서류와 공소외 1 휴대전화 출력물은 적법한 절차에 따르지 아니하고 수집된 증거로서 증거능력이 없고, 예외적으로 그 증거능력을 인정할 만한 사정도 보이지 아니한다.

(5) 위법수집증거의 2차적 증거인 甲에 대한 피의자신문조서, 이를 제시하고 작성한 乙에 대한 진술조서는 앞서 본 절차적 위법과 인과관계가 희석 또는 단절되었다고 볼 수 없어 그 증거능력을 인정하기 어렵다.

결국, 영장 제시는 피압수자가 그 영장에 기재된 내용을 충분히 알 수 있도록 되어야 하며, 압수수색·검증할 물건, 압수수색·검증할 장소, 압수수색·검증을 필요로 하는 사유, 압수 대상 및 방법의 제한 등 필요적 기재 사항 및 그와 일체를 이루는 부분을 확인하지 못하게 한 것은 영장 제시가 되었다고 말할 수 없는 것이다.

Ⅳ. 대상 판결의 의의

1. 비교 판례

압수수색 영장을 제시하는 방법에 대하여 개별적 제시 원칙은 대법원 2009. 3. 12. 선고 2008도763 판결에서도 확인할 수 있다. 해당 판례의 사실 관계는 다음과 같다.

- 수사기관은 피고인들의 공직선거법 위반 혐의와 관련하여 법원으로부터 압수할 물건은 '압수수색할 장소 내 보관 중인 컴퓨터, 디스켓·씨디롬 등 외부 기억장치, 선거 관련 자료, 메모지, 일기장, 수첩, 일정표가 적혀진 달력 등 공무원으로서 선거에 관여한 것으로 추정되는 자료 일체'라고 기재된 영장을 발부받았다.

- 수사기관이 압수수색을 하고 있던 무렵 甲이 도지사 집무실(압수수색할 장소 아님)에 들어가 그곳에 보관 중이던 피고인의 업무일지 등이 포함된 서류 뭉치를 가지고 나오는데, 수사기관은 해당 물건을 압수하였다.

- 수사기관은 甲에게 압수수색 영장을 제시하지 않았고, 압수목록도 압수 즉시 교부되지 않고 그로부터 5개월이 지난 후 압수물건에 대한 확인 없이 압수물 목록을 그대로 옮겨 적어 작성, 교부되었다.

이에 대하여 위 대법원 2008도763 판결은 '**甲이 소지한 이 사건 압수물에 대한 압수를 함에 있어 압수수색을 당하는 甲에게 헌법과 형사소송법에서 필요적으로 요구하는 적법한 압수수색 영장이 제시되지 않은 점**, 甲이 소지하고 있던 이 사건 압수물은 이 사건 영장에 기재된 압수수색 장소인 이 사건 사무실에 보관 중인 물건이라고 할 수 없어 이 사건 영장으로는 적법하게 압수할 수 없는 점, 이후 압수목록도 압수 당시 즉시 작성, 교부되지 않았고 그로부터 5개월이나 지나 압수물건에 대한 확인 없이 압수물 목록을 그대로 옮겨 적어 작성, 교부되었으며,

압수목록의 압수경위가 사실대로 기재되어 있지 않고 작성월일이 누락되어 있을 뿐만 아니라 압수목록 사본의 편철방식 등에서 위와 같은 부적절한 압수절차를 은폐하려는 것처럼 보이는 점 등을 종합하여 보면, 이 사건 압수물에 대한 압수는 적법하게 발부된 압수수색 영장에 의하지 아니하고 헌법과 형사소송법을 위반하여 행하여진 위법한 압수라고 할 것이다', '이러한 위법행위가 없었다면 이 사건 압수물의 수집이 가능하지 않았을 것으로 보이는 점 등의 모든 사정을 전체적·종합적으로 살펴보면, **이 사건 압수물의 압수는 그 압수절차에서 수사기관의 절차위반행위로 인하여 압수에 관한 적법절차의 실질적인 내용이 침해된 경우에 해당한다고 할 것**이므로, 압수절차에 위법이 있다 하더라도 예외적으로 증거능력이 인정되는 수사기관의 절차 위반행위가 적법절차의 실질적인 내용을 침해하는 경우에 해당하지 아니하고, 오히려 그 증거의 증거능력을 배제하는 것이 헌법과 형사소송법이 형사소송에 관한 절차 조항을 마련하여 적법절차의 원칙과 실체적 진실 규명의 조화를 도모하고 이를 통하여 형사사법정의를 실현하려 한 취지에 반하는 결과를 초래하는 것으로 평가되는 예외적인 경우에 해당한다고도 볼 수 없다'고 판시하며 상기한 상황에서 甲으로부터 압수한 압수물의 증거능력을 부정하였다.

대법원 2008도763 판결은 압수수색 대상자가 여러 명인 경우에는 그 사람들 모두에게 개별적으로 영장을 제시하는 것이 원칙이라는 점을 판시하였다.고, 아울러 압수수색 영장에 기재된 '보관 중인 물건'은 영장 기재 장소에 있는 물건에 국한된다는 점을 명확히 밝힌 것이다.

대상 판결인 대법원 2017. 9. 21. 선고 2015도12400 판결은 위 대법원 2008도763 판결에서 밝힌 영장 개별 제시 원칙을 재확인하였다는 의의를 가진다고 볼 수 있다.

2. 판결의 의의

대상 판결은 압수수색 영장의 제시의 정도와 방법에 대하여 명확하게 밝혔다는 점에서 큰 의의를 가진다.

먼저, 형사소송법 제118조에는 "압수수색 영장은 처분을 받는 자에게 반드시 제시하여야 하고, 처분을 받는 자가 피고인인 경우에는 그 사본을 교부하여야 한다. 다만, 처분을 받는 자가 현장에 없는 등 영장의 제시나 그 사본의 교부가 현실적으로 불가능한 경우 또는 처분을 받는 자가 영장의 제시나 사본의 교부를 거부한 때에는 예외로 한다."고 규정되어 있다. 그러나 압수수색 영장의 제시 범위에 대하여는 명확한 규정이 없어 수사 실무상 혼선을 빚고 있었다.

대상 판결은 압수수색 영장을 집행할 때, 수사기관은 피압수자로 하여금 법관이 발부한 영장에 의한 압수수색이라는 사실을 확인함과 동시에 형사소송법이 압수수색 영장에 필요적으로 기재하도록 정한 사항이나 그와 일체를 이루는 사항을 충분히 알 수 있도록 압수수색 영장을 제시하여야 한다는 원칙을 밝힌 최초의 판결이라는 점에서 의의가 크다.

압수수색·검증할 물건, 압수수색·검증할 장소, 압수수색·검증을 필요로 하는 사유, 압수 대상 및 방법의 제한 등 필요적 기재 사항 및 그와 일체를 이루는 부분은 압수수색에 있어서 피압수자가 자신의 방어권을 충분히 행사하기 위하여 반드시 알아야 하는 부분이다. 대상 판결은 피압수자의 방어권 보장 등 피의자 인권을 보호하고 수사기관에 명확한 지침을 주었다는 점에서 의미가 있다.

다음으로, **대상 판결은 피압수자가 여러 명인 경우에, 개별적으로 압수수색 영장을 제시해야 한다는 대법원의 기존 법리를 재확인하였다.** 피압수자가 여러 명인 경우, 압수수색 현장의 관리자에게만 영장을 제시하였다는 사실만으로 영장이 제시되었다고 볼 수 없는 것이다. 관리자라고 하더라도 영장의 내용을 충분히 알 수 없고, 압수 당사자가 아니라면 그 내용에 대하여 명확히 기억하고 이를 전달할 가능성이 낮다. 따라서, 개별 제시 원칙 역시 피압수자의 방어권 보장 등 피의자 인권을 보호하고 수사기관에 명확한 지침을 주었다는 점에서 의미가 있다.

2 압수수색 영장의 사본이 제시된 경우 압수물의 증거능력 인정 여부

I. 대상 판결

압수수색 절차에 있어 영장의 사본이 제시된 경우 압수물의 증거능력 인정 여부에 관하여, 대법원 2022. 1. 27. 선고 2021도11170 판결은 『**압수수색 영장의 집행 과정에서 수사기관이 금융기관으로부터 금융거래자료를 수신하기에 앞서 금융기관에 영장 원본을 사전에 제시하지 않은 경우 원칙적으로 적법한 집행 방법은 아니지만, 예외적으로 영장 사본을 첨부해 자료 제공을 요청하고 금융기관이 자발적으로 협조해 회신한 자료가 영장 범위에 포함되며, 이후 영장 원본을 제시하고 관련 자료를 선별해 압수한 경우 그 전 과정이 금융실명법에 따른 것이고 적법절차를 잠탈하려는 의도가 없다면, 전체적으로 하나의 적법한 영장 집행으로 해당한다고 볼 수 있다.**』라고 판시하였다.

II. 사안의 개요

▨ 수사기관이 금융기관에 대한 압수수색 영장을 집행하면서 모사전송 방식에 의해 영장 사본을 전송한 사실은 있으나 영장 원본을 제시하지 않은 경우 위법하다고 본 대법원 2019. 3. 14. 선고 2018도2841 판결이 있음

▨ 이후, 수사기관은 ① 압수수색 대상 금융기관이 여러 곳이어도 영장을 1부 청구하여 발부받고, ② 여러 금융기관에 금융거래정보 요구서, 영장 및 수사관 신분증 '사본'을 모사전송(전자팩스) 방식으로 발송하며, ③ 금융기관으로부터 자료를 수신한 후 분석하여 사건 관련 자료가 있는 경우 분석을 하고, ④ 최종적으로 선별 파일 목록을 작성한 후 금융기관에 직접 방문하여 영장 원본을 제시하고 선별자료를 저장매체에 저장하는 한편 압수목록을 교부하고 압수조서를 작성하는 방식으로 압수수색 영장 집행

▨ 이 사건도 위와 같은 방식으로 계좌추적용 압수수색 영장을 집행하였는데, 변호인은 항소심에 이르러 '이 사건에서 검사가 증거로 제출한 모든 계좌 거래내역은 압수수색 영장 원본의 제시 없이 영장 사본을 팩스로 전송하는 방식의 집행으로 압수한 것이고, 압수 이후 압수조서가 적법절차에 따라 작성되지도 않았으므로 위법수집증거에 해당한다'고 주장하였음

III. 재판 진행경과

1. 항소심의 판단

항소심[63]은 금융계좌추적용 압수수색 영장의 경우에도 일반 압수수색 영장과 마찬가지로 여러 장소에서 동시에 집행할 필요가 있는 경우에는 원칙적으로 복

---

63) 서울고등법원 2021. 8. 11. 선고 2021노14 판결

수의 영장을 발부받아야 하나, 계좌나 금융기관이 특정되지 않았거나 연결계좌까지 포함되는 상황에서는 애초에 원본 영장의 수를 확정하는 것이 사실상 불가능하다고 판단하였다.

또한 대상 계좌나 관련 금융거래 정보가 특정되지 않은 상태에서 비교적 짧은 유효기간 내에 모든 금융기관에 영장 원본을 직접 제시하고 집행하는 것이 현실적으로 곤란하고, 설령 가능하다고 하더라도 이는 수사기관 및 금융기관 모두에게 과도한 부담을 초래한다고 보았다. 나아가 영장 원본 제시가 반드시 집행 초기 단계에서 이루어져야 한다는 해석은 수사기관이 관련성·필요성 여부를 검토하지 않고 무차별적으로 모든 금융거래정보를 확보하도록 유도할 수 있어, 오히려 절차적 통제의 취지에 반할 수 있다고 보았다.

항소심은 대법원 2019. 3. 14. 선고 2018도2841 판결 역시 영장 원본 제시가 없었다는 점만으로 위법하다고 본 것이 아니라, 그 이후에도 영장 원본 제시나 압수조서·압수물목록의 교부가 없었다는 사실을 문제 삼은 것이며, 영장 집행 절차에서 원본 제시가 반드시 선행되어야 한다고까지 해석할 수는 없다고 판단하였다.

한편, 금융기관이 보관·관리하는 금융거래 정보는 정보주체가 임의로 변경·삭제할 수 없는 것으로서, 금융거래의 투명성 확보를 위한 공적 성격을 가지며, 수사기관이 금융기관의 협조 없이 직접 금융거래 정보를 탐색하여 관련 정보를 압수하기는 어렵고 그러한 행위가 함부로 허용되어서도 안되는 점 등에 비추어 그 정보를 탐색·수집하는 과정에서 비록 헌법 및 형사소송법이 정한 절차의 위반이 있더라도 이로 인한 권리 침해의 정도는 상대적으로 가볍다고 판시하였다.

항소심은 위와 같은 법리에 따라 ① 수사기관이 최종적으로 영장 원본을 제시하고 선별자료를 압수하면서 작성한 압수조서에 앞서 본 바와 같은 영장 집행 방식, 즉 영장 사본 모사전송 등을 포함한 압수수색 진행 과정이 구체적으로 기재되지 않았다거나, ② 영장 원본 제시 이전에 먼저 사본을 모사전송 방식으로 제시하고 확보한 거래내역이 그대로 증거로 제출되었다고 하여, 그 압수조서 작성이 적법절차에 어긋나고 나아가 압수물인 거래내역이 위법수집증거에 해당한다고 볼 수 없다고 판시하였다.

2. 대법원의 판단

대법원[64]은 수사기관이 금융기관에 금융실명법 제4조 제2항에 따라 금융거래정보 제공을 요구하면서 영장 사본을 첨부하였고, 이에 금융기관이 자발적으로 협조하여 회신한 금융거래자료가 해당 영장의 집행 대상과 범위에 포함되며, **그 자료 중 범죄혐의사실과 관련된 금융거래를 선별한 후 최종적으로 영장 원본을 제시하고 선별된 금융거래자료에 대해 압수절차를 집행한 경우, 이러한 일련의 절차가 금융실명법이 정한 방식에 따라 이루어졌고 적법절차 및 영장주의 원칙을 회피하려는 의도가 인정되지 않는다면, 전체적으로 이를 '하나의 영장에 기하여 적시에 원본을 제시하고 이를 토대로 압수수색한 것'으로 평가할 수 있는 예외적 경우에 해당하므로, 이와 같은 방식 또한 영장의 적법한 집행 방법에 해당한다고 판단하였다.**

대법원은, 이러한 법리에 비추어 이 사건 각 금융계좌추적용 압수수색 영장의 집행 과정을 살펴보면, 수사기관이 금융기관으로부터 자료를 수신하기에 앞서 영장 원본을 사전에 제시하지 않았다고 하더라도, 이후 범죄혐의 관련 자료를 선별한 다음 영장 원본을 제시하고 그 선별된 자료를 직접 압수한 일련의 절차가 전체적으로 볼 때 하나의 영장에 기하여 적시에 원본을 제시하고 당초 집행 대상과 범위 내에서 이를 압수수색한 것으로 평가할 수 있는 경우에 해당하며, 수사기관이 적법절차나 영장주의를 잠탈할 의도로 그러한 방식을 취하였다고 인정할 만한 사정도 존재하지 않아 적법하다고 판단하였다.

---

64) 대법원 2022. 1. 27. 선고 2021도11170 판결

Ⅳ. 압수수색 절차 위반시 증거능력의 인정 여부

Ⅳ. 대상 판결의 의의

형사소송법 제118조(영장의 제시와 사본교부)는 "압수수색 영장은 처분을 받는 자에게 반드시 제시하여야 하고, 처분을 받는 자가 피고인인 경우에는 그 사본을 교부하여야 한다. 다만, 처분을 받는 자가 현장에 없는 등 영장의 제시나 그 사본의 교부가 현실적으로 불가능한 경우 또는 처분을 받는 자가 영장의 제시나 사본의 교부를 거부한 때에는 예외로 한다"고 규정하고 있다. 위 규정은 형사소송법 제219조(준용규정)에 따라 검사 또는 사법경찰관의 본장의 규정에 의한 압수, 수색 또는 검증에 준용하도록 되어 있다.

형사소송법이 압수수색 영장을 집행하는 경우에 피압수자에게 반드시 압수수색 영장을 제시하도록 규정한 것은 법관이 발부한 영장 없이 압수수색을 하는 것을 방지하여 영장주의 원칙을 절차적으로 보장하고 압수수색 영장에 기재된 물건, 장소, 신체에 대해서만 압수수색을 하도록 하여 개인의 사생활 및 재산권의 침해를 최소화하는 한편, 준항고 등 피압수자의 불복신청의 기회를 실질적으로 보장하기 위한 것이다.[65]

과거 실무상으로는 수사기관이 압수수색 영장을 제시할 때 스쳐 지나가듯 보여주어 피압수자가 실질적으로 내용을 파악할 기회를 보장하지 않는 문제가 있기도 하였는데, 2022. 2. 3. 법률 제18799호 개정에 따라 피의자에 대한 영장 사본의 교부가 명문화되었다. 이러한 영장 사본의 교부는 피고인(피의자)의 방어권을 실질적으로 보장하기 위해 입법된 것이다.[66]

압수수색 영장 제시 및 교부에 있어 '처분을 받는 자'라고 함은 압수수색을 당하는 사람, 즉 피압수수색 당사자를 말한다. '처분을 받는 자'는 압수할 물건 또는 수색할 장소를 현실적으로 점유 또는 지배하는 사람으로, 일반적으로는 물건과 장소에 대해

---

65) 대법원 2017. 9. 21. 선고 2015도12400판결

66) 노태악 편집대표, 주석 형사소송법(Ⅲ)(제6판), 한국사법행정학회(2022), 906

점유 관리하는 사람이라고 할 수 있지만, 반드시 법률상 권한에 근거해 점유 관리하는 사람으로 한정할 필요는 없다. 개인의 주거에서 압수수색 영장을 집행하는 경우 주거지의 가족에게 영장을 제시하면 된다.[67]

대법원은 "현장에서 압수수색을 당하는 사람이 여러 명일 경우에는 그 사람들 모두에게 개별적으로 영장을 제시해야 하는 것이 원칙이다. 수사기관이 압수 수색에 착수하면서 그 장소의 관리책임자에게 영장을 제시하였다고 하더라도 물건을 소지하고 있는 다른 사람으로부터 이를 압수하고자 하는 때에는 그 사람에게 따로 영장을 제시하여야 한다"라고 판시하여 이른바 개별제시의 원칙을 천명하였다.[68]

반면에 이후의 판례 중에서는 피고인 A의 주거지에 대한 압수수색 당시 담당 수사관이 피고인 A의 아내이자 그 압수수색 영장에 공동피의자로 기재된 B에게 영장 집행 사실을 통지한 후 영장을 제시하였고, 그 집행 당시 피고인 A가 공동으로 운영하는 회사 사무실에 대한 압수수색이 동시에 이루어져서 피고인 A가 그 사무실의 압수수색에 참여하였던 사정 등을 종합하여 그 주거지의 압수수색에 대한 피고인 A의 참여권 등이 실질적으로 침해된 것으로 볼 수 없다고 판단한 경우도 있다.[69]

그런데 형사소송법 제118조(영장의 제시와 사본교부)는 영장의 '원본'을 제시하도록 명시적으로 규정되어 있지 않아, 특히 수사기관이 금융기관 및 전기통신 서비스 등을 상대로 영장을 집행할 때 편의상 모사전송(팩스) 방식으로 영장을 집행하는 것이 허용되는지 논의가 이어져왔다. 검찰에서는 헌법, 형사소송법, 형사소송규칙 등은 압수수색 영장의 '원본'을 제시할 것을 규정하고 있지 아니하고, 금융기관 및 인터넷업체에 대한 압수수색 영장 집행은 주거지, 사무실, 신체, 차량 등에 대한 압수수색 영장 집행과는 그 성격이 다르므로 반드시 압수수색 영장의 원본을 제시하여야 한다

---

67) 노태악 편집대표, 위 책, 901
68) 대법원 2009. 3. 12. 선고 2008도763 판결
69) 대법원 2013. 7. 26. 선고 2013도2511 판결

고 볼 수는 없다고 주장하면서 원본 대신 모사전송 방식에 의하여 사본을 제시한 것은 적법하고, 이를 통하여 수집된 계좌거래내역 등 금융거래 자료 및 이메일 자료는 증거능력이 있다고 주장하기도 하였다.[70]

그러나 위 사건에서 항소심 법원은 헌법 제12조, 형사소송법 제219조, 제118조, 형사소송규칙 제59조, 제48조에 따르면, 검사의 지휘에 의하여 압수수색 영장을 집행하는 경우 법원은 검사에게 '원본'을 송부하여야 하고, 영장 집행 시 반드시 '영장을 제시'하여야 하며, 형사소송규칙 제93조 및 제107조는 동시에 여러 장소에서 집행하는 경우에 관하여 압수수색 영장의 '수통 발부'를 규정하고 있는 점을 종합하여 보면 압수수색 영장을 집행할 때에는 영장의 원본이 제시되어야 하고, 이에 따르지 아니하고 수집한 증거는 원칙적으로 적법한 증거로 삼을 수 없다고 판단하였다. 상고심 역시 모사전송 방식에 의하여 영장 사본을 전송한 사실은 있으나 영장 원본을 제시하지 않았고 압수조서와 압수물 목록을 작성하여 이를 피압수수색 당사자에게 교부하였다고 볼 수도 없는 등의 방법으로 압수된 금융거래 자료와 이메일 자료는 증거능력이 없다고 판시하였다.[71]

이후에는 수사기관이 ① 압수수색 대상 금융기관이 여러 곳이어도 영장을 1부 청구하여 발부받고, ② 여러 금융기관에 금융거래정보 요구서, 영장 및 수사관 신분증 '사본'을 모사전송(전자팩스) 방식으로 발송하며, ③ 금융기관으로부터 자료를 수신한 후 분석하여 사건 관련 자료가 있는 경우 분석을 하고, ④ 최종적으로 선별 파일 목록을 작성한 후 금융기관에 직접 방문하여 영장 원본을 제시하고 선별자료를 저장매체에 저장하는 한편 압수목록을 교부하고 압수조서를 작성하는 방식으로 압수수색 영장을 집행하여 왔다.

이는 대상 계좌나 관련 금융거래 정보가 특정되지 않은 상태에서 비교적 짧은 유효

---

70) 서울고등법원 2018. 1. 26. 선고 2016노333 판결
71) 대법원 2019. 3. 14. 선고 2018도2841 판결

기간 내에 모든 금융기관에 영장 원본을 직접 제시하고 집행하는 것이 현실적으로 곤란하고, 설령 가능하다고 하더라도 이는 수사기관 및 금융기관 모두에게 과도한 부담을 초래하기 때문에 금융기관을 상대로 영장을 집행할 때 불가피하게 영장 사본을 제시하는 경우에도 가능한 선에서 최대한 '영장 원본 제시의 원칙'에 부합하도록 영장 집행 절차를 마련한 것으로 볼 수 있다.

그리고 법원은, 2018도2841 판결 이후 위와 같이 마련된 영장 집행 절차는 예외적으로 영장 사본을 첨부해 자료 제공을 요청하고 금융기관이 자발적으로 협조해 회신한 자료가 영장 범위에 포함되며, 이후 영장 원본을 제시하고 관련 자료를 선별해 압수한 경우, 그 전 과정이 금융실명법에 따른 것이고 적법절차를 잠탈하려는 의도가 없다면, 전체적으로 하나의 적법한 영장 집행으로 해당한다고 판단한 것이다.

3 압수수색 절차에 있어 참여권이 보장되지 않은 경우 압수물의 증거능력 인정 여부

I. 대상 판결

압수수색 절차에 있어 참여권이 보장되지 않은 경우 압수물의 증거능력 인정 여부에 관하여, 대법원 2022. 5. 31.자 2016모587 결정은 『**수사기관이 압수수색 과정에서 실질적 피압수자인 피의자에게 참여권을 보장하지 않은 경우 압수수색 영장의 원본을 제시하지 않은 위법 그리고 범죄 혐의사실과 관련된 부분의 선별 없이 그 일체를 출력하여 증거물로 압수한 위법 등과 종합하여 볼 때 압수수색이 위법하여 취소되어야 한다.**』고 판시하였다.

II. 사안의 개요

- 서울중앙지방검찰청 검사 E와 서울 은평경찰서 사법경찰관 F는 서울중앙지방법원이 2014. 5. 24. 발부한 압수수색 영장에 기하여 2014. 5. 26. 11:55경 압수수색을 실시

- 압수수색 영장의 '범죄사실의 요지'는 준항고인의 「집회 및 시위에 관한 법률」위반 등이었고, 압수수색의 대상은 주식회사 카카오가 서버에 보관하고 있는 준항고인의 '카카오톡 아이디' 및 '대화명', 준항고인과 대화하였던 '상대방 카카오톡 아이디의 계정정보', 준항고인과 대화한 카카오톡 사용자들과 주고받은 '대화내용' 및 '사진 정보', '동영상 정보' 일체

- '수색·검증할 장소, 신체 또는 물건'은 '1) 준항고인의 신체(영장집행 시 제출을 거부할 경우에 한 함), 휴대전화를 보관, 소지하고 있을 것으로 판단되는 가방, 의류, 2) 주식회사 카카오(이하 '카카오'라 한다) 본사 또는 압수할 물건을 보관하고 있는 데이터센터'

- 검사와 사법경찰관은 압수수색 집행 과정에서 피의자인 준항고인에게 압수수색 집행 일시와 장소를 통지하지 않았고, 이로 인해 준항고인이나 변호인은 압수수색 집행 과정에 전혀 참여하지 못함

- 수사기관은 피압수자인 카카오의 법무팀에 압수수색 영장 사본을 팩스로 전송하였을 뿐, 압수수색 영장 원본을 제시하지 않았고, 압수수색 후 압수물 목록을 교부하지 않았음

- 카카오 담당자는 이 사건 전자정보 중에서 압수수색 영장의 범죄사실과 관련된 정보만을 분리하여 추출할 수 없었으므로 수사기관의 이 사건 압수수색 영장 집행에 응하여 준항고인의 카카오톡 대화내용이 저장되어 있는 서버에서 준항고인의 대화내용(이하 '이 사건 전자정보'라 한다)을 모두 추출하여 수사기관에 이

메일로 전달하였는데, 이 사건 전자정보에는 준항고인이 자신의 부모, 친구 등과 나눈 일상적 대화 등 혐의사실과 관련 없는 내용, 준항고인이 대화방에 입장하기 전의 대화내용, 퇴장한 후의 대화내용까지 포함되어 있었음

Ⅲ. 재판 진행경과

1. 원심 법원의 판단

원심법원[72]은 이 사건 준항고의 적법여부에 관련하여, 검사가 이 사건 압수수색을 통해 확보한 자료가 준항고인에 대한 공판사건에서 증거로 제출되지 않았고, 해당 공판절차에서 압수수색의 위법성 주장도 가능하므로, 이 사건 준항고는 법률상 이익이 없어 부적법하다고 주장한 것에 대해, 준항고 제도는 수사기관의 증거수집 과정에서 영장주의 등 절차적 적법성을 확보하고 국민의 기본권을 보장하기 위한 제도라는 점에서 그 법률상 이익 유무를 판단함에 있어 제도의 취지를 충분히 고려해야 한다고 보았다. 나아가 이 사건 압수수색은 준항고인의 사생활의 비밀과 통신의 자유에 직접적인 제한을 가하는 것이므로, 단지 확보된 자료가 공판절차에서 증거로 제출되지 않았다는 이유만으로 법률상 이익을 부정할 수 없고, 공판절차 또한 여전히 제1심 단계에 머물고 있는 점을 들어 검사의 이 주장을 받아들이지 않았다.

또한 원심 법원은 형사소송법 제219조, 제121조, 제122조에 따라 피의자 또는 변호인에게 압수수색 집행의 일시와 장소를 미리 통지하여 참여할 수 있도록 보장해야 하며, 이는 절차적 적법성을 확보하고 영장주의를 충실히 구현하기 위한 것임을 전제하였다. 따라서 피의자 등의 참여권이 보장되지 않은 경우, 그 참여권

---

72) 서울중앙지방법원 2015. 12. 31.자 2015보6 결정

보장의 취지가 실질적으로 침해되지 않았다고 평가할 만한 특별한 사정이 없는 한, 압수수색은 위법하다고 보아야 한다고 판단하였다.

원심 법원은 이 사건에서 실제로 준항고인 또는 변호인에게 집행 일시와 장소가 사전 통지되지 않았고, 검사가 주장하는 '급속을 요하는 때'라는 사정도 인정하기 어렵다고 보았다. 즉, 대화내용과 계정정보는 제3자인 카카오의 서버에 보관되어 있어 피의자가 이를 인멸하거나 은닉할 수 없으며, 정보 보관 기간이 5~7일에 불과하다는 주장과 달리, 압수수색은 영장 발부일로부터 이틀이 경과한 후에 이루어진 점에 비추어 실제로 급박하게 이루어진 것도 아니라고 판단하였다.

원심 법원은, 형사소송법이 피의자의 참여권을 보장한 입법 취지, 이 사건 압수수색이 전격적·급속하게 이루어진 것으로 보기 어려운 사정, 그리고 압수된 정보가 준항고인의 내밀한 사생활의 비밀에 해당하는 점 등을 종합적으로 고려할 때, 압수수색 영장 원본 미제시, 압수물 목록 미교부, 피의사실과의 관련성 등 나머지 주장에 대하여 나아가 판단할 필요 없이, 이 사건 압수수색은 위법하므로 취소되어야 한다고 판단하였다.

2. 대법원의 판단

대법원[73]은, **원심이 카카오 본사의 서버에 보관된 이 사건 전자정보에 대한 압수수색 영장의 집행이 형사소송법 제122조 단서의 '급속을 요하는 때'에 해당하지 않는다고 판단한 것은 잘못이라고 보았다.** 그러나 **수사기관이 압수수색 영장의 원본을 제시하지 않은 점, 카카오로부터 입수한 전자정보 중 범죄 혐의사실과 관련된 부분을 선별하지 않고 일체를 출력하여 증거물로 압수한 점, 그 과정에서 서비스 이용자인 피의자에게 참여권을 보장하지 않은 점,**

---

73) 대법원 2022. 5. 31.자 2016모587 결정

압수한 전자정보 목록을 교부하지 않은 점 등의 절차적 위법을 종합하면, 이 사건 압수수색에서 나타난 일련의 위법성이 전체 절차를 위법하게 할 정도로 중대하다는 원심의 결론은 정당하다고 판단하였다.

Ⅳ. 대상 판결의 의의

오늘날 종이문서 등 이른바 하드카피보다 디지털 기기에 저장된 전자정보에 범죄와 관련된 핵심적인 정보가 포함되어 있는 경우가 훨씬 더 많다. 특히 범죄사실과 직접 관련된 전자정보와 무관한 정보가 혼재되어 있는 경우가 대부분이어서, 압수수색 절차에서 참여권 보장 및 범죄 혐의사실과 관련된 정보의 선별의 중요성이 커지고 있다.

이와 관련하여, 형사소송법 제121조(영장집행과 당사자의 참여)는 "**검사, 피고인 또는 변호인은 압수수색 영장의 집행에 참여할 수 있다**"고 규정하고 있고, 제122조(영장집행과 참여권자에의 통지)는 "**압수수색 영장을 집행함에는 미리 집행의 일시와 장소를 전조에 규정한 자에게 통지하여야 한다. 단, 전조에 규정한 자가 참여하지 아니한다는 의사를 명시한 때 또는 급속을 요하는 때에는 예외로 한다.**"라고 규정하고 있으며, 제123조(영장의 집행과 책임자의 참여), 제124조(여자의 수색과 참여), 제219조(준용규정)를 통해 압수수색 집행 과정에서 참여권을 보장하는 규정을 두고 있다.

이 중 형사소송법 제122조 본문은 압수수색 절차의 공정을 확보하고 집행을 당하는 자의 이익을 보호하고자 마련된 제121조의 참여권의 실질적인 보장을 위하여 압수수색의 일시와 장소를 참여권자인 피의자 및 변호인에게 사전에 통지하도록 함으로써 피의자의 절차적 권리를 보장하고자 한 것이다.[74] 다만 그 단서 조항은, 다른 한편에서 그러한 사전통지에 의하여 수사의 목적을 달성할 수 없는 경우에는 그 예외를

---

74) 노태악 편집대표, 주석 형사소송법(Ⅲ)(제6판), 한국사법행정학회(2022), 920

인정하여 형사소송법의 궁극적인 이념인 실체적 진실 발견과 범죄수사라는 공익의 달성에 지장이 없도록 하려는 것이다.[75]

여기서 '급속을 요하는 때'에는 참여권자에 대한 통지를 하지 않아도 된다는 예외가 규정되어 있다. **'급속을 요하는 때'라 함은, 압수수색 영장 집행 사실을 미리 알려주면 증거물을 은닉할 염려 등이 있어 압수수색의 실효를 거두기 어려울 경우[76] 내지는 피의자에게 미리 통지하여 줄 경우 압수수색의 대상이 된 증거를 인멸하거나 훼손하여 압수수색의 목적을 달성할 수 없게 되는 때를 의미한다.[77]**

실무적으로는, 수사기관이 '급속을 요하는 때'에 해당한다고 보아 참여권자에 대한 통지를 배제하는 경우가 많다. 주거, 회사 등에서의 일반적인 전자정보 압수수색에서는 정보저장매체의 보관자 내지 정보주체가 집행 현장에 있어 참여할 수 있는 경우도 많겠지만, 제3자 보관정보의 경우에는 이러한 참여의 기회를 기대하기도 어렵다. 이러한 배경에서 이메일에 대한 압수수색과 관련하여 형사소송법 제122조 단서 중 '급속을 요하는 때' 부분에 대한 헌법소원이 제기되기도 했지만, 헌법재판소 2012. 12. 27. 선고 2011헌바225 결정은 이 부분 조항이 합헌이라는 취지로 판단하였다.

원심 법원은 준항고인 또는 변호인에게 집행 일시와 장소를 사전에 통지하지 아니한 것에 대해 위법이라고 판단하였으나, 대법원은 '급속을 요하는 때'에 대해 해당하여 사전에 통지를 하지 아니한 것이 적법하다고 판단하였는데, 그 구체적인 이유를 밝히지 않았다. **대법원 2022. 5. 31.자 2016모587 결정에서 '급속을 요하는 때'에 대해 엄격하게 해석하여 참여권이 형해화되지 않도록 해야 한다고 판시하였는데, 합리적 사유에 대한 설명 없이 대상 판결에서 '급속을 요하는 때'에 해당한다고 판단한 것은 아쉬운 부분이다.**

---

75) 헌법재판소 2012. 12. 27. 선고 2011헌바225 결정
76) 대법원 2012. 10. 11. 선고 2012도7455 판결
77) 헌법재판소 2012. 12. 27. 선고 2011헌바225 결정

IV. 압수수색 절차 위반시 증거능력의 인정 여부

이와 관련하여, **피의자에 대한 체포영장을 집행하여 신병을 확보한 후 피의자의 주거지, 사무실에 대해 수사기관의 압수수색이 이루어진 사안에서, 이러한 상황은 통지의무가 면제되는 '급속을 요하는 때'에 해당하지 않는다는 취지로 판시한 대법원 판례도 있다.**[78]

한편, 대법원 2025. 4. 24. 선고 2024도19106 판결에서는 형사소송법 제219조 및 제121조가 규정한 변호인의 참여권은 피압수자의 보호를 위한 고유한 권리로서, 설령 피압수자에게 압수수색 집행의 일시와 장소가 통지되고 피압수자가 스스로 참여 의사를 표시하거나 참여하지 않겠다는 의사를 밝힌 경우에도, 특별한 사정이 없는 한 '변호인'에게는 별도로 형사소송법 제219조 및 제122조에 따라 집행 일시와 장소를 미리 통지하여 참여 기회를 보장해야 한다고 판단하였다. 다만 위 사건에서 대법원은, 피고인이 압수수색 전 과정에 직접 참여함으로써 혐의사실과 무관한 전자정보의 임의적 복제를 차단할 수 있었고, 또한 피고인의 변호인이 피의자신문 당일 피고인과 통화하고 선임신고서를 제출하였음에도 수사기관에 집행 상황을 문의하거나 참여를 요청하지 않은 점, 나아가 수사기관이 피해자의 진술에 따라 피고인의 동의를 얻어 휴대전화를 탐색한 뒤 영상을 발견하고 곧바로 영장을 발부받아 이를 압수한 일련의 경위를 고려할 때, 수사기관이 적법절차를 준수하려 노력한 것으로 보이며 변호인의 참여권을 고의적으로 침해하려 했다고는 보기 어렵다고 판단하였다. 이에 따라 대법원은 이 사건에서 변호인에 대한 통지가 누락된 점이 있더라도 예외적으로 압수의 적법성과 증거능력을 인정하였다.

---

78) 대법원 2022. 7. 14.자 2019모2584 결정 : 해당 사안은 담당검사 등이 2016. 9. 20. 09:55경 검사실에서 체포영장을 집행하여 준항고인을 체포하였고, 그 직후 압수수색을 시작하였는데 10:00경 검사실에서 준항고인의 신체를 수색하여 휴대폰을 압수하였으며, 그 직후 준항고인의 운전기사 신청외 1을 통하여 준항고인의 차량이 해당 검찰청 주차장에 있음을 확인한 후 이를 수색하여 다수의 물건을 압수하였고, 12:20경부터 15:30경까지 신청외 1이 보는 가운데 준항고인의 주거지·사무실을 수색하여 준항고인에게 유출하였던 수사자료 등을 포함한 상자 2~3개 분량과 라이카 카메라 1개 등을 압수하였으며, 담당검사 등은 이 사건 압수수색에 착수하기 전에 준항고인에게 이 사건 영장을 제시하지 않았고, 준항고인에게 주거지·사무실에 대한 압수수색 사실을 통지하지도 않았던 경우이다.

결국, 대법원은 2022. 5. 31.자 2016모587 결정을 통해 제3자가 보관하는 피의자의 전자정보에 대한 압수수색에서도 피의자의 참여권이 보장되어야 한다는 원칙을 확인하였다.

Ⅳ. 압수수색 절차 위반시 증거능력의 인정 여부

4 압수한 휴대전화의 전자정보 탐색·추출 과정에서 실질적인 참여권을 보장하지 않은 경우 전자정보의 증거능력 인정 여부

I. 대상 판결

경찰이 압수한 피고인의 휴대전화 전자정보를 탐색·추출하는 과정에서 피고인 및 변호인에게 참여권을 보장하지 않은 경우, 수집된 전자정보에 증거능력이 인정될 수 있는지 여부에 대해, 서울고등법원 2023. 4. 21. 선고 2023노150, 842(병합) 판결[79]은 『**수사기관이 압수한 휴대폰을 수사기관 사무실로 옮겨 탐색·복제·출력하는 과정도 모두 압수수색의 일환에 해당하므로 이는 혐의사실과 관련된 부분으로 한정되어야 하고, 피압수수색 당사자나 변호인에게 참여의 기회를 보장하고 범죄혐의사실과 무관한 전자정보의 임의적인 복제 등을 막기 위한 적절한 조치를 취하는 등 영장주의 원칙과 적법절차를 준수하여야 한다.**』는 대법원[80]의 확립된 법리를 인용하여 전자정보의 증거능력을 부정하였다.

---

79) 대법원 2023. 7. 27. 선고 2023도5700 판결로 확정되었다.

80) 대법원 2015. 7. 16.자 2011모1839 전원합의체 결정 등

Ⅱ. 사안의 개요

▨ 경찰은 별건 피의자인 甲에 대한 수사 과정에서 甲으로부터 피고인과 함께 마약류인 펜타닐 패치를 수수·사용하였다는 자백 진술을 확보하고, 이를 토대로 피고인에 대한 체포영장 및 압수수색 영장을 발부받아 피고인을 체포

▨ 경찰은 피고인의 주거지에서 체포 및 압수수색을 집행하면서 피고인의 휴대전화를 확보하였으며, 기기 원본을 봉인하여 반출

▨ 이후 경찰서 수사팀 사무실에서 피고인을 조사하는 과정에서, 피고인의 휴대전화에 저장된 전자정보 중 사진, 카카오톡 및 텔레그램 메시지 등을 특정·추출하였고, 그 과정에서 당초 압수수색 영장에 기재되어 있지 아니한 향정신성의약품인 피디키넷리타드정 등의 수수 사실을 인지하여 병합 기소

▨ 아울러, 경찰은 피고인의 휴대전화에 저장된 전자정보를 열람·탐색·추출하는 절차를 진행함에 있어, 피고인 또는 그 변호인에게 이에 참여할 수 있음을 고지하지 않았고 실제로 참여의 기회도 제공하지 않았으며, 이에 대해 피고인 및 변호인도 특별한 이의를 제기하지 아니함

Ⅲ. 재판 진행경과

1. 제1심의 판단

제1심[81]은 아래와 같은 대법원의 확립된 법리[82]를 인용하여, 수사기관이 피고인의 휴대전화에 저장된 전자정보를 탐색·추출하는 과정에서 피고인 또는 변호인

---

81) 인천지방법원 2022. 12. 22. 선고 2022고합504 판결
82) 대법원 2015. 7. 16.자 2011모1839 전원합의체 결정 등

에게 참여권을 보장하지 않았으므로, 절차상 위법이 있어 수집된 전자정보에 증거능력이 인정될 수 없다고 판단하였다.

"저장매체에 대한 압수수색 과정에서 범위를 정하여 출력 또는 복제하는 방법이 불가능하거나 압수의 목적을 달성하기에 현저히 곤란한 예외적인 사정이 인정되어 전자정보가 담긴 저장매체 또는 복제본을 수사기관 사무실 등으로 옮겨 복제·탐색·출력하는 경우에도, 그와 같은 일련의 과정에서 형사소송법 제219조, 제121조에서 규정하는 피압수수색 당사자(이하 '피압수자'라 한다)나 변호인에게 참여의 기회를 보장하고 혐의사실과 무관한 전자정보의 임의적인 복제 등을 막기 위한 적절한 조치를 취하는 등 영장주의 원칙과 적법절차를 준수하여야 한다. 만약 그러한 조치가 취해지지 않았다면 **피압수자 측이 참여하지 아니한다는 의사를 명시적으로 표시하였거나 절차 위반행위가 이루어진 과정의 성질과 내용 등에 비추어 피압수자 측에 절차 참여를 보장한 취지가 실질적으로 침해되었다고 볼 수 없을 정도에 해당한다는 등의 특별한 사정이 없는 이상 압수수색이 적법하다고 평가할 수 없고, 비록 수사기관이 저장매체 또는 복제본에서 혐의사실과 관련된 전자정보만을 복제·출력하였다 하더라도 달리 볼 것은 아니다.**

전자정보에 대한 압수수색이 종료되기 전에 혐의사실과 관련된 전자정보를 적법하게 탐색하는 과정에서 별도의 범죄혐의와 관련된 전자정보를 우연히 발견한 경우라면, 수사기관으로서는 더 이상의 추가 탐색을 중단하고 법원으로부터 별도의 범죄혐의에 대한 압수수색 영장을 발부받은 경우에 한하여 그러한 정보에 대하여도 적법하게 압수수색을 할 수 있다고 할 것이다. 나아가 이러한 경우에도 별도의 압수수색 절차는 최초의 압수수색 절차와 구별되는 별개의 절차이고, 별도 범죄혐의와 관련된 전자정보는 최초의 압수수색 영장에 의한 압수수색의 대상이 아니어서 저장매체의 원래 소재지에서 별도의 압수수색 영장에 기해 압수수색을 진행하는 경우와 마찬가지로 피압수자는 최초의 압수수색 이전부터 해당 전자정보를 관리하고 있던 자라 할 것이므로, 특별한 사정이 없는 한 그 피압수자에게 형사소송법 제219조, 제121조, 제129조에 따라 참여권을 보장하고 압수한 전자정보 목록을 교부하는 등 피압수자의 이익을 보호하기 위한 적절한 조치가 이루어져야 할 것이다."

제1심이 피고인 및 변호인에게 참여권이 보장되지 아니하였다고 판단한 구체적인 근거는 다음과 같다.

가) 피고인이 소지하고 있던 휴대폰이 2022. 6. 13. 압수수색 현장에서 반출되었을 당시부터 2022. 6. 14. 10:00~14:30경 수사팀 사무실에서 피고인의 휴대폰에 저장된 이 사건 각 전자정보를 열람하여 탐색·출력하는 과정에서, **수사기관이 피고인이나 그 변호인에게 이에 참여할 수 있음을 고지하였다거나 실제로 참여할 기회를 주었다는 사실을 인정할 만한 확인서 등 객관적인 증거는 제출된 바 없다.**

나) 2022. 6. 14. 10:00~14:30경 이 사건 각 전자정보에 대한 압수수색 절차를 진행하였던 경찰관 M은 이 법정에서 피고인의 휴대폰을 압수하면서 피고인에게 참여권이 있다는 사실을 설명하였다고 진술하면서도 이러한 사실에 관하여 서면으로 남긴 자료는 없다고 진술하였고, "경장 N이 피고인에 대한 피의자신문조서를 작성할 당시 제가 N 옆 자리에서 피고인의 휴대폰을 열람하여 이 사건 각 전자정보를 탐색, 출력하였고, 그 전자정보를 N에게 수시로 교부하였다."라는 취지로 진술하였다.

다) 또한 경찰관 N은 이 법정에서 피고인 및 변호인에게 참여 의사를 확인하였는지에 대한 질문에 관하여 "변호인에게 '조사 시작 전에 휴대폰 안에 있는 자료를 선별할 것인데 괜찮겠냐'고 물어보자 '알겠다'고 해서 진행하였다."라고 진술하였고, "M이 자신의 맞은 편 책상에 앉아 피고인의 휴대폰을 열람하여 전자정보를 출력하였다. 그날 피의자신문조서를 제1회 및 제2회 작성하였는데, 자료(이 사건 각 전자정보)가 많다 보니까 오전에 선별한 자료들을 한 번에 출력해서 제가 받았고, 오후에 조사하면서 제가 일시에 받은 자료들을 피고인에게 하나하나 보여주며 조사를 진행하였다."라는 취지로 진술하였다.

라) 위 M, N의 진술에 의하더라도, 당시 피고인과 그 변호인은 N으로부터 피의자신문을 받고 있었고, 이와는 별도로 경찰관 M이 **피고인과 떨어진 자리에서 피고인의 휴대폰을 열람하여 이 사건 각 전자정보를 열람하여 추출하였던 것임이 분명하다.** 반면 M, N의 진술만으로는 피고인과 그 변호인에게 이 사건 각 전자정보의 열람 및 출력

과정에 참여할 것인지 여부를 미리 확인하였다거나 피고인과 변호인이 위 과정에 대한 참여 포기 의사를 명백히 밝혔다고 보기는 어렵다.

2. 제2심의 판단

제2심[83]에서도 제1심법원의 판단 취지와 동일하게, 수사기관이 피고인 및 변호인의 참여권을 보장하지 아니한 상태에서 전자정보를 탐색·추출한 것은 형사소송법상 적법절차 원칙의 중대한 위반에 해당한다고 보았다. 이에 따라, 위 절차를 통해 선별된 전자정보 및 그에 기초한 2차적 증거는 원칙적으로 증거능력이 인정될 수 없다고 판단하였다.

특히, 제2심 법원은 피고인 및 변호인의 참여권 보장이 실질적으로 이루어졌는지 여부에 관하여 다음과 같이 구체적으로 설시하였다.

> "CCTV 영상 캡쳐 사진, USB(CCTV 영상 첨부)(증거목록 순번 77, 78) 등 관련된 증거에 의하면, 다음과 같은 사실이 인정된다. 경찰관 M이 피고인의 휴대전화에서 이 사건 전자정보를 탐색·추출할 당시 피고인은 변호인의 참여 하에 같은 사무실에 있는 경찰관 N으로부터 피의자신문을 받고 있었다. 경찰관 N과 M은 나란히 배열된 책상에 앉아 있었고, 피고인과 변호인은 책상을 사이에 두고 N의 맞은편에 앉아 있어 M과는 책상을 사이에 두고 대각선 맞은편에 앉아 있었는데, 피고인과 변호인이 앉은 자리에서 M이 탐색 중인 휴대전화 화면이 보이지 않는다. M은 휴대전화를 탐색하여 이 사건 전자정보를 출력한 다음 이를 N에게 교부하였고, N은 그제서야 피고인과 변호인에게 위 전자정보를 제시하였다. 피고인이나 변호인은 이러한 과정에 대해 특별히 이의를 제기하지는 않았던 것으로 보인다.
>
> **당사자와 변호인에게 압수수색 절차에 참여권을 보장하는 취지는 범죄혐의사실과 무관**

---

83) 서울고등법원 2023. 4. 21. 선고 2023노150, 2023노842 판결

한 전자정보의 탐색·추출을 막기 위함이다. 따라서 피고인이나 변호인에게 압수수색에 대한 참여 기회가 '실질적으로' 보장되었다고 하기 위해서는 그들이 전자정보를 탐색·추출하는 과정을 실제로 확인하면서 영장 기재 혐의사실과 무관한 정보의 탐색·추출에 이의하는 등 사전에 이를 제지할 수 있는 기회가 있었어야 할 것이다.

앞서 보았듯이 ① 경찰관 M이 피고인과 변호인과 같은 사무실에 있기는 하였지만 그들의 관여 없이 혼자서 이 사건 전자정보를 탐색·추출한 점, ② 경찰관 M이나 N이 피고인과 변호인에게 휴대전화에서 전자정보를 탐색·추출하는 과정을 실제로 보여주거나, 피고인이나 변호인에게 전자정보 탐색·추출 과정을 참관할 수 있음을 고지하고 그들이 원할 경우 그 과정에 참여시키는 등으로 참여의 기회를 제공하였다는 점에 관한 객관적인 자료가 없는 점(**당사자의 참여권을 보장하였다는 점에 대한 증명책임은 수사기관에 있다고 보아야 한다**), ③ **피고인과 변호인이 이러한 고지를 받지 않은 채 별다른 이의를 제기하지 않았다는 점만으로 그들이 참여 포기 의사를 명확히 하였다고 보기 어려운 점에 비추어 보면, 이 사건 전자정보의 탐색·추출 과정에서 당사자 및 변호인의 참여권이 실질적으로 보장되었다고 할 수 없다.**"

즉, 제2심은 수사기관이 피고인 및 변호인에게 참여권 보장과 관련하여 사전에 명시적으로 고지하지 아니한 상황에서, 피고인 또는 변호인이 이에 대하여 별다른 이의를 제기하지 아니하였다고 하더라도 이를 곧바로 참여권 포기 의사를 명확히 표시한 것으로 볼 수 없다고 판단하였다. 이에 따라, 전자정보의 탐색·추출 과정에서 피고인 및 변호인에게 실질적인 참여권이 보장되지 않았다고 보아야 하므로 압수수색 절차는 위법하고, 그 과정에서 수집된 전자정보는 위법수집증거에 해당하여 증거능력이 인정될 수 없다고 판단하였다.

3. 대법원의 판단

대법원[84]은 제2심 법원의 판단에 법리 오해나 사실오인의 위법이 없다고 보아 상고를 기각함으로써 원심판결을 확정하였다.

IV. 대상 판결의 의의

휴대전화의 경우 일반 PC 내 저장된 문서나 그 외 파일들과 달리 문자, SNS 대화 등이 개별 파일화 되어 있지 않아서 수사기관에서는 일반 PC에 대한 선별절차와 달리 문자, SNS 대화 전체를 압수하는 관행이 있어 왔다. 그에 따라 문자, SNS 대화별로 피의사실과 관련된 범위 내로 국한하는 선별 절차가 사실상 형해화 되어 왔다.

대법원 2011. 5. 26.자 2021모1586 결정의 원심인 광주지방법원 2021. 5. 31.자 2021 보2 결정은 "휴대전화의 경우 관련성이 없는 전자정보를 완전히 배제하는 것이 기술적으로 불가능하다는 사정 등을 압수수색 영장에 의한 압수처분이 위법하다고 볼 수 없다."고 판단을 하였는데, 수사기관의 휴대전화 문자메시지 등의 선별에 대한 어려움을 고려한 것으로 보인다.

그러나 오늘날 문자, SNS 대화, 사내메신저 대화 등을 통해 개인들간 많은 정보가 교환되고 이러한 정보에 대한 광범위한 압수수색을 통해 개인들의 사생활 보호가 중대하게 침해될 위험이 있다.

대상 판결은 수사기관이 압수된 휴대전화에서 전자정보를 탐색·추출함에 있어, 피압수자 및 변호인에게 실질적 참여권을 보장하지 아니한 경우, 해당 절차는 위법하게 되어 그 과정에서 수집된 전자정보는 원칙적으로 증거능력이 부정된다는 점을 명확히 하였다.

---

84) 대법원 2023. 7. 27. 선고 2023도5700 판결

나아가 대상 판결이 주목되는 이유는, 수사기관이 참여권 보장과 관련하여 피압수자나 변호인에게 사전에 별다른 고지나 안내를 하지 아니한 상황에서, 피압수자 또는 변호인이 명시적으로 이의를 제기하지 않았다는 사정만으로 이를 곧바로 참여권 포기의 의사로 단정할 수 없다고 판단하였다는 점에 있다. 즉, 수사기관이 실질적으로 참여 기회를 제공하였다는 점이 객관적으로 입증되지 아니하고, 피압수자 및 변호인이 명시적으로 참여권을 포기하였다는 사실이 확인되지 아니한 이상, 피압수자 및 변호인이 참여하지 아니한 상태에서 진행된 전자정보의 탐색·추출 절차는 실질적인 참여권 보장이 결여된 것으로 평가되어야 하며, 해당 절차를 통하여 수집된 전자정보는 원칙적으로 증거능력이 부정된다는 취지이다.

대법원[85]도 전자정보에 대한 압수수색의 적법성 여부를 판단함에 있어, 저장매체의 반출과 더불어 열람, 복사, 탐색, 출력 등 전 과정을 일련의 압수수색 과정으로 보아, 전 과정에 걸쳐 실질적인 참여권이 보장되어야 함을 전제로 아래와 같이 판시하였다.

> "전자정보에 대한 압수수색 영장의 집행에 있어서는 원칙적으로 영장 발부의 사유로 된 혐의사실과 관련된 부분만을 문서 출력물로 수집하거나 수사기관이 휴대한 저장매체에 해당 파일을 복사하는 방식으로 이루어져야 하고, 집행현장의 사정상 위와 같은 방식에 의한 집행이 불가능하거나 현저히 곤란한 부득이한 사정이 존재하더라도 그와 같은 경우에 그 저장매체 자체를 직접 혹은 하드카피나 이미징 등 형태로 수사기관 사무실 등 외부로 반출하여 해당 파일을 압수수색할 수 있도록 영장에 기재되어 있고 실제 그와 같은 사정이 발생한 때에 한하여 예외적으로 허용될 수 있을 뿐이다. **나아가 이처럼 저장매체 자체를 수사기관 사무실 등으로 옮긴 후 영장에 기재된 범죄 혐의 관련 전자정보를 탐색하여 해당 전자정보를 문서로 출력하거나 파일을 복사하는 과정 역시 전체적으로 압수수색 영장 집행의 일환에 포함된다고 보아야 한다.** 따라서 그러한 경우의 문서 출력 또는 파일 복사의 대상 역시 혐의사실과 관련된 부분으로 한정되어야 함은 헌법 제12조 제1항,

---

85) 대법원 2011. 5. 26.자 2009모1190 결정

Ⅳ. 압수수색 절차 위반시 증거능력의 인정 여부

제3항, 형사소송법 제114조, 제215조의 적법절차 및 영장주의의 원칙상 당연하다. 그러므로 수사기관 사무실 등으로 옮긴 저장매체에서 범죄 혐의와의 관련성에 대한 구분 없이 저장된 전자정보 중 임의로 문서 출력 혹은 파일 복사를 하는 행위는 특별한 사정이 없는 한 영장주의 등 원칙에 반하는 위법한 집행이 된다.

한편 검사나 사법경찰관이 압수수색 영장을 집행함에 있어서는 자물쇠를 열거나 개봉 기타 필요한 처분을 할 수 있지만 그와 아울러 압수물의 상실 또는 파손 등의 방지를 위하여 상당한 조치를 하여야 하므로(형사소송법 제219조, 제120조, 제131조 등), 혐의사실과 관련된 정보는 물론 그와 무관한 다양하고 방대한 내용의 사생활 정보가 들어 있는 저장매체에 대한 압수수색 영장을 집행함에 있어서 그 영장이 명시적으로 규정한 위 예외적인 사정이 인정되어 그 전자정보가 담긴 저장매체 자체를 수사기관 사무실 등으로 옮겨 이를 열람 혹은 복사하게 되는 경우에도, **그 전체 과정을 통하여 피압수수색 당사자나 그 변호인의 계속적인 참여권 보장, 피압수수색 당사자가 배제된 상태에서의 저장매체에 대한 열람·복사 금지, 복사대상 전자정보 목록의 작성·교부 등 압수수색의 대상인 저장매체 내 전자정보의 왜곡이나 훼손과 오·남용 및 임의적인 복제나 복사 등을 막기 위한 적절한 조치가 이루어져야만 그 집행절차가 적법한 것으로 될 것이다.**"

즉, 법원은 압수수색 과정에서 피압수자 및 변호인의 참여권 보장을 단순한 형식적 절차가 아니라, 헌법상 방어권의 실질적 보장 요소로 보아야 함을 명확히 하고 있으며, 대상 판결은 향후 전자정보 압수수색 절차에 있어 참여권 보장의 실질성에 대한 판단 기준을 엄격히 정립한 것으로 평가된다. 수사기관은 전자정보의 탐색 및 추출 등 전 과정에 걸쳐 피압수자 또는 변호인의 실질적인 참여권을 보장하여야 하며, 명시적인 참여 포기 의사가 확인되지 아니한 이상, 참여권이 보장되지 아니한 상태에서 수집된 전자정보는 위법수집증거로서 증거능력이 인정될 수 없다는 점을 대상 판결은 분명히 하였다.

5 실질적 정보 보유자로서 압수수색 선별에 참여할 권리가 인정되는지 여부

Ⅰ. 대상 판결

정보저장매체를 임의제출한 피압수자에 더하여 임의제출자가 아닌 피의자에게도 참여권이 보장되어야 하는지 여부에 대해, 대법원 2023. 9. 18. 선고 2022도7453 전원합의체 판결은 『**피의자나 그 밖의 제3자가 과거 그 정보저장매체의 이용 내지 개별 전자정보의 생성·이용 등에 관여한 사실이 있다거나 그 과정에서 생성된 전자정보에 의해 식별되는 정보주체에 해당한다는 사정만으로 그들이 '실질적 피압수자'로서 참여권이 보장되어야 한다고 볼 수는 없다.**』고 판시하였다.

Ⅱ. 사안의 개요

- 수사기관은 공소외 1, 공소외 2의 자녀 입시·학사 비리 혐의, 사모펀드 투자 비리 혐의 등에 대한 압수수색을 기점으로 각종 의혹에 대한 수사를 본격화 함

- 공소외 1은 압수수색 등 수사에 대비하여 혐의사실과 관련된 전자정보가 저장된 컴퓨터 등을 은닉하고자, 공소외 3에게 서재에 있던 컴퓨터에서 떼어 낸 정보저장매체 2개 중 1개(HDD 1개), 아들 공소외 4의 컴퓨터에서 떼어 낸 정보저장매체 2개(HDD 1개, SSD 1개) 등 공소외 1, 공소외 2, 공소외 4가 주거지에서 사용하던 3개의 정보저장매체(이하 '이 사건 하드디스크'라 한다)를 건네주면서 "수사가 끝날 때까지 숨겨 놓으라."라는 취지로 지시하였고, 공소외 3은 이 사건 하드디스크를 자신의 개인적 공간에 따로 숨겨 두었음

- 이 사건 하드디스크에는 공소외 1이 은닉하고자 했던 증거들, 즉 자녀들의 대학·대학원 입시에 활용한 인턴십 확인서 및 공소외 4, 피고인 등 관련자들의 문자메시지 등이 저장

- 수사기관은 공소외 3을 증거은닉 혐의 피의자로 입건하였고, 공소외 3은 직후 수사기관에 이 사건 하드디스크를 임의제출

- 수사기관은 이 사건 하드디스크의 임의제출 및 그에 저장된 전자정보에 관한 탐색·복제·출력 과정에서 공소외 3과 그 변호인에게 참여 의사를 확인하고 참여 기회를 부여하는 등 참여권을 보장하였는데, 공소외 3 측은 탐색·복제·출력 과정에 참여하지 않겠다는 의사를 밝힘

- 수사기관은 공소외 1, 공소외 2, 공소외 4에게는 위와 같은 참여 의사를 확인하거나 참여 기회를 부여하지 않음

III. 재판 진행경과

1. 제1심 및 제2심의 판단

제1심[86]에서 피고인은 대부분의 증거가 이 사건 공소사실과 관련성이 없다는 취지로 주장하였고, 이후 모든 서증에 대해 번의하여 동의하고 입증취지를 부인하면서, 공소사실과의 관련성에 대한 판단을 별도로 구하였는데, 해당 판결에서는 '대체로 관련성이 인정된다.'고 보았고, 본 쟁점과 관련된 주장 및 판단은 없었다.

제2심[87]에서 피고인은 이 사건 하드디스크 및 그에 저장된 전자정보는 임의제출 과정에서 실질적 피압수자들의 참여권이 보장되지 않았으므로 위법수집증거에 해당하여 모두 증거능력이 없다고 주장하였다.

그러나 항소심은 해당 증거가 공소외 1과 공소외 3의 증거은닉 재판에서 적법하게 증거로 채택되어 증거조사가 마쳐졌고, 이를 증거로 하여 공소외 1의 증거은닉교사죄, 공소외 3의 증거은닉죄가 유죄로 인정되어 그 판결이 확정된 점, 이러한 사실에 비추어 보면 공소외 3이 임의제출한 저장매체에 저장되어 있는 전자정보에 관한 증거는 적법하게 수집되었다고 볼 수 있는 점, 관련사건 재판에서 적법하게 채택, 조사된 증거는 다른 관련 사건 재판에서 증거로 사용될 수 있다는 점을 들어, 피압수자 측에 절차 참여를 보장한 취지가 실질적으로 침해되었다고 볼 수 없다고 판단하였다.

또한 항소심은 '공소외 1이 공소외 3에게 증거를 없앨 생각으로 저장매체들을 준 것은 공소외 3에게 저장매체들을 사실상 처분할 수 있는 권한까지 주었다고 보아야 하므로 공소외 1이 이 사건 저장매체들의 실질적 피압수자라

---

86) 서울중앙지방법원 2021. 1. 28. 선고 2020고단421 판결
87) 서울중앙지방법원 2022. 5. 20. 선고 2021노363 판결

고도 할 수 없다.'고 보았고, 증거은닉 공범인 공소외 3이 제출한 저장매체에서 전자정보를 압수할 때 공소외 1 등의 참여가 없었다는 사정만으로 압수절차가 위법하다고 할 수 없다고 하며, 피고인의 위법수집 증거 주장은 이유 없다고 판단하였다.

2. 대법원의 판단

대법원[88]은 증거은닉 범행의 피의자로서 이 사건 하드디스크를 임의제출 한 공소외 3에 더하여, 임의제출자가 아닌 공소외 1 등에게도 이 사건 하드디스크 임의제출 및 그에 저장된 전자정보에 관한 탐색·복제·출력 과정에서 참여권이 보장되어야 한다고 볼 수는 없다고 판단하였다.

대법원이 설시한 법리는 아래와 같다.

> "정보저장매체 내의 전자정보가 가지는 중요성은 헌법과 형사소송법이 구현하고자 하는 적법절차, 영장주의, 비례의 원칙과 함께 사생활의 비밀과 자유, 정보에 대한 자기결정권 등의 관점에서 유래된다.
>
> 압수의 대상이 되는 전자정보와 그렇지 않은 전자정보가 혼재된 정보저장매체나 그 복제본을 임의제출 받은 수사기관이 그 정보저장매체 등을 수사기관 사무실 등으로 옮겨 이를 탐색·복제·출력하는 경우, 그와 같은 일련의 과정에서 형사소송법 제219조, 제121조에서 규정하는 압수수색 영장의 집행을 받는 당사자(이하 '피압수자'라 한다)나 그 변호인에게 참여의 기회를 보장하고 압수된 전자정보의 파일 명세가 특정된 압수목록을 작성·교부하여야 하며, 범죄혐의사실과 무관한 전자정보의 임의적인 복제 등을 막기 위한 적절한 조치를 취하는 등 영장주의 원칙과 적법절차를 준수하여야 한다.

---

88) 대법원 2024. 4. 16. 선고 2020도3050 판결

만약 그러한 조치가 취해지지 않았다면 피압수자 측이 참여하지 않겠다는 의사를 명시적으로 표시하였거나 임의제출의 취지와 경과 또는 그 절차 위반행위가 이루어진 과정의 성질과 내용 등에 비추어 피압수자 측에 절차 참여를 보장한 취지가 실질적으로 침해되었다고 볼 수 없을 정도에 해당한다는 등의 특별한 사정이 없는 이상 압수수색이 적법하다고 평가할 수 없고, 비록 수사기관이 정보저장매체 또는 복제본에서 범죄혐의사실과 관련된 전자정보만을 복제·출력하였다고 하더라도 달리 볼 것은 아니다.

피해자 등 제3자가 피의자의 소유·관리에 속하는 정보저장매체를 임의제출한 경우에는 실질적 피압수자인 피의자가 수사기관으로 하여금 그 전자정보 전부를 무제한 탐색하는 데 동의한 것으로 보기 어려울 뿐만 아니라 피의자 스스로 임의제출한 경우 피의자의 참여권 등이 보장되어야 하는 것과 견주어 보더라도 특별한 사정이 없는 한 피의자에게 참여권을 보장하고 압수한 전자정보 목록을 교부하는 등 피의자의 절차적 권리를 보장하기 위한 적절한 조치가 이루어져야 한다(대법원 2021. 11. 18. 선고 2016도348 전원합의체 판결 등 참조)."

"이와 같이 정보저장매체를 임의제출한 피압수자에 더하여 임의제출자 아닌 피의자에게도 참여권이 보장되어야 하는 '피의자의 소유·관리에 속하는 정보저장매체'라 함은, 피의자가 압수수색 당시 또는 이와 시간적으로 근접한 시기까지 해당 정보저장매체를 현실적으로 지배·관리하면서 그 정보저장매체 내 전자정보 전반에 관한 전속적인 관리처분권을 보유·행사하고, 달리 이를 자신의 의사에 따라 제3자에게 양도하거나 포기하지 아니한 경우로서, 피의자를 그 정보저장매체에 저장된 전자정보 전반에 대한 실질적인 압수수색 당사자로 평가할 수 있는 경우를 말하는 것이다.

이에 해당하는지 여부는 민사법상 권리의 귀속에 따른 법률적·사후적 판단이 아니라 압수수색 당시 외형적·객관적으로 인식 가능한 사실상의 상태를 기준으로 판단하여야 한다. 이러한 정보저장매체의 외형적·객관적 지배·관리 등 상태와 별도로 단지 피의자나 그 밖의 제3자가 과거 그 정보저장매체의 이용 내지 개별 전자정보의 생성·이용 등에 관여한 사실이 있다거나 그 과정에서 생성된 전자정보에 의해 식별되는 정보주체에 해당한다는 사정만으로 그들을 실질적으로 압수수색을 받는 당사자로 취급하여야 하는 것은 아니다(대법원 2022. 1. 27. 선고 2021도11170 판결 등 참조)."

위와 같은 법리를 바탕으로 하여, 대법원은 이 사건 하드디스크의 임의제출자가 아닌 공소외 1 등에게도 참여권이 보장되어야 한다고 볼 수는 없으므로, 이 사건 하드디스크에 저장된 전자정보의 증거능력을 인정한 원심의 판단이 정당하다고 판단하였는데, 그 구체적인 근거로는 아래의 사정을 들었다.

(1) 공소외 3은 임의제출의 원인된 범죄혐의사실인 증거은닉범행의 피의자로서 자신에 대한 수사 과정에서 이 사건 하드디스크를 임의제출하였다. 이 사건 하드디스크 및 그에 저장된 전자정보는 본범인 공소외 1 등의 혐의사실에 관한 증거이기도 하지만 동시에 은닉행위의 직접적인 목적물에 해당하므로 공소외 3의 증거은닉 혐의사실에 관한 증거이기도 하다. 따라서 공소외 3은 이 사건 하드디스크와 그에 저장된 전자정보에 관하여 실질적 이해관계가 있는 자에 해당한다. 이 사건 하드디스크 자체의 임의제출을 비롯하여 증거은닉 혐의사실 관련 전자정보의 탐색·복제·출력 과정 전체에 걸쳐 공소외 3은 참여의 이익이 있다.

(2) 공소외 1은 자신과 공소외 2 등에 대한 수사가 본격화되자 공소외 3에게 은닉을 지시하면서 이 사건 하드디스크를 전달하였다. 공소외 3은 이 사건 하드디스크가 발각되지 않도록 자신만이 아는 장소에 임의로 은닉하였다. 이후 공소외 3은 증거은닉혐의에 관한 피의자로 입건되자 수사기관에 은닉 사실을 밝히면서 이 사건 하드디스크를 임의제출하였다. 이 사건 하드디스크의 은닉과 임의제출 경위, 그 과정에서 공소외 3과 공소외 1 등의 개입 정도 등에 비추어 압수수색 당시 또는 이에 근접한 시기에 이 사건 하드디스크를 현실적으로 점유한 사람은 공소외 3이라고 할 것이다. 나아가 공소외 3이 그 무렵 위와 같은 경위로 이 사건 하드디스크를 현실적으로 점유한 이상 다른 특별한 사정이 없는 한 저장된 전자정보에 관한 관리처분권을 사실상 보유·행사할 수 있는 지위에 있는 사람도 공소외 3이라고 볼 수 있다.

⑶ 공소외 1은 임의제출의 원인된 범죄혐의사실인 증거은닉범행의 피의자가 아닐 뿐만 아니라 이 사건 하드디스크의 존재 자체를 은폐할 목적으로 막연히 '자신에 대한 수사가 끝날 때까지' 은닉할 것을 부탁하며 이 사건 하드디스크를 공소외 3에게 교부하였다. 이는 자신과 이 사건 하드디스크 및 그에 저장된 전자정보 사이의 외형적 연관성을 은폐·단절하겠다는 목적 하에 그 목적 달성에 필요하다면 '수사 종료'라는 불확정 기한까지 이 사건 하드디스크에 관한 전속적인 지배·관리권을 포기하거나 공소외 3에게 전적으로 양도한다는 의사를 표명한 것으로 볼 수 있다. 이로써 결과적으로 공소외 3은 이 사건 하드디스크에 대한 현실적·사실적 지배 및 그에 저장된 전자정보 전반에 관한 전속적인 관리처분권을 사실상 보유·행사할 수 있는 상태가 되었고, 자신이 임의로 선택한 장소에 이 사건 하드디스크를 은닉하였다가 이후 이를 수사기관에 임의제출함으로써 그 권한을 실제로 행사하였다.

결국 대법원은 원심이 같은 취지에서 이 사건 하드디스크에 저장된 전자정보의 증거능력을 인정한 것은 정당하고, 그 외에 압수물과 피의사실 사이의 관련성, 증거재판주의 원칙, 2차 증거의 증거능력 등에 관한 법리를 오해하는 잘못이 없다고 판단하여 피고인의 상고를 기각하였다.

IV. 대상 판결의 의의

형사소송법 제121조(영장집행과 당사자의 참여)는 "검사, 피고인 또는 변호인은 압수수색 영장의 집행에 참여할 수 있다."고 규정하고 있고, 위 규정은 형사소송법 제219조(준용규정)에 따라 검사 또는 사법경찰관의 본장의 규정에 의한 압수, 수색 또는 검증에 준용하도록 되어 있다.

수사기관의 압수수색절차에서 피압수자 등의 참여권은 피압수자의 기본권과 재산권을 보호하고 압수수색절차의 적법성도 확보해준다. 그러나 수사기관의 정보저장매체에 대한 압수수색절차에서는 저장된 정보자료가 포괄적으로 그 대상이 될 수 있다는 문제 제기가 있어 왔다. 이에 형사소송법에 정보저장매체의 압수수색절차에서 해당사건과 '관련성' 문구를 조문에 추가하고, 대법원은 수사기관이 정보저장매체나 전자정보를 외부로 반출하여 이를 탐색·출력·분석하는 수사기관의 행위까지도 모두 압수수색 영장의 집행의 일환으로 보면서 피압수자 등의 참여권도 보장하여야 하고, 만일 참여권을 보장하지 않으면 증거수집이 위법하다고 하였다.[89]

그런데 대법원 2015. 7. 16.자 2011모1839 전원합의체 결정에서 "전자정보가 담긴 저장매체 또는 복제본을 수사기관 사무실 등으로 옮겨 복제·탐색·출력하는 일련의 과정에서, 피압수수색 당사자나 변호인에게 참여의 기회를 보장"한다고 판단하였고, 대법원 2021. 11. 18. 선고 2016도348 전원합의체 판결은 **'실질적 피압수자'라는 개념을 고안하여, "피해자 등 제3자가 피의자의 소유·관리에 속하는 정보저장매체를 영장에 의하지 않고 임의제출한 경우"에는 "실질적 피압수자인 피의자"에게 참여권을 보장하는 등 절차적 권리를 보장하기 위한 적절한 조치가 필요하다고 보았다.**

그러나 '실질적 피압수자'라는 개념도 기준이 명확하지 않다는 지적이 있었고, 대법원 2022. 1. 27. 선고 2021도11170 판결에서는 정보저장매체를 임의제출한 피압수자에 더하여 임의제출자 아닌 피의자에게도 참여권이 보장되기 위해서는, ① **피의자가 압수수색 당시 또는 이와 시간적으로 근접한 시기까지 해당 정보저장매체를 현실적으로 지배·관리하면서 그 정보저장매체 내 전자정보 전반에 관한 전속적인 관리처분권을 보유·행사하고, ② 이를 자신의 의사에 따라 제3자에게 양도하거나 포기하지 아니하였으며, ③ 이에 해당하는지 여부는 민사법상 권리의 귀속에 따른 법률적·사후적 판단이 아니라 압수수색 당시 외형적·객관적으로 인식 가능한 사실상의 상태를 기준으로 판단하여야 한다고 판시하였다.**

---

89) 조광훈, 전자정보의 압수수색절차에서 참여권의 범위와 한계(대법원 2015. 7. 16.자 2011모1839 전원합의체 결정을 중심으로), 법조 통권 711호(2015), 293

이는 여전히 '실질적 피압수자인 피의자'라는 표현에서 알 수 있듯이 대법원이 참여권 주체의 방점을 여전히 '피의자'보다는 '피압수자'에 두고 있다고 평가될 수 있고,[90] 본 판례에서도 그와 같은 경향은 확인된다.

대법원은 이 사건에서 임의제출자가 아닌 공소외 1 등이, 참여권이 보장되어야 하는 '실질적 피압수자인 피의자'에 해당하지 않는다고 보았는데, 그 근거로 ① 압수수색 당시 또는 이에 근접한 시기에 이 사건 하드디스크를 현실적으로 점유한 사람이 임의제출자(공소외 3)일 뿐, 공소외 1 등이 아닌 점, ② 따라서 이 사건에서 저장된 전자정보에 관한 관리처분권을 '사실상 보유·행사할 수 있는 지위에 있는 사람'도 임의제출자인 점, ③ 공소외 1은 임의제출의 원인된 범죄혐의사실인 증거은닉범행의 피의자가 아닌 점, ④ 공소외 1이 이 사건 하드디스크의 존재 자체를 은폐할 목적으로 '수사 종료'라는 불확정 기한까지 전속적인 지배·관리권을 포기하거나 공소외 3에게 전적으로 양도한다는 의사를 표명한 것으로 볼 수 있는 점을 들었다.

한편 대상 판례의 반대의견에서는 "다수의견은 참여권을 보장받는 주체인 '실질적 피압수자'를 압수수색의 원인이 된 범죄혐의사실의 피의자를 중심으로 협소하게 파악하는 것으로서 선례의 취지와 방향에 부합하지 않는다. 또 다수의견에 의하면 현대 사회의 개인과 기업에 갈수록 중요한 의미를 갖는 전자정보에 관한 수사기관의 강제처분에서 적법절차와 영장주의를 구현해야 하는 헌법적 요청을 외면함으로써 실질적 피압수자인 전자정보 관리처분권자의 사생활의 비밀과 자유 등에 관한 기본권이 침해되는 반헌법적 결과를 용인하게 된다."고 본 판례의 다수의견을 비판하였다.

또한 반대의견은 대법원 2016도348 전원합의체 판결 및 대법원 2021도11170 판결 등에서 대법원은 전자정보의 압수수색에서 참여권이 보장되는 주체인 '실질적 피압수자'는 해당 정보저장매체를 현실적으로 지배·관리하면서 그 정보저장매체 내 전자정

---

90) 박중욱, 전자정보의 압수수색과 피의자의 참여권(대법원 입장의 비판적 수용 및 독일 논의의 참고), 형사정책연구 제34권 제1호(2023), 39

보 전반에 관한 전속적인 관리처분권을 보유·행사하는 자로서 그에 대한 실질적인 압수수색의 당사자로 평가할 수 있는 사람이라고 하였으므로, 위 선례의 법리와 취지에 따르면, 강제처분의 직접 당사자이자 형식적 피압수자인 정보저장매체의 현실적 소지·보관자 외에 소유·관리자가 별도로 존재하고, 강제처분에 의하여 그의 전자정보에 대한 사생활의 비밀과 자유, 정보에 대한 자기결정권, 재산권 등을 침해받을 우려가 있는 경우, 그 소유·관리자는 참여권의 보장 대상인 실질적 피압수자라고 보아야 하고, 실질적 피압수자가 압수수색의 원인이 된 범죄혐의사실의 피의자일 것을 요하는 것은 아니라고 보았다.

반대의견은 결국 이 사건에서 "증거은닉범이 본범으로부터 증거은닉을 교사받아 소지·보관하고 있던 본범 소유·관리의 정보저장매체를 피의자의 지위에서 수사기관에 임의제출하였고, 본범이 그 정보저장매체에 저장된 전자정보의 탐색·복제·출력 시 사생활의 비밀과 자유 등을 침해받지 않을 실질적인 이익을 갖는다고 평가될 수 있는 경우, 임의제출자이자 피의자인 증거은닉범과 함께 그러한 실질적 이익을 갖는 본범에게도 참여권이 보장되어야 한다."고 지적하였다.

6 제3자가 타인의 전자정보를 복제하여 임의제출 한 경우 정보의 원 소유자에게 압수수색 절차 참여권이 인정되는지 여부

Ⅰ. 대상 판결

제3자가 다른 사람 소유 전자정보를 복제하여 임의제출 하는 경우에 그 임의제출자 외에 전자정보의 원 소유자도 실질적 피압수자로 평가하여 그에게 참여권을 인정해야 하는지 여부에 대해, 대법원 2024. 12. 24. 선고 2023도3626 판결은 『**원 전자정보 임의제출이 충분히 가능함에도 오직 원 소유자의 참여를 배제하려는 목적이었던 등의 특별한 사정이 없는 한, 원 소유자를 실질적 피압수자로 평가하여 그에게 참여권을 인정해야 하는 것은 아니다.**』라고 판시하였다.

Ⅱ. 사안의 개요

- 피고인은 피해자 D와 교제하던 사이였고, 피해자 H와도 교제한 적 있었는데, 피해자들과 성관계를 하면서 그 장면을 캠코더 등으로 촬영

- 피해자 D는 경찰에 USB를 제출하면서 '저에게 피해사실을 알려준 언니(피해자 H)가 가지고 있던 피험의자(피고인) USB에 저장된 내용물을 다른 USB에 저장해서 저에게 우편으로 보내주었고, 그 USB를 제출하는 것'이라고 진술

- 피해자 H는 경찰에 '피고인과 교제하면서 작업실을 같이 쓰다가 이별하였고, 1년쯤 지나 알게 되었는데, USB를 테스트 하려고 보았더니 그 USB 안에 자신과 피해자 D의 사진 및 동영상이 다수 저장되어 있어, 그 중 피험의자(피고인)가 몰래 찍은 것을 따로 분류하여 제출한 것'이라고 진술

Ⅲ. 재판 진행경과

1. 제1심의 판단

제1심[91]은 '① 원본 USB는 피해자 H가 피고인과 함께 작업실을 사용하다가 헤어지면서 작업실을 정리하는 과정에서 피고인의 의사와 무관하게 가져가게 된 것으로 보이는 점,

② 해당 USB는 약 1년간 위 피해자 H가 가지고 있는 상태였으므로, '피고인이 관리하는 정보저장매체'에 해당하지 않는다고 볼 여지가 있기는 하나, 피해자 H는 USB를 수사기관에 제출하면서 'USB를 가져간 후 약 1년이 지났다'는 사실을 명

---

91) 창원지방법원 2022. 8. 25. 선고 2021고합175 판결

확하게 진술하지 않은바('1년이 지나서 알게 되었다'고 진술하였으나, 이는 당시 상황을 설명하며 언급한 내용일 뿐, USB를 가지고 온 지가 1년이 되었다는 내용은 아님), 임의제출 당시 수사기관에서 인식 가능한 사실상 상태를 기준으로 보면 해당 USB는 피고인의 소유, 관리에 속하는 정보저장매체에 해당하는 점,

③ 설령 피고인이 USB를 장기간 관리하지 못한 상태에 해당한다고 하더라도, 피고인이 USB를 자신의 의사에 따라 피해자 H에게 양도하거나 그 소유권을 포기한 경우에 해당하지 않고, 피해자 H가 해당 사진 및 동영상들을 언제 수사기관에 임의제출 했느냐에 따라 피고인이 실질적 피압수자에 해당하는지 여부가 달라진다고 보기는 어려우며, 피해자들도 일관되게 '피고인이 스스로 위 사진 및 동영상을 촬영한 후 이를 관리해왔으며, 자신들은 이를 경찰에 제출했을 뿐'이라고 진술하고 있는바, 이 사건은 피고인이 압수수색 당시 또는 이와 시간적으로 근접한 시기까지 해당 정보저장매체를 현실적으로 지배, 관리한 경우와 달리 볼 것은 아닌 점,

④ **피해자들이 경찰에 임의제출 한 정보저장매체는 원본 USB가 아니라 복제본이지만, 복제된 USB에 저장된 사진 및 동영상들은 피해자들이 원본 USB에 저장되어 있던 사진 및 동영상들 중 임의제출 범위를 정해 제출한 것에 불과**하여, 원본 USB와 마찬가지로 그 압수 과정에서 임의제출자가 아닌 피고인에게도 참여권이 보장되었어야 하는 점,

⑤ **이를 달리 해석하면 피해자들이 원본 USB를 그대로 수사기관에 임의제출 하는 경우에는 피고인에게 참여권을 보장해주어야 하나, 이를 다른 USB에 옮겨담아 임의제출 하는 경우에는 피고인에게 참여권을 보장해주지 않아도 된다는 결론에 이르게 되어 부당**한 점 등에 비추어 보면,

수사기관은 USB와 그 USB에 담긴 사진 및 동영상들을 압수하는 과정에서 실질적 피압수자인 피고인에게 참여권을 보장하는 등 피압수자의 이익을 보호하기

위한 적절한 조치를 취했어야 함에도 아무런 조치를 취하지 않은바, 해당 USB와 그 USB에 담긴 사진 및 동영상들은 위법수집증거에 해당하여 증거능력이 없다'고 판단하였다.

2. 제2심의 판단

제2심[92] 역시 '① 원본 USB를 피해자 H[93]가 약 1년간 소지하기는 하였으나, 피해자 H가 원본 USB를 최초로 소지하게 된 경위는 피고인과 함께 사용하던 작업실을 정리하는 과정에서 해당 USB가 자신의 것이라 착각하여 피고인의 의사와 무관하게 이를 들고나가면서부터인 점,

② 피해자 H가 해당 USB 내 자료들을 탐색하는 등 개인적인 용도로 사용한 바가 없고, 해당 USB를 소지한 때로부터 약 1년이 경과한 뒤에 이를 사용하려다가 USB 내에 사진 및 동영상이 있다는 것을 알게 되어 수사기관에 임의제출 하기에 이른 것인 점,

③ 결국 원본 USB에 저장된 전자정보는 피고인만이 관리해왔으며, 피해자 H가 원본 USB에 저장된 전자정보를 관리한 적은 없는 점,

④ 피고인이 피해자 H에게 원본 USB를 양도하거나 소유권을 포기한 바 없고, USB를 피해자 H가 가지고 간 사정도 알지 못했던 것으로 보이는 점,

⑤ 피해자 H는 피고인에게 원본 USB 소지 사실을 고지한 바 없고, 피해자 H 역시 피고인이 원본 USB의 소유권을 쉽게 포기하지 않으리라는 사정을 알 수 있었다고 보이는 점,

---

92) 부산고등법원(창원) 2023. 2. 15. 선고 2022노240 판결

93) 2심 판결문에는 비실명화 과정에서 피해자 'E'라고 표시되었으나, 편의를 위해 1심 판결문과 동일하게 'H'라고 합니다.

ⓖ 따라서 원본 USB를 피해자 H가 소지하고 있는 기간에도 **여전히 피고인에게 해당 USB에 저장된 사진 및 동영상 등 전자정보 전반에 관한 전속적 관리처분권이 유보된 것**으로 평가할 수 있고, 원본 USB의 실질적인 피압수자는 피고인이라고 봄이 타당한 점 등에 비추어 보면,

피고인을 실질적 피압수자로 평가해야 하고, 피압수자 측에 절차 참여를 보장한 취지가 실질적으로 침해되었다고 볼 수 없을 정도에 해당한다는 특별한 사정이 없으므로, 수사기관은 실질적 피압수자인 피고인에게 참여권을 보장하는 등 피압수자의 이익을 보호하기 위한 적절한 조치를 취했어야 함에도 불구하고 아무런 조치를 취하지 않은바, 위법수집증거에 해당하여 증거능력이 없다'고 판단하였다.

3. 대법원의 판단

그러나 대법원은 「전자정보가 제3자 소유, 관리의 정보저장매체에 복제되어 임의제출 되는 경우에 복제 전자정보와 원본 전자정보의 내용이 완전히 동일하다고 하더라도, 복제 전자정보 생성 경위와 지배관리 상태, 복제 전자정보를 임의제출 하게 된 경위, 원본 전자정보 임의제출이나 압수수색 가능성 등 제반사정과 전자정보 압수수색에서 혐의사실과 무관한 전자정보의 무분별한 탐색, 복제, 출력 등을 방지하려는 참여권의 의의 및 기능을 종합적으로 살펴, **원본 전자정보 임의제출이 충분히 가능함에도 오직 원본 전자정보 관리처분권자의 참여를 배제할 목적으로 원본 전자정보 대신 복제 전자정보를 임의제출 하는 경우 등과 같이, 복제 전자정보를 임의제출 하는 사람에게만 참여 기회를 부여하는 것이 현저히 부당하다는 등의 특별한 사정이 없는 한, 그 정보의 동일성을 들어 복제 전자정보 임의제출자 외에 원본 전자정보 관리처분권자를 실질적 피압수자로 평가하고 그에게 참여권을 인정해야 하는 것은 아니라고 보아야 한다.**

전자정보의 특성(그 자체로는 무정형의 관념에 불과할 뿐 물리적 존재가 아닌 점, 복제가 용이하고 보유, 사용, 처분, 변경 등이 다수에 의해 동시다발적으로 이루어질 수 있는 비경합적·비배타적 성질을 가지는 점, 전자정보가 복제되더라도 원본 전자정보나 복제되기 전 단계의 정보들은 마모되거나 훼손되지 않은 채 복제된 정보와 독립하여 존재할 수 있는 점)을 고려하면, '**제3자가 피의자 소유, 관리의 정보저장매체 자체를 수사기관에 제출하는 방법으로 그 정보저장매체 내에 저장된 전자정보를 임의제출 하는 것**'과 '**그 전자정보를 제3자 소유, 관리의 정보저장매체에 복제한 후 복제 전자정보가 저장된 정보저장매체를 그 제3자가 수사기관에 제출하는 방법으로 복제 전자정보를 임의제출 하는 것**'은 적어도 그 임의제출 과정에서 보장되어야 하는 참여권의 관점에서는 동일하다고 평가할 수 없다.

원본 전자정보에 대한 관리처분권을 복제 전자정보 임의제출 시 참여권 인정의 근거로 새기게 되면, **무한한 복제, 유통, 변형, 합성 등이 가능한 전자정보의 압수 절차에서 일일이 원본 전자정보나 그 관리처분권자를 특정해야 할 것인데, 이는 현실적으로 불가능**할 뿐만 아니라 수사의 현장성, 적시성, 밀행성에도 어긋난다.

그리고 **복제 전자정보가 사인이 임의로 수집, 제출한 증거로서 위법한지 여부는 전자정보 및 저장매체 임의제출(압수) 과정에서의 절차적 권리인 참여권 보장 문제와는 다른 측면에서 판단되어야 한다.**

이 사건에서 ① **피해자들이 임의제출한 USB는 피해자 소유, 관리에 속하는 정보 저장매체로서 그 자체로는 피고인과 관련이 없는 점,**

② **피고인이 소유, 관리하는 정보저장매체는 원본 USB뿐**인데, 원본 USB는 수사기관에 임의제출 되거나 압수된 바 없으므로 원본 USB에 관해 참여권이나 그 참여권 인정을 위한 전제로서의 실질적 피압수자 지위를 상정하기 어려운 점,

③ 피해자들이 피고인의 원본 USB에 저장되어 있는 전자정보를 복제한 다음 그 복제 전자정보를 피해자들 소유, 관리의 USB에 저장하여 임의제출 한 것인바, 특별한 사정이 없는 한 임의제출자인 피해자들(피압수자들)에게 참여 기회를 부여하는 것으로 충분하고, **해당 전자정보 등이 원본 USB로부터 유래하였다는 사정만으로 원본 USB 소유·관리자이자 그 전자정보의 관리처분권자인 피고인을 실질적 피압수자로 보아 피고인에게까지 참여 기회를 부여해야만 그 임의제출이 적법하다고 평가할 수는 없는 점** 등을 종합하여 보면,

원심 판단에는 복제 전자정보 압수수색 절차에서의 참여권에 관한 법리를 오해하여 판결에 영향을 미친 잘못이 있다'고 하여 원심판결을 파기, 환송하였다.

Ⅳ. 대상 판결의 의의

대법원은 위 대상 판결(대법원 2024. 12. 24. 선고 2023도3626 판결)에 2년 앞서 2022년에 '**피해자 등 제3자가 피의자 소유, 관리의 정보저장매체를 임의제출 한 경우에는** 실질적 피압수자인 피의자가 수사기관으로 하여금 그 전자정보 전부를 무제한 탐색하는 데 동의한 것으로 보기 어려울 뿐 아니라, 피의자 스스로 임의제출 한 경우 참여권 등이 보장되어야 하는 것과 견주어 보더라도, 특별한 사정이 없는 한 **피의자에게 참여권 등 절차적 권리를 보장하기 위한 적절한 조치가 이루어져야 한다**'는 취지로 판시하였다(대법원 2022. 1. 27. 선고 2021도11170 판결).

위 대상 판결의 제1심(창원지방법원 2022. 8. 25. 선고 2021고합175) 판결은 위 대법원 2021도11170 판결이 선고된 후 얼마 지나지 않아 선고된 판결로서, 위 대법원 판결의 취지에 따라 '피해자들이 경찰에 임의제출 한 정보저장매체는 원본 USB가 아니라 복제본이지만, 이는 원본 USB에 저장되어 있던 사진 및 동영상들 중 임의제출 범위를 정한 제출에 불과하므로, 복제본 USB라도 피고인에게 참여권이 보장되었어야

한다'고 판시하였고, 이는 '**원본 USB나 복제본 USB나 마찬가지**'라는 논리를 세운 것으로 보인다.

'피해자들이 원본 USB를 그대로 수사기관에 임의제출 하는 경우에는 피고인에게 참여권을 보장해주어야 한다'는 대법원 판결이 당장 2022. 1.에 선고되었는데, '**피해자들이 이를 다른 USB에 옮겨담아 임의제출 하기만 하면 피고인에게는 참여권을 보장해주지 않아도 된다**'는 결론에 이르게 되는 것은 실제로 쉬이 납득되지 않기 때문이다.

그리고 제2심[부산고등법원(창원) 2023. 2. 15. 선고 2022노240] 판결은 여기에 '**여전히 전자정보의 전속적 관리처분권이 피고인에게 유보되어 있었으므로 피고인도 실질적 피압수자**'라는 논리를 더하였다.

그런데 위 제1심의 논리대로 '원본 USB'와 '복제본 USB'를 사실상 마찬가지라고 보는 것에는 이상한 면이 있다. 원본 USB의 소유, 관리자는 피고인이지만, 복제본 USB의 소유, 관리자는 어디까지나 피해자들이었기 때문이다.

또한 위 **제2심의 논리대로 '원 전자정보의 관리처분권이 피고인에게 있었으므로 해당 전자정보가 복제된 경우에도 피고인이 실질적 피압수자라고 보는 것도 이상한 면이 있다.** 전자정보는 무한한 복제와 유통이 가능한데, 그 모든 전자정보의 관리처분권자를 일일이 따져보아야 한다는 말이 되기 때문이다.

이에 위 **대상 판결은 원칙으로 돌아가서, '제3자가 피의자 소유, 관리의 정보저장매체 자체를 수사기관에 임의제출 하는 것'과 '그 전자정보를 제3자 소유, 관리의 정보저장매체에 복제한 후 수사기관에 임의제출 하는 것'을 다르게 보았다.**

그리고 '피해자들이 원본 USB를 그대로 수사기관에 임의제출 할 경우 피고인에게 참여권을 보장해주어야 하나, 이를 **단순히 다른 USB에 담아 제출하는 경우 피고인에게 참여권을 보장해주지 않아도 된다**'고 해석될 수 있는 문제는 개별 사안별로 '원본 전자정보 관리처분권자의 **참여를 배제할 목적으로 복제본을 임의제출 하는 경우에**

는 원본 전자정보 관리처분권자를 실질적 피압수자로 평가하여 그에게 참여권을 인정'하는 것으로 해결하였다.

또한 '참여권 보장 문제와 별개로, 복제본 임의제출이 사인의 위법수집증거인지 따져보아야 한다'고 덧붙였다. 이 경우에도 개별 사안별로 '효과적 형사소추 및 형사절차상 진실 발견'이라는 공익과 '개인의 인격적 이익 등 보호이익'을 비교형량 하여 증거능력을 따지게 될 것이다.

종합적으로 살펴보면, 피고인은 '타인이 피고인 소유 전자정보를 복제하여 수사기관에 임의제출'한 경우에 단순히 참여권이 보장되지 않았음을 주장할 것이 아니라, '피고인 소유 정보를 바로 제출하면 피고인이 압수수색 절차에 참여할 수 있는데 이를 피하기 위해 의도적으로 복제하여 임의제출 한 것임'을 주장해야 할 것이다. 그리고 한편으로는, 당연한 이야기지만 '해당 타인이 피고인 소유 전자정보를 취득하여 복제해 제출한 경위 자체가 위법하다'고도 주장하여야 할 것이다.

7 키워드 선별의 적법성과 피압수수색 당사자의 참여권 보장의 허용범위

I. 대상 판결

전자정보에 대한 압수수색 절차에서 키워드를 선별하는 방법으로 증거수집이 가능한지, 키워드 선별 과정에서 피압수수색 당사자 및 변호인의 참여권을 보장하여야 하는지에 대해, 대법원 2018. 2. 8. 선고 2017도13263호 판결은 『**키워드 선별을 통해 증거수집을 하는 것이 가능하고, 키워드 선별 과정에서 피압수수색 당사자 및 변호인의 참여권이 보장되어야 한다.**』고 판시하였다. 한편, 대법원 2019. 3. 14. 선고 2018도2841 판결은 『키워드 선별이나 범죄사실과의 관련성을 확인하는 방식이 아닌, 사건 관련인들의 아이디나 일정 기간을 기준으로 발췌하는 방식으로 방대한 양의 전자정보를 복제한 다음, 수사기관 사무실에서 범죄사실 관련 전자정보를 선별하면서 피압수수색 당사자의 참여 기회를 보장하지 않은 것이 위법하다.』고 판시하였다.

Ⅱ. 키워드 선별을 통한 증거수집이 가능하고, 선별 과정에서 피압수수색 당사자 및 변호인의 참여권을 보장하여야 판시한 사례(이른바 '유흥주점 탈세 사건')

1. 사안의 개요

▨ 본건은 부산 해운대구 소재 유흥업소의 명의상 운영자이자 경리부장인 피고인 甲, 실제 운영자인 피고인 乙, 관리이사인 피고인 丙이 공모하여 유흥업소의 사업자등록 명의를 위장하여 실제 업주를 숨기고, 현금 및 계좌로 송금받은 매출액을 신고하지 않고 허위 매출장부를 작성하는 방법으로 매출액을 축소, 허위 신고하여 사기 기타 부정한 방법으로 약 86억 원 상당의 조세를 포탈하고, 통정하여 세금계산서를 발급하지 아니한 사건임[**특정범죄가중처벌등에관한법률위반(조세), 조세범처벌법위반**]

▨ 수사과정을 살펴보면, 부산지방검찰청 검사는 2015. 10. 27. 위 혐의에 대한 압수수색 영장을 발부받았는데, 압수수색 영장에는 피의자는 위 유흥업소의 명의상 대표자인 '甲', 압수수색 장소는 '甲이 임차한 부산 해운대구 아파트', 압수할 물건 중에는 '외장 하드디스크 및 복사본, 플로피 디스크, 저장매체(CD, DVD 등), USB 메모리 등 이동형 저장장치, 컴퓨터 출력물 등 전자정보매체'로 기재되어 있었음

▨ 그리고, 위 압수수색 영장에는 정보저장매체에 저장된 전자정보에 대한 압수 방법에 관하여 원칙적으로 '저장매체의 소재지에서 수색, 검증 후 혐의사실과 관련된 전자정보만을 범위로 정하여 문서로 출력하거나 수사기관이 휴대한 저장매체에 복제하는 방법으로 압수할 수 있음'이라는 제한을 두었고, 전자정보 압수시 '압수수색의 전체 과정(복제본의 획득, 저장매체 또는 복제본에 대한 탐색, 복제, 출력 과정 포함)에 걸쳐 피압수자 등의 참여권이 보장되어야 하며, 참여를 거부하는 경우에는 신뢰성과 전문성을 담보할 수 있는 상당한 방법으로 압수, 수색이 이루어져야 함'이라는 주의사항이 기재되어 있었음

■ 이에 따라 수사기관은 2015. 10. 28. 위 압수수색 영장을 집행하면서 위 장소에서 발견된 유흥업소 직원인 공소외 1이 소지한 업무용 PC의 논리이미지[94] 1개, 공소외 1이 소지한 USB 2개의 논리이미지들을 각각 압수하였음(당시 피의자 甲과 공소외 1의 참여권은 보장되었음)

■ 수사기관은 공소외 1이 사용하는 업무용 PC의 하드디스크 및 USB에서 조세포탈 장부가 담긴 파일로 추정되는 엑셀파일이나 문서파일을 추출한 후, 해시 함수를 사용하여 논리이미징 작업[95]을 하여 복제본(이하 '이 사건 복제본'이라 함)을 압수하였으며, 공소외 1에게 원본 하드디스크 및 USB에 저장된 파일의 해시값과 논리이미징한 파일의 해시값을 각각 보여주면서 그 동일성을 확인하도록 하였고, 공소외 1은 사실확인서의 '피압수자 및 관계자 확인란'에 서명하였음

2. 재판 진행경과

가. 제1심 및 제2심의 판단

제1심[96]은 검찰이 증거로 제출한 USB를 이미징한 형태의 이 사건 복제본은 공소외 1이 아닌 피고인 甲으로부터 압수한 것이라고 판시하면서 ① 영장에 피의자로 적시된 사람은 甲이고 甲이 임차하여 거주하는 장소에서 압수한 점, ②

---

94) 1) 이미징 작성 기법은 저장매체 전체를 파일 형태로 생성하는 '물리이미징'과 저장매체 중 선별된 폴더나 파일만을 대상으로 생성하는 '논리이미징'이 있다. 물리이미징은 통상 시간이 많이 소요되고 선별 압수가 원칙이므로 논리이미징 작성이 일반적이다. 여기서 저장매체 논리이미징이란 선별된 저장매체의 모든 물리적 데이터를 파일형태로 만드는 작업을 의미한다. 저장매체 이미징을 수행하면 저장매체의 첫 번째 섹터부터 마지막 섹터까지 모든 데이터가 파일 형태로 저장되는데, 이미징을 하는 이유는 저장매체의 원본 상태를 그대로 유지하기 위함이다. 디지털 포렌식 분야에서는 원본 데이터가 수집, 이동, 보관, 분석 등 일련의 과정을 거치면서 변조되지 않아야 하기 때문이다. 수사기관에서는 디지털 증거를 압수시 포렌식 매뉴얼에 따라 압수품 목록을 작성하는데, 거기에는 바로 디지털 증거마다 해시값이 계산되어 기재된다.

95) 수사관은 USB를 당시 공소외 1이 사용하는 컴퓨터에 연결하고 디지털포렌식 툴인 CFT(Computer Forensic Tool)가 내장된 디지털 포렌식 수사관의 외장하드를 연결한 후 USB에 저장되어 있는 관련 파일들을 추출하고 삭제된 파일을 복구한 뒤 논리이미징을 완료하고, 그 이미지 파일을 수사관의 외장하드에 저장하였다.

96) 부산지방법원 2017. 2. 8. 선고 2015고합672, 723, 728 판결

USB에 甲의 조세포탈 혐의에 관한 장부파일들이 저장된 점, ③ 공소외 1은 피고인 甲의 지시를 받고 업무상 필요에 따라 장부파일들을 작성하였으므로 실제 USB를 소지한 사람은 피고인 甲으로 볼 것인 점을 근거로 제시하였다.

그리고, 압수수색 당시 피고인 甲에게 참여권을 보장하고 압수목록을 교부하였으며, 피고인 甲으로부터 정보저장매체에 대한 이미징 등 과정에 참여하지 않겠다는 확인서를 제출받은 점, 공소외 1에게도 참여권을 보장하였고 해시값의 동일성을 확인한 후 사실확인서 서명도 받은 점 등에 비추어, 비록 이 사건 복제본에 일부 범죄혐의와 무관한 파일들이 복제되었더라도 압수절차가 위법하다고 볼 수 없다고 판시하였다.

제2심[97]도 제1심의 판단이 정당하다고 하면서 이 사건 복제본과 그 출력물의 증거능력을 인정하였다.

나. 대법원의 판단

대법원[98]은 선별 및 압수 방법과 관련하여 **키워드 선별의 적법성을 인정**하면서 ① **압수 목적물이 정보저장매체인 경우 압수수색 영장을 집행할 때 취하여야 할 조치의 내용**에 관하여, '압수의 목적물이 컴퓨터용디스크 그 밖에 이와 비슷한 정보저장매체인 경우에는 영장 발부의 사유로 된 범죄 혐의사실과 관련 있는 정보의 범위를 정하여 출력하거나 복제하여 이를 제출받아야 하고, 피의자나 변호인에게 참여의 기회를 보장하여야 한다.'고 판시하고, ② **선별 및 압수 방법에 관하여, '수사기관이 정보저장매체에 기억된 정보 중에서 키워드 또는 확장자 검색 등을 통해 범죄 혐의사실과 관련 있는 정보를 선별한 다음 정보저장매체와 동일하게 비트열 방식으로 복제하여 생성한 파일(이하 '이미지 파일'이라 한다)**

---

97) 부산고등법원 2017. 8. 2. 선고 2017노142 판결

98) 대법원 2018. 2. 8. 선고 2017도13263호 판결

IV. 압수수색 절차 위반시 증거능력의 인정 여부

을 제출받아 압수하였다면 이로써 압수의 목적물에 대한 압수수색 절차는 종료된 것이므로, 수사기관이 수사기관 사무실에서 위와 같이 압수된 이미지 파일을 탐색·복제·출력하는 과정에서도 피의자 등에게 참여의 기회를 보장하여야 하는 것은 아니다.'라고 하여 키워드 선별의 적법성을 인정하고, 키워드 방식을 통해 선별 절차가 종료된 경우에는 피의자 및 변호인에게 참여의 기회를 보장하여야 하는 것은 아니라고 판시하였다.

참고 **파기환송심의 판단**

▨ 파기환송심[99]은 위와 같은 대법원의 판단에 따라, 검사가 이 사건 판매심사 파일이 저장된 CD 및 그 출력물을 생성하고 증거로 제출한 경위에 관하여 다음과 같은 사실관계를 인정하였다.

▨ 수사관은 압수수색 영장집행을 마친 후 사무실에 복귀하여 이미지파일들을 대검찰청 디지털수사통합업무관리시스템('DFIS II', 현장압수용 포렌식 업무도구)에 등록하였는데, 검사는 이 사건 공소제기 후에 디지털증거의 열람 및 다운로드 제한기간 설정으로 인하여 위 이미지 파일에 대한 열람 및 다운로드가 불가능하자 증거재분석을 요청하였고, 수사관은 위 DFIS II에 등록된 이 사건 USB 이미지 파일을 다시 다운로드하여 개별 파일을 추출하여 저장한 후 위 개별파일과 추출목록파일[100]이 저장된 폴더를 검찰 포렌식 서버(D-net)에 업로드 하였음

▨ 그 후 검사는 검찰 포렌식 서버(D-net)에서 다운받은 이 사건 목록파일과 이 사건 판매심사 파일을 포함하는 개별파일들이 저장된 폴더를 다운로드 받아 이를 CD 2개에 저장하여 원심 제4회 공판기일에 그 출력물과 함께 증거로 제출하였음(검사는 원심에서 이 사건 USB 이미지 파일 자체를 증거로 제출하지 않았음).

▨ 파기환송심은 대검찰청 서버(DFIS II)에 저장되어 계속 보관 중인 이미지 파일의 해시값과 압수수색 당시 공소외 1에게 교부된 사실확인서에 기재된 해시값이 동일한 점, 이미지 파일에서 추출된 추출목록

---

99) 부산고등법원 2020. 2. 6. 선고 2018노121 판결, 대법원 2020. 7. 23. 선고 2020도2466 판결로 상고기각 되어 확정됨

100) 이미지 파일에서 추출한 개별파일들의 해시값과 속성정보가 포함된 것으로 CFT를 이용하여 이미지 파일 내 개별파일을 추출할 때 생성되는 목록파일

파일 상의 개별파일들 해시값과 증거로 제출된 개별 파일들의 해시값이 동일한 점, 이 사건 목록파일에 기재된 파일 개수(4,508개)와 검사가 제출한 CD에 저장된 개별파일 개수(4,458개)가 다른 이유는 일부 개별 파일들이 바이러스에 감염되어 CD에 저장되지 않았거나 바이러스가 치료된 상태로 저장되면서 해시값이 달라진 것에서 비롯된 점 등에 비추어, 이 사건 USB 원본 파일의 내용과 압수된 이 사건 USB 이미지 파일의 내용, 이 사건 판매심사 파일과 그 출력물은 모두 동일한 것으로 인정하였다.

III. 전자정보를 포괄적으로 발췌, 복제한 이후의 선별 과정에서 피압수수색 당사자의 참여권을 보장하지 않은 것은 위법하다고 판시한 사례

1. 사안의 개요

▨ 본건은 ① 선거컨설팅 회사를 운영하는 피고인 甲, 위 회사의 재무·회계 총괄 담당자인 피고인 乙이 2010년 제5회 교육감선거에 출마한 A의 선거홍보 업무를 맡은 상태에서, 선거홍보물 중 일반전화홍보시스템의 대당 단가가 통상적인 가격을 초과하여 선거관리위원회로부터 비용 일부를 보전받을 수 없게 되자, 피고인들은 공모하여 일반전화홍보시스템의 대당 단가를 축소하고 선거운동에 사용하지 아니한 서버운영시스템을 공급받은 것처럼 허위의 견적서를 작성하여 관할 선거관리위원회에 선거비용 보전신청을 하는 방법으로 관할 선거관리위원회 직원을 기망하여 선거보전비용 830만 원을 편취하고 선거비용에 관한 영수증 그 밖의 증빙서류를 허위로 작성하여 **사기, 정치자금법위반,** ② 피고인 甲, 피고인 乙은 2010년 제5회 동시지방선거 도지사 선거에 출마한 B 후보 캠프의 연설대담차량 계약체결 및 결산업무 담당자인 피고인 丙, 선거사무장인 피고인 丁에게 유세차량 8대 공급계약을 체결하면서, 피고인들은 계약금액을 부풀려 더 많은 보전금을 받기로 공모하여 실제 계약 금액보다 6,000만 원을 부풀린 허위 계약

서, 견적서를 작성한 후 관할 선거관리위원회에 선거비용 보전신청을 하는 방법으로 관할 선거관리위원회 직원을 기망하여 보전비용 6,000만 원을 편취하고 선거비용에 관한 영수증 그 밖의 증빙서류를 허위로 작성하여 **사기, 정치자금법위반**으로 공소제기된 사건임

2. 제1심의 판단

제1심[101]은 수사기관이 클라우드 사업팀에 대한 압수수색을 실시하면서 위 사업팀 사무실에서 범죄사실 관련 여부를 묻지 않은 채 **영장에 기재된 사용자 아이디 9개와 일정 기간(2010. 1. 1.부터 2012. 7. 3.까지)을 기준으로 발췌하는 방법으로 방대한 양의 전자정보(범죄사실과 관련없는 정보도 다수 포함)를 복제하여 가지고 간 다음, 수사기관 사무실에서 위 복제본 중 범죄사실 관련 전자정보를 선별하면서도 피의자나 피압수수색 당사자의 참여 기회를 보장하지 않은 부분**에 관하여, '저장매체 자체 또는 적법하게 획득한 복제본을 탐색하여 혐의사실과 관련된 전자정보를 문서로 출력하거나 파일로 복제하는 일련의 과정 역시 전체적으로 하나의 영장에 기한 압수수색의 일환에 해당하므로, **문서출력 또는 파일복제의 대상 역시 저장매체 소재지에서의 압수수색과 마찬가지로 혐의사실과 관련된 부분으로 한정**되어야 하고, 저장매체에 대한 압수수색 과정에서 범위를 정하여 출력 또는 복제하는 방법이 불가능하거나 압수의 목적을 달성하기에 현저히 곤란한 예외적인 사정이 인정되어 **전자정보가 담긴 저장매체 또는 복제본을 수사기관 사무실 등으로 옮겨 이를 복제·탐색·출력하는 경우에도, 피압수수색 당사자나 변호인에게 참여의 기회를 보장하고 혐의사실과 무관한 전자정보의 임의적인 복제 등을 막기 위한 적절한 조치**를 취하는 등 영장주의 원칙과 적법절차를 준수하여야 한다.'고 판시하였다. 구체적인 판결 이유는 다음과 같다.

---

101) 서울중앙지방법원 2016. 1. 11. 선고 2012고합1392, 1393 판결

수사기관의 전자정보에 대한 압수수색은 원칙적으로 영장 발부의 사유로 된 범죄 혐의사실과 관련된 부분만을 문서 출력물로 수집하거나 수사기관이 휴대한 저장매체에 해당 파일을 복제하는 방식으로 이루어져야 하고, 저장매체 자체를 직접 반출하거나 그 저장매체에 들어 있는 전자파일 전부를 하드카피나 이미징 등 형태(이하 '복제본'이라 한다)로 수사기관 사무실 등 외부로 반출하는 방식으로 압수수색하는 것은 현장의 사정이나 전자정보의 대량성으로 인하여 관련 정보 획득에 긴 시간이 소요되거나 전문 인력에 의한 기술적 조치가 필요한 경우 등 범위를 정하여 출력 또는 복제하는 방법이 불가능하거나 압수의 목적을 달성하기에 현저히 곤란하다고 인정되는 때에 한하여 예외적으로 허용될 수 있을 뿐이다.

이처럼 저장매체 자체 또는 적법하게 획득한 복제본을 탐색하여 혐의사실과 관련된 전자정보를 문서로 출력하거나 파일로 복제하는 일련의 과정 역시 전체적으로 하나의 영장에 기한 압수수색의 일환에 해당한다 할 것이므로, 그러한 경우의 문서출력 또는 파일복제의 대상 역시 저장매체 소재지에서의 압수수색과 마찬가지로 혐의사실과 관련된 부분으로 한정되어야 함은 헌법 제12조 제1항, 제3항과 형사소송법 제114조, 제215조의 적법절차 및 영장주의 원칙이나 비례의 원칙에 비추어 당연하다.

저장매체에 대한 압수수색 과정에서 범위를 정하여 출력 또는 복제하는 방법이 불가능하거나 압수의 목적을 달성하기에 현저히 곤란한 **예외적인 사정이 인정되어 전자정보가 담긴 저장매체 또는 복제본을 수사기관 사무실 등으로 옮겨 이를 복제·탐색·출력하는 경우에도**, 그와 같은 일련의 과정에서 형사소송법 제219조, 제121조에서 규정하는 **피압수수색 당사자나 그 변호인에게 참여의 기회를 보장하고 혐의사실과 무관한 전자정보의 임의적인 복제 등을 막기 위한 적절한 조치를 취하는 등 영장주의 원칙과 적법절차를 준수하여야 한다.** 만약 그러한 조치가 취해지지 않았다면 피압수수색 당사자 측이 참여하지 아니한다는 의사를 명시적으로 표시하였거나 절차 위반 행위가 이루어진 과정의 성질과 내용 등에 비추어 피압수수색 당사자 측에 절차 참여를 보장한 취지가 실질적으로 침해되었다고 볼 수 없을 정도에 해당한다는 등의 특별한 사정이 없는 이상 압수수색이 적법하다고 평가할 수 없고, **비록 수사기관이 저장매체 또는 복제본에서 혐의사실과 관련된 전자 정보만을 복제·출력하였다 하더라도 달리 볼 것은 아니다**(대법원 2015. 7. 16. 자 2011모1839 전원합의체 결정 등 참조).

▨ 이 사건 기록에 의하여 인정되는 다음과 같은 사정들을 위 법리에 비추어 보면, 수사기관의 외장하드에 저장된 전자정보는, 비록 웹하드(Web Hard)에 들어 있는 전자파일 전부를 하드카피나 이미징 등 형태로 복제한 것이 아니라 그 중 **영장에 기재된 사용자 아이디와 일정 기간을 기준으로 발췌**한 것이라고 하더라도, 그 **전자정보의 양이 방대할 뿐 아니라 그 발췌 기준 및 방법의 포괄성으로 인하여 영장 발부의 사유로 된 범죄 혐의사실과 아무런 관련이 없는 다수의 전자정보가 포함**된 것이어서, **앞서 본 복제본에 준하는 것으로 보아야 한다.**

▨ 따라서 위 외장하드를 수사기관 사무실로 옮겨 이를 복제·탐색·출력하는 경우에도 피의자나 피압수수색 당사자의 참여 기회가 보장되어야 하는바, 클라우드 사업팀에 대한 압수수색은 이러한 참여 기회가 보장되지 않은 상태에서 이루어진 것으로 위법하다. 나아가 당시 수사기관의 외장하드에 저장된 전자정보 중 범죄 혐의와 무관한 정보의 비율 및 그 정보량, 피의자나 피압수수색 당사자의 참여 기회 침해 정도, 압수수색 영장 기재의 명확성, 범죄혐의와 관련된 정보의 증거가치 등에 비추어 보면, 위법수집증거의 증거능력을 인정할 수 있는 예외적인 경우에 해당한다고 볼 수도 없다.

3. 제2심 및 대법원의 판단

제2심[102]과 대법원[103]도 클라우드 사업팀에 대한 압수수색 영장을 집행하여 압수한 전자정보 자료의 증거능력을 인정하지 않은 제1심의 판단이 정당하다고 판시하였다.

IV. 압수수색 영장에서 허용된 수색방법, 사건 관련성 유무에 따라 키워드 선별의 적법성을 판단한 사례

1. 압수수색 영장에 특정 단어만을 검색어로 하도록 수색방법을 제한하였음에도 다른 검색어를 입력하여 압수한 전자정보의 증거능력을 부정한 사례

가. 사안의 개요

피고인은 J법원의 재판연구관들을 지휘하고 근무평정, 사무분담에 관여하는 연구관으로서, 각종 사법정책에 대한 청와대의 협조를 받아 사법부의 이익을 도모할 목적으로 대통령이 관심을 갖는 특허분쟁 재판의 진행경과, 처리계획 등을 파악하여 보고하도록 지시하고, 재판부 구성, 재판진행경과를 정리한 문건을 작성하고 누설하여 직권남용권리행사방해, 공무상비밀누설 등 혐의로 공소제기되었음

위 사건에서 영장담당판사는 압수할 물건으로 '재판부 구성, 재판진행경과를 정리한 문건의 원본 파일과 그 출력물 및 위 파일의 사본파일과 그 출력물'로 제한하고, 전자정보 수색 방법으로 '**검색어 Z 또는 CC를 입력하여** 해당 전자정보를

---

102) 서울고등법원 2018. 1. 26. 선고 2016노333 판결
103) 대법원 2019. 3. 14. 선고 2018도2841 판결

탐색하는 방법에 의해서 실시함'으로 제한하여 압수수색 영장을 발부하였음

이에 검사는 현장용 디지털 포렌식 장비를 피고인의 컴퓨터에 연결하여 압수수색 영장에 기재된 수색방법인 'Z' 또는 'CC'를 검색어로 입력하는 방법으로 영장을 집행하였으나 압수할 물건을 발견하지 못하자, 'CA', 'CB', 'BZ'를 검색어로 입력, 수색하여 'CA', 'CB', 'BZ'가 포함된 사건 관련 파일 리스트를 발견하였음

그 후 검사는 위 파일 리스트가 나타난 모니터 화면 사진을 촬영하였고, 모니터 화면 사진과 촬영 시각 등이 기재된 속성 화면 사진을 증거로 제출하였음

나. 법원의 판단

서울고등법원[104]은 이 사건 모니터 화면 사진과 그 속성화면 사진들은 모두 '적법한 절차에 따르지 아니하고 수집한 증거'에 해당되므로 증거능력을 인정할 수 없다고 판시하였다. 구체적인 판결 이유는 다음과 같다.

▨ **헌법 제12조 제3항은 영장주의를 천명하고 있는데, 이는 강제처분의 남용으로부터 국민의 기본권을 보장하기 위한 핵심 수단이 된다.** 이 사건 영장은 컴퓨터 등 정보저장매체 수색방법을 검색어 'Z' 또는 'CC'로만 한정하고 있음에도, 검사는 이러한 제한을 위배하여 'CA', 'CB', 'BZ'를 검색어로 입력하는 방법으로 포괄적으로 수색하였다. 그런데 **이 사건 영장 집행에 사용된 현장용 디지털 포렌식 장비를 압수수색 대상 컴퓨터에 연결하여 위와 같은 내용을 입력하여 제목 기반 검색을 하는 경우 'CA'가 포함된 파일, 'CB'가 포함된 파일, 'BZ'가 포함된 파일이 모두 검색되어 'CA', 'CB', 'BZ' 등 3개의 키워드를 각각 검색하는 것과 동일할 정도로 많은 정보를 검색할 수 있다. 이는 지방법원판사가 발부한 영장에 의하여만 압수수색을 할 수 있도록 한 헌법과 형사소송법의 규정 취지에 정면으로 반한다.**

---

104) 서울고등법원 2021. 2. 4. 선고 2020노132 판결

헌법과 형사소송법이 구현하고자 하는 적법절차와 영장주의의 정신에 비추어 볼 때, 법관이 압수수색 영장을 발부하면서 '압수할 물건'을 특정하기 위하여 기재한 문언은 이를 엄격하게 해석하여야 하고, 함부로 피압수자 등에게 불리한 내용으로 확장 또는 유추해석하는 것은 허용될 수 없다(대법원 2009. 3. 12. 선고 2008도763 판결 등 참조). 이 사건 영장이 제한하는 문언 그대로의 수색방법으로만 집행했을 때, 아무런 검색결과가 없었음은 앞서 본 바와 같다. 이 사건 영장이 수색방법을 위와 같이 특별히 제한한 것은 광범위한 정보가 저장되어 있는 정보저장매체의 특성상 압수할 물건을 수색하는 과정에서 혐의사실과 무관한 다른 내용이 발견되는 피해를 최소화하기 위한 것이므로 수색 대상 컴퓨터에 저장되어 있는 파일 제목 중 'CA, CB, BZ'가 포함되어 있는 모든 파일의 수색을 허용하는 취지라고 볼 수 없다.

대법원[105]은 위 서울고등법원 판결과 마찬가지로, 이 사건 모니터 화면 사진은 압수수색 영장에 기재된 압수수색의 방법 제한을 위반하여 수집된 증거로 위법수집증거에 해당하므로 증거능력이 없다고 판시하였다.

2. 전자정보 선별에 사용된 키워드가 사건 관련성이 있어 키워드 선별에 의한 수색 과정이 적법하다고 판단한 사례

가. 사안의 개요

피준항고인인 고위공직자범죄수사처(이하 '공수처'라 함) 검사는 준항고인의 직권남용권리행사방해 등 혐의에 관하여 서울중앙지방법원 판사로부터 압수수색검증영장을 발부받아 준항고인의 국회 의원회관 사무실에서 위 영장을 집행하면서 준항고인의 보좌관 W에게 영장을 제시하고 준항고인이

---

105) 대법원 2021. 10. 14. 선고 2021도2485 판결

사용하는 공간 외 W 등 직원이 사용하는 공간(부속실)을 수색하였음

- 당시 위 사무실은 준항고인이 사용하는 집무실 외에 W 등 직원이 사용하는 부속실이 존재하였고, 부속실에서 각 직원이 개별적으로 사용하는 공간은 가벽으로 구분되어 있는 구조였음

- 피준항고인은 W이 사용하는 공간에 놓은 PC를 수색하면서 'AL, AM, AC, AE, AF, AH' 등의 키워드를 입력하여 해당 키워드가 포함된 파일이 있는지 검색하였음

- 이에 대해 준항고인은 피준항고인이 이 사건 사무실에 있는 컴퓨터를 수색하면서 'AL, AM, AC, AE, AF, AH' 등의 키워드를 검색하였는데, 이 키워드는 이 사건과 무관한 사람들(AP 검사, AQ 의원, AR, AS, AT 교수, AU)을 의미하는 것으로 이 사건 영장에 기재된 피의사실과 무관한 별건 압수수색이라고 주장한 반면, 피준항고인은 위 PC가 준항고인이 사용 또는 관리하는 PC인지 여부를 확인하기 위한 절차였다고 주장하였음

나. 법원의 판단

서울중앙지방법원[106]은 '준항고인이 이 사건과 무관하다고 주장하는 키워드 AL, AM, AC, AE, AF, AH에 관하여, 피준항고인은 위 키워드들이 이 사건 영장 중 범죄사실의 1, 2차 고발장에 직접 기재되어 있거나, 위 고발장 작성·전달 등에 관여하였다는 이유로 시민단체로부터 고발당하였거나, 1, 2차 고발장과 관련한 이른바 AV 사건을 제보한 사람이 그 제보와 함께 제출한 캡처 파일에 기재된 사람으로서, AP, AQ, AR, AW, AT, AU를 의미한다고 주장하고, 이 사건 기록을 종합하여 보면 위와 같은 주장은 수긍할만하다. 위와 같은 키워드들은 이 사건

---

106) 서울중앙지방법원 2021. 11. 26.자 2021보10 결정[압수수색집행에 대한 준항고]

영장의 혐의사실과 객관적 관련성이 있다고 봄이 상당하므로, 위 키워드들이 이 사건과 무관하므로 그러한 키워드를 검색한 것 자체가 위법하다는 준항고인의 주장은 이유 없다.'고 판시하여 별건 압수수색이 아니라고 판단하였다.[107]

V. 대상 판결의 의의

오늘날 수사환경에서 스마트폰, 태블릿 PC, 스마트워치 등 대량의 개인정보를 거의 실시간으로 축적시키는 디지털 기기는 '증거의 왕'이라고 불릴 정도로 증거로서의 가치가 크다. 다만 이러한 디지털 기기는 유관정보와 무관정보가 다량 혼재되어 있으므로 실무상 압수 현장에서 유관정보 추출을 위한 선별작업을 진행하기 어렵다. 이에 따라 통상 수사기관은 스마트폰 등 디지털 기기에 대한 압수수색을 진행하기 위하여 현장에서 선별작업을 진행하지 않고 수사기관의 사무실 등으로 반출하여 선별작업을 진행하고 있다.

스마트폰에 대한 압수수색 집행의 프로세스를 개략적으로 나열하면, ① 압수수색 집행 현장에서 스마트폰 단말기 수색, ② 스마트폰이 발견된 경우 피압수자의 점유를 해제하고 수사관 등에게 점유 이전, ③ 이미징 등 포렌식 절차를 위하여 수사기관의 사무실 등으로 반출, ④ 스마트폰 저장장치에 대한 이미징 작업, ⑤ 이미징 파일을 사진, 음성, 텍스트 등으로 분류하여 엑셀파일 등에 재정렬 시키는 이른바 '가시화 작업', ⑥ 육안 혹은 키워드 검색을 통하여 혐의사실과 관련된 정보만을 추출하는 선별작업, ⑦ 위 선별작업을 통하여 뽑아낸 전자정보(사진, 음성, 텍스트 파일) 등을 CD 등 별도 저장장치에 복제하는 작업, ⑧ 선별된 자료를 분석하는 작업, ⑨ 분석 후

---

107) 대법원은 판결이유에서 압수수색 영장에 부속실도 압수수색 장소로 명시한 점, W는 준항고인의 의원회관 사무실의 책임자로서 사무실에 비치된 물건들의 유지, 관리를 전체적으로 담당한 것으로 볼 것인 점 등에 비추어 W이 사용하는 PC에 대한 수색은 적법하다고 판단하였으나, 별건 압수수색에 관하여는 별도로 판단하지 아니한 채 재항고를 기각하였다(대법원 2022. 11. 8.자 2021모3291 결정).

혐의사실과 관련된 증거 내용을 수사보고서 등으로 정리하는 작업으로 구분할 수 있다.[108]

대법원은 앞서 언급한 이른바 '유흥주점 탈세 사건'(대법원 2018. 2. 8. 선고 2017도 13263 판결)에서, 정보저장매체에 대하여 키워드 또는 확장자 검색 등을 통해 범죄 혐의사실과 관련 있는 정보를 선별하여 이를 별도 저장장치에 저장하는 경우 압수수색이 종료되고, 그 이후의 과정은 수사기관의 내부적 분석행위로서 이 단계에서까지 피압수자의 참여권이 보장되는 것은 아니라는 취지로 판시하면서 '유관 및 무관정보의 선별절차'와 '수사기관의 내부적 분석행위'를 준별하고, 참여권이 보장되는 프로세스는 전자에 한한다는 점을 분명히 하였다. 즉 위와 같은 스마트폰 압수수색 집행 절차에 의하면 '⑥ 육안 혹은 키워드 검색을 통하여 혐의사실과 관련된 정보만을 추출하는 선별작업'을 마치게 되면 압수수색 집행절차가 종료되는 것이므로 ⑥번까지 피압수자의 참여권을 보장하면 된다는 취지이다.

그러나, **실무상 수사기관은 키워드 또는 확장자 검색을 한 것만으로 무관정보가 온전히 걸러진다고 보기 어려워, 선별된 자료를 다시 살펴 유관정보를 추출하는 '상세검색'을 진행하고 있으므로, 이러한 상세검색 과정도 선별절차의 일환으로 보아 피압수자의 참여권을 보장하여야 한다는 견해[109]가 있다.**

통상 스마트폰 등 디지털 기기에는 개인의 사생활과 연관되는 무관정보가 다량으로 저장되어 있어 키워드 또는 확장자 검색을 통해서는 무관정보가 제대로 걸러지지 아니하기 때문에, 대량의 무관정보가 압수되는 경우 피압수자의 입장에서는 프라이버시권이 침해될 우려가 높고, 수사기관 입장에서도 유관 및 무관정보가 혼재되어 있어 압수된 전체 정보가 위법수집증거로서 증거능력을 가지지 못할 위험이 있다.

---

108) 황성민, "스마트폰에 대한 긴급압수수색에 있어 참여권 보장의 정도에 관한 고찰", 「법학논총」 제46권 제4호 (2022)

109) 박경규, "전자정보의 수색·압수에서 피압수자 등의 참여권 - 대법원 2015. 7. 16. 선고 2011모1839 전원합의체 결정 및 대법원 2018. 2. 8. 선고 2017도13263 판결", 「형사법의 신동향」 통권 제65호(2019. 12.), 307

그리고 법리적으로 '수색'은 압수물을 발견하기 위한 활동인데 반해, '압수'는 발견된 압수대상물의 점유를 취득하는 행위인 점에 비추어, 키워드 또는 확장자 검색을 통한 선별은 유·무관정보의 선별을 위한 대략적인 검색 행위인 '수색'에 불과하고, 피의사건과의 관련성을 면밀히 확인하는 것은 결국 상세검색을 통해 가능하므로, 상세검색을 통해 무관정보로 판단되는 정보를 삭제한 경우에 비로소 압수절차가 종료된 것으로 상세검색 단계까지 피압수자의 참여권을 보장하여야 할 필요가 있다.

8 유류물에 대한 압수수색에 있어 참여권 및 관련성 제한 조건 미적용

Ⅰ. 대상 판결

유류물에 대한 압수수색절차에 있어서 참여권 보장 요부 및 형사소송법 제215조 등의 관련성 제한의 적용 여부의 쟁점에 대해, 대법원 2024. 7. 25. 선고 2021도1181 판결은 『**유류물의 경우 압수 과정에 있어서 참여권자를 특정할 수 없어 참여권 보장이 필요하지 않고, 형사소송법 제215조의 관련성의 제한이 적용된다고 보기 어렵다.**』고 판시하였다.

Ⅱ. 사안의 개요

▨ 수사기관은 피고인의 자택인 아파트를 수색하는 과정에서 아파트 A동 불상의 호실에서 신발주머니가 떨어지는 것을 목격하고, 그 신발주머니를 열어 확인한 결과 그 안에서 저장매체 2개[하드디스크 1개(WD Biue Desktop Hard Drive,

증 제9호증), SSD카드 1개(Crucial MX300 Solid State Drive, 증 제10호증)]를 발견함

▨ 수사기관은 피고인에게 신발주머니를 보여주면서 신발주머니 및 그 안에 들어 있는 저장매체들이 피고인의 것이 맞는지 물어보았는데, 피고인은 신발주머니 와 저장매체들은 자신의 것이 아니고 이를 던진 적도 없다고 답변함

▨ 수사기관은 피고인의 주거지에서 이 사건 영장 집행을 하면서 甲(피고인의 배우 자)에게 위 신발주머니와 저장매체 2개가 누구 것인지 물어보았고, 甲은 '신발주머 니는 자신의 것이나 그 안에 들어있는 저장매체 2개에 대하여는 모른다'고 답변함

▨ 수사기관은 신발주머니 안에 들어있던 저장매체 2개를 유류물로 압수하고 유류 물로 압수했다는 취지의 압수조서 작성함

▨ 유류물로 압수한 저장매체 2개 중 SSD 카드(이하 '이 사건 SSD카드')에서 공소 사실과 관련하여 피고인이 여성과 나체로 성관계를 하는 장면이 촬영된 동영상 들(이하 '이 사건 동영상들')이 발견되었고 탐색 과정에서 피고인에게 참여권 미 보장

Ⅲ. 재판 진행경과

1. 제1심 및 제2심의 판단

제1심[110]은 피고인의 아동·청소년의성보호에관한법률위반(음란물제작·배포 등), 성폭력범죄의처벌등에관한특례법위반(카메라등이용촬영), 아동·청소년의 성보호에관한법률위반(성매수등)에 관한 이 사건 SSD 카드의 증거능력이 인정 된다고 판단하면서, 피고인에게 징역 2년 6월을 선고하고 40시간의 성폭력

---

110) 서울서부지방법원 2020. 6. 18. 선고 2019고합289 판결

Ⅳ. 압수수색 절차 위반시 증거능력의 인정 여부

치료프로그램 이수 등을 명하였다.

그러나, 제2심[111]은 이 사건 SSD카드를 유류물로 압수한 절차는 위법하지 않지만, 이 사건 SSD 카드를 탐색하여 이 사건 동영상들을 취득하는 과정에서 피고인의 참여를 배제하였고, 피고인에게 전자정보 상세목록도 교부하지 않았으며 압수물을 피고인에게 반환하지 않았고, 압수하지 않은 전자정보를 삭제 및 폐기하지도 않았기 때문에 이 사건 SSD 카드로부터 발견된 SSD 카드 파일은 증거능력이 없다고 보면서 공소사실 중 일부인 아동·청소년의성보호에관한법률위반(음란물제작·배포등)의 점 및 성폭력범죄의처벌등에관한특례법위반(카메라등이용촬영)의에 대하여 각 무죄를 선고하였다.

2. 대법원의 판단

대법원[112]은 범죄수사를 위해 정보저장매체의 압수가 필요하고, **정보저장매체를 소지하던 사람이 그에 관한 권리를 포기하였거나 포기한 것으로 인식할 수 있는 경우, 수사기관이 형사소송법 제218조에 따라 피의자 기타 사람이 유류한 정보저장매체를 영장 없이 압수할 때 해당 사건과 관계가 있다고 인정할 수 있는 것에 압수의 대상이나 범위가 한정되지 않고, 이 때 참여권자의 참여가 필수적이지도 않다고 판시**하였다. 대법원이 설시한 법리는 아래와 같다.

> "정보저장매체에 대한 압수수색에 있어, 압수수색 당시 또는 이와 시간적으로 근접한 시기까지 정보저장매체를 현실적으로 지배·관리하면서 그 정보저장매체 내 전자정보 전반에 관한 전속적인 관리처분권을 보유·행사하고, 달리 이를 자신의 의사에 따라 제3자에게 양도하거나 포기하지 아니한 경우에는, 그 지배·관리자인 피의자를 정보저장매체에 저장된 전자정보 전반에 대한 실질적인 압수수색 당사자로 평가할 수 있다(대법원 2022.

---

111) 서울고등법원 2021. 1. 7. 선고 2020노1164 판결
112) 대법원 2024. 7. 25. 선고 2021도1181 판결

1. 27. 선고 2021도11170 판결 등 참조)."

"그러나, 유류물 압수는 수사기관이 소유권이나 관리처분권이 처음부터 존재하지 않거나, 존재하였지만 적법하게 포기된 물건, 또는 그와 같은 외관을 가진 물건 등의 점유를 수사상 필요에 따라 취득하는 수사방법을 말한다. 따라서 유류물 압수에 있어서는 정보저장매체의 현실적 지배·관리 혹은 이에 담겨있는 전자정보 전반에 관한 전속적인 관리처분권을 인정하기 어렵다. 정보저장매체를 소지하고 있던 사람이 이를 분실한 경우와 같이 그 권리를 포기하였다고 단정하기 어려운 경우에도, 수사기관이 그러한 사정을 알 거나 충분히 알 수 있었음에도 이를 유류물로서 영장 없이 압수하였다는 등의 특별한 사정이 없는 한, 영장에 의한 압수나 임의제출물 압수와 같이 수사기관의 압수 당시 참여권 행사의 주체가 되는 피압수자가 존재한다고 평가할 수는 없다."

"따라서, 범죄수사를 위해 정보저장매체의 압수가 필요하고, 정보저장매체를 소지하던 사람이 그에 관한 권리를 포기하였거나 포기한 것으로 인식할 수 있는 경우에는, 수사기관이 형사소송법 제218조에 따라 피의자 기타 사람이 유류한 정보저장매체를 영장 없이 압수할 때 해당 사건과 관계가 있다고 인정할 수 있는 것에 압수의 대상이나 범위가 한정된다거나, 참여권자의 참여가 필수적이라고 볼 수는 없다."

대법원은 이 사건 사실관계와 관련된 명확한 분석은 설시하지 않았으나, 이 사건 SSD 카드는 유류물 압수이고, 이 경우 피압수자를 상정할 수 없어 참여권을 보장할 필요가 없으며, 형사소송법 제215조 제1항이나 형사소송법 제219조에 의하여 준용되는 제106조 제1항, 제3항, 제4항에 따른 관련성의 제한이 적용되기 어렵다고 판시하며 이 사건 SSD 카드의 증거능력을 인정하였다. 그리고 대법원은 이 사건 SSD 카드 관련 부분을 파기하고 원심법원에 환송하였고, 원심법원[113]은 피고인에게 징역 3년, 집행유예 5년을 선고하고 40시간의 성폭력 치료강의 수강을 명하는 등으로 판시하였다.

---

113) 서울고등법원 2024. 10. 31. 선고 2024노2181 판결

IV. 압수수색 절차 위반시 증거능력의 인정 여부

Ⅳ. 대상 판결의 의의

1. 비교 판례

유류물과 비슷한 개념으로는 습득물이 있는데, **압수 대상물이 유류물인지 습득물인지에 따라서, 압수수색 절차에 분명한 차이가 존재한다.** 습득물에 대한 대표적인 판례로는 대법원 2025. 1. 9. 선고 2024도12689 판결을 들 수 있다. 대법원 2025. 1. 9. 선고 2024도12689 판결의 사실관계는 다음과 같다.

- 공소외인은 택시에서 휴대전화를 분실하였고, 택시기사는 공소외인의 휴대전화를 파출소에 습득물로 제출하였다.

- 파출소 소속 경찰관은 인적사항 파악을 위하여 휴대전화를 살펴보다가 필로폰 구매 정황이 의심되는 텔레그램 대화 내역을 목격하였고, 이를 형사과 소속 경찰관에게 인계하였다.

- 형사과 소속 경찰관은 피의사실과 관련된 피고인과 공소외인 사이의 카카오톡 대화내역 등 마약 관련 범행에 관한 전자정보를 발견하고, 이를 복제·출력하거나 사진으로 촬영하였다.

- 경찰관은 위와 같이 공소외인의 휴대전화 내 전자정보를 탐색·복제·출력하거나 사진으로 촬영하는 과정에서, 공소외인에게 참여의 기회를 보장하거나, 공소외인이 그 과정에 참여하지 아니할 의사를 가지고 있는지 여부를 확인한 바가 없다.

이에 대하여 해당 판결은 '수사기관이 영장 없이 공소외인의 휴대전화를 압수하고, 공소외인에게 참여의 기회를 보장하지 않은 채 이 사건 카카오톡 대화내역 등 전자정보를 탐색·복제·출력한 것은 위법하다. 즉, 수사기관의 이 사건 카카오톡 대화내역 등 전자정보에 관한 수집절차에는 영장주의 위반, 참여권 미보장 등의 위법이 존재한다.', '피고인의 법정진술 및 공소외인의 관련사건 법정진술은 위법하게 수집된 이 사건 카카오톡 대화내역 등 전자정보에 기초한 2차적 증거들로, 절차 위반행위와의 인과관계의 희석 또는 단절을 인정할 특별한 사정이 존재하지 않으므로, 증거능력이 부정되어야 한다.'고 판시하여 **영장이 없고, 참여권도 미보장된 습득물에 대한 압수 절차는 위법하다고 하며 그로 인한 증거능력**

을 모두 부정하였다.

결국 압수 대상물이 유류물인지 습득물인지에 따라서 압수수색 절차에 있어서 영장의 필요성 여부, 참여권 보장의 여부가 확연하게 달라지게 되는 것이다. 유류물의 경우 압수수색 영장 없는 압수수색이 가능하고 참여권 보장이 필요없으며, 범죄 사실과의 관련성 조건도 적용되지 않는다. 반면에, 습득물인 경우 압수수색에 있어서 영장이 필요하고 참여권 보장이 이루어져야 하며 영장 기재 범죄 사실과의 관련성이 있는 범위 내에서 압수수색이 가능하게 된다.

2. 대상 판결의 의의

유류물 압수는 실무상 빈번하게 행해지는 대물적 강제수사에 해당하지 않아 사전 압수수색 영장에 의한 압수나 긴급 압수수색에 비해 활발한 논의가 이루어지지 않았고, 이에 유류물 압수가 쟁점이 된 대법원 판례도 유류한 물건의 개념에 대한 판례에 그쳐 왔다. 그러나, 대상판결은 유류물의 개념으로 ① 소유권이나 관리처분권이 처음부터 존재하지 않거나, ② 존재하였지만 적법하게 포기된 물건, ③ 또는 그와 같은 외관을 가진 물건 등을 제시하고 있다. 또한 대상 판결은 '분실물'에 대하여도 일응의 기준을 제시하였다. **대상판결은 "정보저장매체를 소지하고 있던 사람이 이를 분실한 경우와 같이 그 권리를 포기하였다고 단정하기 어려운 경우에도 수사기관이 그러한 사정을 알거나 충분히 알 수 있었음에도 이를 유류물로서 영장 없이 압수하였다는 등의 특별한 사정이 없는 한 유류물로 취급할 수 있다"는 취지로 판시하여 수사기관의 인식을 유류물 판단의 중요 기준으로 제시하였다.**[114]

앞서 살펴본 바와 같이 압수 대상물이 유류물인지 습득물인지에 따라서 압수 절

---

114) 손유빈. (2025). 유류물 압수의 적법성 요건 - 대법원 2024. 7. 25. 선고 2021도1181 판결 - 형사법의 신동향, 86, 298-324

차가 확연하게 달라지고, 유류물인 경우 영장이 필요없고, 참여권도 보장되지 않아도 되며, 범죄 사실과의 관련성 제한도 있지 않게 되어 수사기관의 압수수색이 비교적 용이해질 수 있다. 다만, 수사기관의 압수수색이 용이해짐에 따라서, 수사기관이 이를 악용하여 유류물인지 습득물인지를 명확히 구분하지 않은 채 유류물로 압수수색하는 잘못된 관행이 발생할 수 있는 위험성이 있다. 대상 판결은 유류물과 습득물에 대한 구분 기준을 명확히 설시하면서도 '수사기관의 인식'을 어떻게 추단할 것인지에 대해 제시된 기준이 없어 아쉬움이 있다.

9 압수목록 교부 절차가 위반된 경우 증거능력이 인정되는지 여부

Ⅰ. 대상 결정

형사소송법 제129조는 "압수한 경우에는 목록을 작성하여 소유자, 소지자, 보관자 기타 이에 준할 자에게 교부하여야 한다."라고 정하고 있다. 이 조항은 압수처분이 이루어진 경우 피압수자에게 그 내용을 구체적으로 고지함으로써 불복절차의 실효성을 보장하고, 위법한 압수에 대한 권리구제를 가능하게 하기 위한 핵심적 절차적 요건으로 기능한다.

압수목록에 기재하여야 할 사항 및 교부시기에 관하여, 대법원 2024. 1. 5. 선고 2021모385 결정은 『**압수목록은 압수물의 특징을 객관적 사실에 맞게 구체적으로 기재하여야 하는데, 압수방법·장소·대상자별로 명확히 구분한 후 압수물의 품종·종류·명칭·수량·외형상 특징 등을 최대한 구체적이고 정확하게 특정하여 기재하여야 하고, 압수 직후 현장에서 바로 작성하여 교부하는 것이 원칙이다.**』라고 판시하였다.

나아가 위 결정은 『**예외적으로 압수수색 영장에 압수물의 수량·종류·특성 기타의 사정상 압수 직후 현장에서 압수목록을 작성·교부하지 않을 수 있다는 취지가 명시되어 있더라도 그와 같은 영장의 기재는 피의자·피압수자 등의 압수 처분에 대한 권리구제절차 또는 불복절차가 형해화되지 않도록 그 취지에 맞게 엄격히 해석되어야 하고, 예외적 적용의 전제가 되는 특수한 사정의 존재 여부는 수사기관이 이를 증명하여야 하며, 그 기간 역시 필요 최소한에 그쳐야 한다.**』라고 판시하였다.

II. 사안의 개요

- 특별사법경찰관은 2020. 6. 26. 재항고인으로부터 화장품 219상자를 임의제출 받은 후 2020. 7. 8. 압수수색 영장에 의해 이를 재차 압수하고(제1차 압수처분) 재항고인에게 압수목록을 작성 교부함. 해당 목록에는 '② 물건명 화장품(박스), ③ 수량 219, ⑥ 비고 7파렛트' 외에 압수물을 구체적으로 특정할 수 있는 내용은 기재되지 않음

- 특별사법경찰관은 2020. 7. 3. 같은 압수수색 영장에 의해 재항고인으로부터 화장품 9,523상자를 압수하고(제2차 압수처분), 2020. 7. 4. 피압수자에게 압수목록을 작성·교부하였는데, '② 물건명 화장품(박스), ③ 수량 9,523, ⑥ 비고 178파렛트' 외에 압수물을 구체적으로 특정할 수 있는 내용은 기재되지 않음

- 위 영장의 '압수할 물건' 부분에는 '압수대상이 되는 화장품의 수량이 과다하여 압수수색 현장에서 범칙물품의 품명, 규격, 수량의 파악이 어려운 경우 압수물의 포장 단위로 일단 압수하고 해당 품명, 규격, 수량을 사후에 확정'이라는 문구가 포함되어 있었음

- 특별사법경찰관은 2020. 7. 9.부터 2020. 7. 17.까지 압수물의 품명·수량·Lot번호·제조번호 등을 모두 확인한 후 한글·엑셀 등 파일로 작성함

▨ 재항고인은 2020. 8. 13. 특별사법경찰관에게 압수물에 대한 상세 압수목록 미교부 등을 이유로 압수물의 환부를 요구했으나 특별사법경찰관은 2020. 8. 24. 이를 거부함

▨ 재항고인은 2020. 9. 2. 상세 압수목록 미교부 등을 이유로 환부 청구를 하였고, 특별사법경찰관은 2020. 9. 7. 재항고인에게 상세 압수목록 교부하였는데, 상세 압수목록에는 물건명·수량·Lot번호 및 세트명(비고란)만 기재되어 있을 뿐 제조사, 면세품 여부 등은 기재되어 있지 않았음

▨ 재항고인은 제1·2차 압수처분을 모두 취소할 것을 구하며 준항고를 제기하였으나 준항고심은 이를 기각하였고, 이에 재항고하였음

Ⅲ. 재판 진행경과

1. 준항고심의 판단

준항고심[115]은 제1·2차 압수처분에 따른 압수품의 상세품명, 규격, 수량을 확정한 압수목록이 제2차 압수처분일로부터 두 달 가량 지난 2020. 9. 7. 준항고인에게 교부된 사실은 인정하면서도, ① 압수수색 영장에 범칙물품의 품명, 규격, 수량을 사후에 확정할 수 있다는 취지가 명시되어 있는 점, ② 피준항고인은 제2차 압수처분 당시 준항고인 및 변호인에게 위와 같이 박스 단위로 압수물을 특정한다는 사정을 설명한 것으로 보이고, 준항고인도 이에 대해 별달리 이의를 제기하지 않은 점, ③ 피준항고인은 제2차 압수 처분 직후 박스 단위로 특정된 압수목록을 준항고인 측에 교부한 점, ④ 피준항고인은 2020. 7. 9. ~ 2020. 7. 17.에 걸

---

115) 서울중앙지방법원 2021. 1. 26.자 2020보10 결정

처 준항고인의 직원 및 변호인의 참여 하에 개별 화장품의 품명 및 수량 등을 확인하였고, 화장품 제조사들은 2020. 8. 26.까지 압수된 화장품의 면세품 해당 여부를 회신하여 왔으며, 피준항고인은 회신 내용을 바탕으로 2020. 9. 1. 무렵까지 상세 압수목록을 작성하게 되었던 점, ⑤ 압수된 화장품 박스가 9,800여 개에 달하고 개별 화장품으로는 24만여 점에 달하여 그 수량이 매우 방대하므로, 상세 압수목록을 작성하는 데 두 달여 간의 시간이 소요된 것은 불가피하였을 것으로 보이는 점 등을 종합하면 상세 압수목록의 교부가 다소 지연되었다고 하더라도 이는 압수수색 영장의 취지에 따른 것으로서 압수품의 방대한 수량에 비추어 부득이하였던 것으로 보이고, 그로 인하여 준항고인이 재산권이나 압수처분에 관한 항고권 등이 부당하게 침해되었다고 인정하기 어렵다고 판단하였다.

2. 대법원의 판단

대법원은 특별사법경찰관의 조치는 형사소송법 제219조·제129조를 위반한 것으로서 헌법 제12조에서 정한 적법절차 및 영장주의 원칙과 이를 구현한 형사소송법 규정의 입법취지 등에 비추어 위반의 정도가 무겁다고 판단되므로 이 사건 제1·2차 압수처분을 모두 취소함이 타당하다고 하며 원심결정을 파기하고 사건을 원심법원에 환송하였다. 대법원이 해당 결정에서 판시한 내용은 다음과 같다.

> "압수수색 영장에 '범칙물품의 품명, 규격, 수량을 사후 확정'이라고 기재된 것은 압수수색 현장에서 압수물의 품명·규격·수량의 구체적인 파악 및 상세 압수목록 작성이 곤란한 경우에 특별사법경찰관이 포장 단위로 일단 압수하여 반출하되, 재항고인이 압수물에 대한 환부·가환부 청구를 하거나 부당한 압수처분에 대한 준항고를 하는 등 권리행사절차를 밟는 데 지장이 없도록 필요 최소한의 기간 내에 신속히 품명·규격·수량 등을 확정하고 그 즉시 상세 압수목록을 교부하여야 한다는 취지로 해석될 뿐, 그 과정에서 수사기관이 확인한 정보를 토대로 추가 조사·수사를 하는 데 필요한 기간 동안 상세 압수목록의 작성·교부의무를 면제하거나 연장하여 주는 취지로 해석되지 않는다.

그럼에도 특별사법경찰관은 이 사건 제1·2차 압수처분일로부터 약 2개월이 경과한 시점이자 내부적으로 상세 압수목록 작성이 사실상 끝난 2020. 7. 17.로부터도 50여 일이 경과한 2020. 9. 7.에 이르러서야 재항고인에게 상세 압수목록을 교부하였을 뿐만 아니라, 그마저 내용상 압수방법·시기별로 구분이 되어 있지도 않아 개별 압수물이 이 사건 제1·2차 압수처분 중 어느 처분에 따라 언제 압수된 것인지조차 도무지 알 수 없었다. 이로 인하여 재항고인은 압수처분일로부터 약 2개월이 넘는 장기간 동안 압수물의 종류·품명·수량 등을 전혀 알 수 없는 상태가 계속된 결과, 약 24만 개의 압수물에 대한 환부 청구 등 압수처분에 대한 법률상 권리구제절차 또는 불복절차가 사실상 불가능하였거나 상당한 지장이 초래되었다."

Ⅲ. 대상 결정의 의의

대상 결정은 압수목록 교부의무를 형식적·절차적 준수의 문제로 한정하지 않고, 피압수자의 권리행사 가능성이라는 실질적 기준을 중심에 두고 판단하였다. 나아가 압수수색 영장에 기재된 '사후확정' 문구의 해석에 있어, 그 적용 범위와 기간을 수사기관이 자의적으로 확대하지 못하도록 엄격한 기준을 설정하였다. 즉, 수사기관이 상세 압수목록 작성에 시간이 필요하다는 사정을 주장하더라도, 피압수자의 권리침해가 실질적으로 발생하였다면 위법을 면할 수 없다는 점을 명확히 하였다는 데 의의가 있다.

이는 대법원 2023. 6. 1. 선고 2020도2550 판결에서 전자정보 상세목록에서 개별 파일 명세가 특정되지 않고 포괄적인 압축파일만 기재된 경우 영장주의와 적법절차원칙을 침해한 것으로 판단한 것과 궤를 같이한다. 위 판결에서 대법원이 판시한 내용은 다음과 같다.

"수사기관이 압수수색 영장에 기재된 범죄혐의사실과 관련된 정보 외에 범죄혐의사실과 관련이 없어 압수의 대상이 아닌 정보까지 영장 없이 취득하는 것일 뿐만 아니라, 범죄혐의와 관련 있는 압수 정보에 대한 상세목록 작성.교부의무와 범죄혐의와 관련 없는 정보에 대한 삭제.폐기.반환의무를 사실상 형해화하는 결과가 되는 것이어서 영장주의와 적법절차의 원칙을 중대하게 위반한 것으로 봄이 타당하다."

즉, 대법원은 일관되게 형식적으로 압수목록 내지 전자정보 상세목록이 교부되었는지 여부와 관계없이 그 내용이 객관적·구체적이어서 피압수자가 압수물에 대한 환부·가환부 청구를 하거나 부당한 압수처분에 대한 준항고를 하는 등 권리행사절차를 밟는 데 지장이 없도록 하여야만 형사소송법상의 압수목록 교부 절차가 적법하게 이루어진 것으로 보고 있음을 알 수 있다.

한편, 대상 결정과 결론은 상반되지만 피압수자의 방어권이 실질적으로 침해되었는지 여부를 기준으로 절차 위반 여부를 판단한다는 점에서 같은 취지로 볼 수 있는 것으로 대법원 2023. 6. 1. 선고 2020도2550 판결이 있다. 위 판결에서 대법원은 수사기관이 피고인의 휴대전화에 저장된 동영상에 대한 압수 과정에서 압수조서 및 압수목록을 작성·교부하지는 않았지만, 피의자신문조서에 압수의 취지를 기재하여 압수조서를 갈음하고, 피의자신문 시 피고인에게 해당 동영상을 재생하여 보여주면서 신문을 한 사안에서 피고인의 절차상 권리가 실질적으로 침해되었다고 보기 어렵다는 이유로 압수가 적법하다고 판단하였다. 대법원이 해당 판결에서 판시한 내용은 아래와 같다.

"(피의자신문조서에 압수의 취지를 기재하여 압수조서를 갈음한 조치가 위법한지 여부와 관련하여) 형사소송법에서 사법경찰관이 임의제출된 증거물을 압수한 경우 압수경위 등을 구체적으로 기재한 압수조서를 작성하도록 한 것은 사후적으로 압수절차의 적법성을 심사·통제하기 위한 것인데, 구 범죄수사규칙 제119조 제3항에 따라 피의자신문조서 등에 압수의 취지를 기재하여 압수조서를 갈음할 수 있도록 하더라도 압수절차의 적법성 심사·통제 기능에 차이가 없으므로, 위와 같은 사정만으로는 압수가 위법하다고 볼 수 없다. (전자정보 압수목록이 교부된 것으로 평가할 수 있는지 여부와 관련하여) 사법경찰관은 피의자신문 시 이 사건 동영상을 재생하여 피고인에게 제시하였고, 피고인은 이 사건 동영상의 촬영 일시, 피해 여성들의 인적사항, 몰래 촬영하였는지 여부, 촬영 동기 등을 구체적으로 진술하였으며 별다른 이의를 제기하지 않았다. 따라서 이 사건 동영상의 압수 당시 실질적으로 피고인에게 해당 전자정보 압수목록이 교부된 것과 다름이 없다고 볼 수 있다. 비록 피고인에게 압수된 전자정보가 특정된 목록이 교부되지 않았더라도, 절차 위반행위가 이루어진 과정의 성질과 내용 등에 비추어 피고인의 절차상 권리가 실질적으로 침해되었다고 보기 어려우므로 이 사건 동영상에 관한 압수는 적법하다고 평가할 수 있다."

적법절차원칙을 위반하여 위법하게 수집된 증거에 대하여는 형사소송법 제308조의 2에 따라 증거능력을 부정해야 함은 당연하나, 형식적으로 모든 절차규정의 위반을 위법수집증거배제 판단기준으로 삼는 입장에 대해서는 판단기준을 지나치게 단순화 하고 있다는 비판이 제기되고 있다. 따라서 동일 조항을 위반한 경우에도 그 위반행 위의 동기, 경위, 양태는 다양하고 그 위반이 미치는 영향도 다를 수 있다는 점을 고 려함이 타당하다.[116] 즉, 위반행위의 위법성 정도, 위반행위의 발생경위나 동기, 그 구체적 정황, 증거배제로 인한 영향, 사회적 반응, 위법수사억제의 실질적 효과 등을 고려하여 판단하여야 할 것이다.[117]

다만, 대법원 2023. 6. 1. 선고 2020도12157 판결의 경우, 수사기관이 휴대전화의 압 수수색 과정에서 압수조서 및 전자정보 파일명세가 특정된 압수목록을 작성·교부 하지는 않았지만, 그에 갈음하여 압수의 취지가 상세히 기재된 '조사보고(압수수색 검증영장 집행결과 보고)'를 작성하였으므로 조사보고의 작성 경위 및 복원된 전자 정보의 내용을 감안하면 적법절차의 실질적인 내용을 침해하였다고 보기는 어렵다 고 판단하였는데, 수사기관 내부 보고서류에 불과한 조사보고서가 상세히 작성되었 다는 것만으로 압수조서의 작성을 갈음하는 것에서 나아가 피압수자에 대한 압수목

---

116) 김한균·권순철·이승환, 압수수색과 위법수집증거배제법칙에 관한 연구, 한국형사정책연구원(2008), 45-47
117) 안성수, 각국의 위법수집증거배제법칙과 우리법상수용방안, 저스티스 통권 제96호(2007), 234

록의 교부 절차까지 갈음할 수 있다고 본 것은 다소 의문이고, 대법원 2023. 6. 1. 선고 2020도2550 판결에서 예외적 사유로 판시한 "비록 피고인에게 압수된 전자정보가 특정된 목록이 교부되지 않았더라도, 절차 위반행위가 이루어진 과정의 성질과 내용 등에 비추어 피고인의 절차상 권리가 실질적으로 침해되었다고 보기 어려운 사정"에 해당될 정도로 '조사보고(압수수색검증영장 집행결과 보고)'를 통해 피의자 측에 대한 실질적 절차 보장이 되었던 점(이를테면, 압수목록을 제시하지 않았지만 피의자 측에 어떤 문자, 파일 등이 압수되었는지 충분하게 고지되었다고 볼 수 있는 특별한 사정)이 입증되었던 것인지 여부는 판결을 통해서는 확인할 수 없다.

대법원 2024. 1. 5. 선고 2021모385 결정의 판시와 같이 압수목록은 압수물의 특징을 객관적 사실에 맞게 구체적으로 기재하여야 하는데, 압수방법·장소·대상자별로 명확히 구분한 후 압수물의 품종·종류·명칭·수량·외형상 특징 등을 최대한 구체적이고 정확하게 특정하여 기재하여야 하고, 압수 직후 현장에서 바로 작성하여 교부하는 원칙이 유지되어야 할 것이고,

폭넓은 예외의 인정은 자칫 헌법과 형사소송법이 정한 절차에 따르지 아니하고 수집된 증거에 대해 유죄 인정의 증거로 삼을 수 없다는 원칙을 훼손하는 결과를 초래할 위험이 있을 수 있다.[118]

---

118) 대법원 2009. 3. 12. 선고 2008도763 판결 : 이러한 예외적인 경우를 함부로 인정하게 되면 결과적으로 헌법과 형사소송법이 정한 절차에 따르지 아니하고 수집된 증거는 기본적 인권 보장을 위해 마련된 적법한 절차에 따르지 않은 것으로서 유죄 인정의 증거로 삼을 수 없다는 원칙을 훼손하는 결과를 초래할 위험이 있으므로, 법원은 구체적인 사안이 위와 같은 예외적인 경우에 해당하는지를 판단하는 과정에서 위와 같은 결과가 초래되지 않도록 유념하여야 한다. 나아가, 법원이 수사기관의 절차 위반행위에도 불구하고, 그 수집된 증거를 유죄 인정의 증거로 사용할 수 있는 예외적인 경우에 해당한다고 볼 수 있으려면, 그러한 예외적인 경우에 해당한다고 볼 만한 구체적이고 특별한 사정이 존재한다는 것을 검사가 입증하여야 한다.

재압수수색에 대한
증거능력 인정 여부

압수수색에 대한
최근 판례 동향 분석

1 압수수색 영장의 유효기간 내 재집행이 허용되는지 여부

I. 대상 판결

수사기관이 압수수색 영장을 제시하여 압수수색에 착수하고 그 집행을 일단 종료한 경우, 비록 해당 영장의 유효기간이 남아있더라도, 동일한 장소 또는 목적물에 대해 종전의 영장을 다시 제시하여 추가적인 압수수색을 실시하는 것은 허용되지 않는다. 대법원은 1999. 12. 1. 선고 99모161 결정에서, 『**압수수색 영장은 수사기관이 강제처분을 하기 위한 법원의 허가장에 불과하며, 영장에 기재된 유효기간은 수사기관이 영장에 따라 압수수색에 착수할 수 있는 시한(종기)을 의미하는 것이고, 수사기관이 압수수색 영장을 제시하고 집행에 착수하여 압수수색을 실시하고 그 집행을 종료하였다면 이미 그 영장은 목적을 달성하여 효력이 상실되는 것이고, 원심이 설시한 바와 같은 사유가 있어 동일한 장소 또는 목적물에 대하여 다시 압수수색할 필요가 있는 경우라면 그 필요성을 소명하여 법원으로부터 새로운 압수수색 영장을 발부 받아야 하는 것이지, 앞서 발부 받은 압수수색 영장의 유효기간이 남아있다고 하여 이를**

제시하고 다시 압수수색을 할 수는 없는 것이다.』라고 판시하였다.

따라서 수사기관이 동일한 장소 또는 목적물에 대하여 다시 압수수색을 할 필요가 있는 경우에는, 설사 기존 영장의 유효기간이 아직 경과하지 않았다고 하더라도, 원칙적으로 새로운 압수수색 영장을 발부받아야 하며, 이를 준수하지 않고 반복적으로 압수수색을 하는 경우는 적법절차 원칙에 위반되어 위법하게 된다.

II. 사안의 개요

▨ 수사기관은 간첩활동을 방조하였다는 혐의로 1999. 8. 20. 피의자를 주거지 앞에서 긴급체포하고 그 직후 피의자의 주거를 수색하여 컴퓨터 등 다수의 물건을 압수 하였음[119]

▨ 수사기관은 같은 날 오후 서울지방법원에서 유효기간이 1999. 8. 27.까지로 된 사전 압수수색 영장을 발부받았으나 피의자에 대한 구속영장이 1999. 8. 21. 신청되고 1999. 8. 23. 발부되어 집행되었으므로 이를 기다렸다가 1999. 8. 24. 피의자의 주거지에서 위 압수수색 영장을 제시하고 별지목록 1 기재 물건들을 압수 하였음(제1차 압수)

▨ 이후 수사기관은 피의자를 조사한 결과 간첩의 소지품을 보관하고 있다는 진술을 받아내고 1999. 8. 27. 위 압수수색 영장(서울지방법원 판사가 1999. 8. 20. 발부한 압수수색 영장)에 기하여 다시 같은 장소에서 압수수색을 실시하여 원심 별지목록 2 기재 압수물을 압수하였음(제2차 압수)

---

119) 압수수색은 형사소송법 제217조에 의해 영장 없이 이루어졌다.

III. 재판 진행경과

1. 원심의 판단

원심[120]은 이 사건에서 수사기관이 서울중앙지방법원 판사로부터 1999. 8. 20. 자로 발부받은 압수수색 영장에 따라 1999. 8. 24.자에 한 차례 압수수색을 실시하고, 같은 영장에 기해 1999. 8. 27.자에 동일 장소에 대하여 재차 압수수색을 실시한 것에 대해, 그 절차의 적법성을 인정하였다.

원심은 결정문에서, 수사기관이 압수수색 영장을 청구할 당시부터 공소유지를 위하여 필요한 모든 물품을 완전히 특정하거나 예측하는 것이 현실적으로 곤란한 경우가 많으며, 수사의 진전에 따라 동일 장소에 대하여 추가적인 압수수색의 필요성이 발생할 수 있음을 언급하였다. 이에 따라, 압수수색 영장을 한 차례 집행한 이후라도, ① 사건의 성질상 사전에 압수 대상 물건을 특정하기 극히 곤란한 경우이거나, ② 수사의 진척에 따라 새로운 사실이 드러나 동일 장소에 대해 다시 압수수색할 필요성이 생긴 경우에는 동일한 영장에 기한 재집행이 허용된다는 법리를 전제로 하였다.

2. 대법원의 판단

대법원[121]은 수사기관이 집행이 종료된 압수수색 영장에 기하여 실시한 압수수색은 적법한 영장 없이 이루어진 것으로서 위법하다고 판단했다. 이후 **대법원[122]은 압수수색 영장은 압수수색에 대한 허가장으로서 압수수색 영장에 기**

---

120) 서울중앙지방법원 1999. 9. 6.자 99보1 결정
121) 대법원 1999. 12. 1.자 99모161 결정, 위 결정 이후 대법원 2023. 10. 18. 선고 2023도8752 판결에서도 동일한 법리를 재차 확인하였다.
122) 대법원 2023. 3. 16. 선고 2020도5336 판결, 대법원 2023. 10. 18. 선고 2023도8752 판결 등 참조

재되는 유효기간은 집행에 착수할 수 있는 종기를 의미하는 것일 뿐이고 압수수색 영장에 기하여 압수수색을 실시하고 그 집행을 종료하였다면 그 영장은 효력이 상실되는 것이라는 기존의 법리를 재확인하였다. 대법원이 설시한 법리는 아래와 같다.

"형사소송법 제215조에 의한 압수수색 영장은 수사기관의 압수수색에 대한 허가장으로서 거기에 기재되는 유효기간은 집행에 착수할 수 있는 종기를 의미하는 것일 뿐이므로, 수사기관이 압수수색 영장을 제시하고 집행에 착수하여 압수 수색을 실시하고 그 집행을 종료하였다면 이미 그 영장은 목적을 달성하여 효력이 상실되는 것이고, 원심이 설시한 바와 같은 사유가 있어 동일한 장소 또는 목적물에 대하여 다시 압수수색할 필요가 있는 경우라면 그 필요성을 소명하여 법원으로부터 새로운 압수수색 영장을 발부 받아야 하는 것이지, 앞서 발부 받은 압수수색 영장의 유효기간이 남아있다고 하여 이를 제시하고 다시 압수수색을 할 수는 없는 것이다(대법원 1999. 12. 1. 선고 99모161 판결 등 참조)."

"압수수색은 해당 혐의사실과 관련된 유관증거를 선별하여 출력하거나 다른 저장매체에 저장하는 등 필요한 절차를 마치면 종료하는 것이므로, 압수수색 영장에 기하여 집행 대상인 전자정보의 선별, 출력 혹은 저장이 이루어지고 그 자리에서 압수목록 및 전자정보 확인서까지 교부된 경우에는 원칙적으로 그 시점에 압수수색이 종료된 것으로 볼 수 있다(대법원 2023. 10. 18. 선고 2023도8752 판결)."

IV. 압수수색 영장의 집행종료 기한에 대한 하급심 판례

대법원은 이 사건에서 수사기관이 압수수색 영장을 제시하고 집행에 착수하여 압수수색을 실시하고 그 집행을 종료하였다면 이미 그 영장은 목적을 달성하여 효력이 상실되는 것이고, 재집행은 불가능하다고 판시하였다.

그렇다면 압수수색 영장의 집행 또한 압수수색 영장 유효기간 내 종료가 되어야 하는 것인지 아니면 압수수색 영장 유효기간 내 착수를 하기만 하면 되고 그 종료는 유효기간이 경과된 이후에 종료해도 괜찮은 것인지, 압수수색 절차가 여러 날 동안 진행되면 압수수색 절차를 중지한 후 다시 재개를 하는 경우에 있어 압수수색이 종료된 것으로 볼 수 없을지에 대해,

하급심 판결들은 압수수색 영장의 유효기간은 집행에 착수할 수 있는 종기일 뿐이므로 유효기간 내 집행이 착수되었다면 유효기간 내 집행을 마쳐야 할 것이 아니라고 판단[123] [124]하여 ❶ 압수수색의 실질적 종료시점이 유효기간의 도과 이후라고 하여 집행의 위법성을 단정할 수 없고, ❷ 유효기간 내에 시작된 압수수색 영장의 집행이 중지 후 재개되는 등 일관된 절차로 이어지는 한, 그 집행 전체는 유효하다고 보아야 한다는 기준을 세웠다. 구체적 사실관계와 근거는 아래와 같다.

1. 수원고등법원 2021. 12. 3. 선고 2021노644 판결

(1) 수사기관은 2020. 6. 18. 13:00경 ㈜F에 유효기간이 2020. 6. 24.인 압수수색 영장(이하 '이 사건 영장')의 사본을 팩스로 전송하고, 2020. 7. 7. 14:14 ㈜F에 방문하여 담당자에게 이 사건 영장의 원본을 제시하고 담당자를 참여시키고 이 사건 영장을 집행하였다.

(2) 수사기관은 ㈜F에서 압수할 파일의 용량이 커 탐색에 많은 시간이 소요되자 2020. 9. 8. ㈜F에 재차 방문하여 담당자를 참여시키고 이 사건 영장을 집행한 다음 압수조서를 작성하고 이 사건 영장의 집행을 종료하였다.

(3) 재판부는 ① 수사기관이 이 사건 영장의 유효기간 이내에 이 사건 영장의 사

---

123) 수원고등법원 2021. 12. 3. 선고 2021노644 판결
124) 의정부지방법원 2022. 4. 13. 선고 2021고합263 판결

본을 팩스로 전송하여 집행에 착수한 점, ② 이후 수사기관은 2020. 7. 7.과 2020. 9. 8. 각 ㈜F에 방문하여 ㈜F 담당자의 참여하에 압수할 정보를 검색하고 자료를 추출하여 이 사건 영장을 집행하였는데, 이때는 이 사건 영장의 원본을 제시하였고, 압수조서와 압수목록을 작성한 점, ③ 압수수색 영장의 유효기간은 집행에 착수할 수 있는 종기일 뿐이므로, 유효기간 내 집행이 착수되었다면 유효기간 내 집행을 마쳐야 할 것은 아닌 점, ④ 피압수수색의 당사자인 ㈜F는 이 사건 영장의 집행에 관하여 아무런 이의를 제기하지 않은 점 등을 종합할 때, 이 사건 영장을 집행하여 수집된 증거들이 위법수집증거에 해당하여 위법하다고 볼 수 없다는 원심의 판단을 유지하였다.

2. 의정부지방법원 2022. 4. 13. 선고 2021고합263 판결

(1) 수사기관은 2020. 6. 11. 서울동부지방법원 판사로부터 피고인이 2019. 10. 19.경 C으로부터 아동·성착취물을 구매하여 소지하였다는 피의사실의 요지가 기재된 유효기간을 2020. 7. 31.로 하는 압수수색 영장(이하 '이 사건 압수수색 영장')을 발부받았다.

(2) 수사기관은 2020. 6. 23. 피고인의 주거지에서 이 사건 압수수색 영장을 집행하여 피고인이 사용하던 외장형 하드디스크(이하 '이 사건 하드디스크') 및 전자정보를 압수하고 압수조서를 작성한 후, 피고인에게 이 사건 하드디스크 및 전자정보에 대한 압수목록 및 전자정보 확인서를 교부하였다.

(3) 이후 경찰은 2020. 9. 4.까지 이 사건 하드디스크에 대한 디지털 증거분석을 하였고, 이 사건 하드디스크를 복구하여 전자정보를 추출한 결과 아동·청소년의 성행위 및 유사성행위 동영상 266개(이하 '이 사건 추가 동영상')를 추가로 발견하였고, 같은 날 이 사건 압수수색 영장에 기하여 이 사건 추가 동영상을 압수하고 압수조서를 작성한 후 피고인에게 이 사건 추가 동영상에

대한 압수목록 및 전자정보 확인서를 교부하였다.

(4) 재판부는 ① 압수수색 영장의 유효기간은 집행의 착수가 허용되는 기간이므로 유효기간이 경과하기 전에 집행에 착수하였다면, 실제 집행에 필요한 절차를 이행하는 과정에서 유효기간이 지났더라도 그와 같은 압수수색 영장의 집행이 당연히 위법하다고 할 수 없고, ② 수사기관이 유효기간 내에 영장을 소지하고 영장에 기재된 현장에서 관계인에게 영장을 제시한 후 압수영장 물건을 수색해서 찾아낸 뒤, 그 물건을 압수하는 것으로 종료되는 통상의 물건에 대한 압수수색 영장의 집행과 달리, 전자정보 등에 대한 압수수색의 경우 기술적인 조치가 필요하므로 그러한 특성도 고려되어야 하며, ③ 이 사건 압수수색 영장의 집행은 그 유효기간 중인 2020. 6. 11. 집행이 개시되었다가 2020. 9. 4. 이 사건 하드디스크에 대한 디지털 증거분석이 완료됨에 따라 이 사건 추가 동영상의 복제·출력이 마쳐진 때 비로소 종료되었다고 보아야 한다는 점을 근거로 이 사건 추가 동영상의 압수 및 압수증명의 작성이 이 사건 압수수색 영장의 유효기간 내에 이루어지지 않았다는 사정만으로 이 사건 추가동영상의 압수가 위법하다고 볼 수는 없다고 판시하였다.

V. 대상 판결의 의의

동일한 압수수색 영장에 근거해 다시 압수수색을 집행할 수 있는지 여부에 대해서는 우리나라와 일본의 학설 모두 부정적인 입장을 취하고 있으며, 이를 긍정하는 견해는 찾아보기 어렵다.[125] 이는 영장제도의 목적과 기능에 비추어 볼 때 다음과 같은

---

125) 이승훈, 동일 영장에 의한 재차의 압수수색의 가능 여부, 대법원 판례해설 제33호(2000), 787

이유에서 부정적으로 해석하는 것이 타당하다.[126]

(1) 영장의 개별성 원칙과 포괄영장 금지 원칙에 비추어 보면, 동일한 영장으로 여러 차례의 압수수색을 집행하는 것은 허용되지 않는다.

(2) 수사기관에 대하여 압수수색을 허가하는 형사소송법 제215조 소정의 영장은 법원의 압수수색에 관한 형사소송법 제114조, 제115조, 제118조 내지 제132조, 제134조, 제135조의 규정을 준용하고 있으므로, 수사기관의 압수수색 역시 법원이 집행하는 압수수색 영장의 효력과 같거나 그 범위 내에 있어야한다. 그런데, 형사소송규칙 제63조는 "압수수색 영장의 집행에 관한 서류와 압수한 물건은 압수수색 영장을 발부한 법원에 이를 제출하여야 한다."고 규정하고 있어 압수수색이 종료된 직후 해당 압수수색 영장은 법원에 제출되어야 하고 이는 해당 영장의 재집행이 사실상 불가능함을 의미한다. 형사소송법과 형사소송규칙 역시 이를 당연한 전제로 삼고 있다. 그럼에도 불구하고, 형사소송법 제215조에 따른 영장의 경우 집행 종료 이후에도 절차상 수사기관이 이를 보관할 수 있는데, 수사기관이 이를 보관하고 있음을 기화로 재차 집행할 수 있다고 본다면, 이는 법원이 시행하는 압수수색 영장의 효력을 넘어서는 결과가 되어 부당하다.

(3) 압수수색 영장에 기재된 유효기간은 집행에 착수할 수 있는 종기를 의미하는 것일 뿐이므로 단순히 유효기간이 남아있다는 이유만으로 압수수색 영장의 효력이 계속된다고 볼 수 없다.

(4) 형사소송법 제219조에 따라 수사기관의 압수수색에 준용되는 형사소송법 제127조는 집행중지 및 집행중지에 필요한 처분의 규정을 두고 있다. 만약 하나의 영장으로 여러 차례에 걸쳐서 압수수색을 집행할 수 있다고 한다면

---

126) 이승훈, 동일 영장에 의한 재차의 압수수색의 가능 여부, 대법원 판례해설 제33호(2000), 788-789

V. 재압수수색에 대한 증거능력 인정 여부

집행중지라는 개념 자체가 불필요해지므로, 이 조문은 영장이 한 차례만 집행되는 것을 전제로 한 조문이다.

(5) 수사의 필요에 따라 재차 압수수색이 필요한 경우, 그 필요성을 소명하여 법원으로부터 새로운 압수수색 영장을 발부받아 집행할 수 있으므로 동일 영장을 반복해 집행할 필요성은 인정되지 않는다. 만약 법원의 아무런 심사나 통제 없이 동일한 영장을 근거로 반복 집행을 허용한다면, 이는 강제수사에 대한 사법적 통제를 약화시키는 결과를 초래할 수 있다.

(6) 유효기간이 남아있다는 이유만으로 압수수색 영장의 재집행을 허용하게 되면, 그로 인하여 사생활의 평온을 침해당하는 상대방의 불이익이 너무 커질 우려가 있어 법익 간의 균형을 현저히 해친다.

결국 대법원이 동일한 압수수색 영장에 근거한 영장의 재집행을 위법하다고 판단한 것은, 단지 개별 사건의 적법 여부를 넘어서 압수수색이라는 강력한 기본권 제한 조치는 법원이 발부한 영장을 통해서만 가능하다는 원칙 아래, 그 영장은 한 번의 집행으로 효력을 다하는 제한적·일회성 권한임을 분명히 함으로써, 수사기관의 자의적 해석이나 운용가능성을 차단한 것으로 강제수사 전반에 대한 사법적 통제 원칙을 재확인한 데 큰 의의가 있다.

한편, 압수수색 영장의 유효기간, 재집행의 허용여부, 압수수색의 종료 가능 시점 등에 대해 법원은 수사기관이 압수수색 영장을 제시하고 집행에 착수하여 압수수색을 실시하고 그 집행을 종료하였다면 이미 그 영장은 목적을 달성하여 효력이 상실되는 것이고,

유효기간 내에 시작된 압수수색 영장의 집행이 중지 후 재개되는 등 일관된 절차로 이어지는 한, 그 집행 전체는 유효하다고 보아야 한다는 기준을 세웠고, 현재 압수수색 실무가 위와 같이 운용되고 있다.

이는 영장제도의 본질상 법관에 의한 사전심사를 전제로 하여 강제처분의 남용을 방지하려는 '적법절차의 원칙' 및 '영장주의'의 요청에 기초한 해석으로서 '적법절차의 원칙의 실질적 준수'와 '수사의 실효성' 사이의 균형을 고려한 해석이라고 보여진다.

이러한 압수수색 영장의 유효기간 경과 후 집행에 대한 유사한 해석은 해외에서도 찾아볼 수 있다. 미국의 연방형사소송규칙 41.(e)(2)(B)에 따르면 압수수색 영장 집행 기간의 제한은 현장에서의 매체 또는 정보 압수에 적용되는 것일 뿐, 현장 외에서의 사후 검토나 복사에 적용되는 것이 아니라고 명시하고 있는데, 이는 정보저장매체에는 일반적으로 엄청난 양의 정보가 포함되어 있으며 수색 장소에서 영장을 집행하는 동안 수사기관이 전자정보 내용을 검토한다는 것이 비현실적이기 때문이고 법원 또한 저장매체의 크기, 암호화 등으로 인한 난해성, 포렌식 랩의 업무량 등으로 인하여 이미징과 정보의 탐색에는 상당한 시간이 소요될 수밖에 없다고 보기 때문에 탐색 시기에 대해 정해진 상한선(upper limit)이 없으며, 탐색은 합리적인 시간 내에 (within a "reasonable" period of time) 이루어지기만 하면 된다고 한다.[127] 이러한 대상 판례의 입장 및 대상 판례를 따르는 우리 법원의 해석은 형사소송법의 압수수색 집행절차에 관한 규정과도 조화를 이루며, 수사기관이 영장을 남용하거나 무제한적으로 이를 연장하여 집행하지 않도록 절차적 통제의 장치를 유지하면서도, 수사가 실체적 진실의 발견, 사회질서의 유지 및 법치주의의 실현이라는 공익적 목표를 지닌 국가작용이라는 점을 고려하여 강제수사의 필요성과 피압수자의 권리보호를 아울러 반영한 법 해석이라고 평가할 수 있다.

---

127) 조은별, 디지털 증거 압수수색 영장의 시간적·장소적 효력 범위 검토, 형사정책 35권 3호(2023), 286-287

V. 재압수수색에 대한 증거능력 인정 여부

2 압수수색 영장의 집행 종료 이후 다시 압수수색 영장을 발부받아 압수수색이 가능한지 여부

I. 대상 판결

압수수색 영장의 집행 종료 이후 다시 압수수색 영장을 발부받아 압수수색이 가능한 지 여부에 대해, 대법원 2024. 10. 8. 선고 2024도10062 판결은 『**형사소송법 제216조 제3항 규정에 따라 압수수색 영장을 청구하였다가 영장을 발부받지 못한 때에는 수 사기관은 압수한 물건을 즉시 반환하여야 하고, 즉시 반환하지 아니한 압수물은 유 죄의 증거로 사용할 수 없으며, 헌법과 형사소송법이 선언한 영장주의의 중요성에 비추어 볼 때 피고인이나 변호인이 이를 증거로 함에 동의하였다고 하더라도 달리 볼 것은 아니다. 이를 제시하고 다시 압수수색을 할 수 없다.**』고 판시하여 즉시 반환 하지 아니한 압수물의 증거능력을 부정하였고, 『**여기서 압수한 물건을 즉시 반환한 다는 것은 수사기관이 압수한 물건을 곧바로 반환하는 것이 현저히 곤란하다는 등의 특별한 사정이 없는 한 영장을 청구하였다가 기각되는 바로 그때에 압수물을 돌려주 기 위한 절차에 착수하여 그 절차를 지연하거나 불필요하게 수사기관의 점유를 계속 하는 등으로 지체함이 없이 적극적으로 압수 이전의 상태로 회복시켜 주는 것을 의 미한다.**』고 판시하여 '즉시 반환'에 대한 기준을 제시하였다.

Ⅱ. 사안의 개요

- 사법경찰관은 2020. 10. 6. 피고인이 운영하는 서울 광진구 소재 'C'에서 전화금융사기조직의 인출책인 G를 긴급체포하였는데, 그 과정에서 현장에 있던 피고인이 스마트폰 채팅 어플리케이션 '위챗' 대화방의 성명불상자에게 경찰이 왔다고 알리면서 일부 대화방을 지우고 있는 것을 목격하고, 피고인이 소지·소유한 휴대전화(이하 '이 사건 휴대전화')를 긴급압수함(이하 '이 사건 1차 압수')

- 사법경찰관은 당시 피고인에 대하여 수사를 개시하거나 범죄혐의를 인지한 상황은 아니었고, 피고인에게 압수조서를 작성하거나 압수목록을 교부하지도 아니함

- 검사는 2020. 10. 7. 이 사건 휴대전화에 관하여 사후압수영장(이하 '이 사건 사후압수영장')을 청구하였으나 2020. 10. 8. 법원에서 압수조서와 압수목록을 피고인에게 작성, 교부하지 아니하였다는 이유로 청구가 기각되었음

- 검사는 사법경찰관에게 압수조서와 압수목록을 첨부하여 사전 압수수색 영장을 재신청하라고 지휘하였음

- 피고인은 2020. 10. 8. 사법경찰관의 소환요구에 따라 대전지방경찰청에 출석하여 피의자신문조사를 받았는데, 당시 사법경찰관은 피고인을 소환하면서 조사가 끝나면 휴대전화를 반환하겠다고 말하고도 조사를 마친 이후 피고인에게 이 사건 휴대전화를 반환하여 주지 않았음

- 사법경찰관은 피고인이 대전지방경찰청을 떠나 주거지가 있는 서울에 도착하여 귀가한 이후 이 사건 사후압수영장이 법원에서 기각된 사실을 인지하고, 피고인이 귀가한 이후 피고인에게 연락하여, 대전지방경찰청에 다시 방문하여 이 사건 휴대전화를 반환받아 갈 것을 고지하면서, 피고인이 이 사건 휴대전화를 반환받더라도 다시 압수할 것이라고 말하였음

- 피고인은 사법경찰관에게 이미 서울에 도착하였고 시간이 늦어 당일에는 대전지방경찰청으로 갈 수 없고, 다음 날 이후에도 일을 해야 할 뿐만 아니라 어린 자녀가 있어 대전으로 내려가기 어려우니 이 사건 휴대전화를 우편으로 송부해 달라고 요청하였음

- 그러나 사법경찰관은 휴대전화를 우편으로 보낼 경우 위험성이 있다는 점을 들어 거절하였고, 피고인은 2020. 10. 12. 오전 중으로 대전지방경찰청에 방문하여 이 사건 휴대전화를 반환받겠다고 말하였으나 방문하지 않았음

- 사법경찰관은 2020. 10. 12. 검찰에 이 사건 휴대전화에 저장된 전자정보에 관하여 사전압수영장을 신청하였고, 그에 따라 2020. 10. 13. 법원에서 사전압수영장(이하 '이 사건 사전압수영장')이 발부되었음

- 사법경찰관은 피고인에게 다시 연락하여 이 사건 휴대전화를 반환받아 갈 것을 고지하면서도 다시 압수하여야 해서 결국 피고인이 이 사건 휴대전화를 가져갈 수는 없다는 취지로 말하였음

- 사법경찰관은 이 사건 사전압수영장의 유효기간이 만료되기 전날인 2020. 10. 19. 14:55경 피고인이 운영하는 'C'로 찾아가 피고인에게 이 사건 휴대전화를 반환하고, 정보저장매체인수증에 피고인의 서명날인을 받은 후 곧바로 이 사건 사전압수영장을 집행하여 다시 이 사건 휴대전화를 봉인하고 현장에서 이를 반출하였음(이하 '이 사건 2차 압수')

- 피고인은 사법경찰관이 이 사건 휴대전화를 다시 가져간 것에 항의하면서 압수조서 및 정보저장매체 원본 반출 확인서 등에 서명날인을 거부하였음

- 사법경찰관은 2021. 1. 11. 피고인의 참여하에 디지털포렌식을 통해 획득한 복제본을 토대로 혐의사실과 관련된 전자정보를 특정하여 해시값을 확인한 후, 피고인에게 상세목록을 전자정보 확인서의 형태로 교부하고 위 전자정보를 압수하였고, 사법경찰관은 이 사건 휴대전화를 피고인에게 반환하였고, 피고인은 이 사건 휴대전화를 반환받았음을 확인한다는 취지로 반출 원본 저장매체 등 인수증에 서명날인하였음

Ⅲ. 재판 진행경과

1. 제1심의 진행경과

이 사건에서 제1심[128]은 ① 사법경찰관이 2020. 10. 6. 피고인을 체포하지 않은 점, ② 피고인이 당시 어떠한 범죄를 저질렀다고 볼만한 근거가 없었던 점, ③ 사법경찰관도 피고인의 범죄를 인지하거나 수사를 개시하지는 않았던 점을 이유로 이 사건 휴대전화에 대한 영장 없는 압수인 이 사건 1차 압수는 형사소송법 제216조 제1항 제2호, 제3항[129] 어디에도 해당하지 않으므로 위법하다고 판단하면서, ❶ 사법경찰관이 수차례 피고인에게 이 사건 휴대전화를 반환받아 갈 것을 요청한 점, ❷ 피고인이 차일피일 수령을 미루다가 이 사건 사전압수영장이 발부된 시점까지도 이를 반환받지 않은 점, ❸ 사법경찰관이 피고인에게 적법한 영장이 발부되어 집행할 예정이므로 이 사건 휴대전화를 반환받더라도 실제로 가져갈 수 없을 것이라고 고지해 준 점, ❹ 피고인이 계속 방문하지 않아 사법경찰관이 피고인을 방문하여 휴대전화의 반환 및 압수 절차를 함께 진행한 점 등을 이유로 피고인이 이 사건 휴대전화를 회수할 충분한 시간적 여유가 있었음에도 피고인이 이를 지체하는 사이 적법한 압수수색 영장이 발부되어 사법경찰관이 이를 새롭게 집행하였으므로 반환 현장에서 압수 집행이 함께 이루어졌다고 하여 위법하다고 볼 것은 아니라는 이유로 이 사건 사전압수영장에 기하여 획득한 증거들의 증거능력을 인정하였다.

---

128) 서울중앙지방법원 2022. 12. 13. 선고 2021고단5844 판결

129) 제216조(영장에 의하지 아니한 강제처분) ① 검사 또는 사법경찰관은 제200조의2·제200조의3·제201조 또는 제212조의 규정에 의하여 피의자를 체포 또는 구속하는 경우에 필요한 때에는 영장없이 다음 처분을 할 수 있다.
　1. 타인의 주거나 타인이 간수하는 가옥, 건조물, 항공기, 선차 내에서의 피의자 수색. 다만, 제200조의2 또는 제201조에 따라 피의자를 체포 또는 구속하는 경우의 피의자 수색은 미리 수색영장을 발부받기 어려운 긴급한 사정이 있는 때에 한정한다.
　2. 체포현장에서의 압수, 수색, 검증
　② 전항 제2호의 규정은 검사 또는 사법경찰관이 피고인에 대한 구속영장의 집행의 경우에 준용한다.
　③ 범행 중 또는 범행직후의 범죄 장소에서 긴급을 요하여 법원판사의 영장을 받을 수 없는 때에는 영장없이 압수, 수색 또는 검증을 할 수 있다. 이 경우에는 사후에 지체없이 영장을 받아야 한다.

2. 제2심의 진행경과

제1심의 판단에 피고인은 이 사건 휴대전화에 대한 긴급압수의 위법성이 이 사건 사전압수영장의 집행 당시까지 희석되거나 단절되었다고 볼 수 없으므로, 이 사건 사전압수영장에 기하여 획득한 증거들은 모두 위법하게 수집된 증거이거나 위법하게 수집된 증거를 기초로 한 2차 증거라는 이유로 항소하였다.

제2심[130]은 사실관계를 종합하면, 이 사건 휴대전화에 대한 긴급압수의 위법성이 이 사건 사전압수영장의 집행 당시까지 희석 내지 단절되었다거나 치유되었다고 할 수 없으므로, 수사기관이 사전압수영장을 집행하여 이 사건 휴대전화를 반출한 후 획득한 증거들은 모두 위법하게 수집된 증거이거나 이를 기초로 획득한 2차 증거들로서 그 증거능력이 부정된다고 봄이 타당하다고 판시하였다.

3. 대법원의 판단

대법원[131]은, **수사기관이 적법절차를 지키지 않고 이 사건 휴대전화를 압수하고 이에 대한 사후 압수수색 영장이 기각되었음에도 즉시 반환하지 아니하다가 그 사이에 이 사건 사전 압수수색 영장을 발부받아 이 사건 휴대전화를 형식적으로 반환한 외관을 만든 후 다시 압수하는 것은 적법절차의 원칙이나 영장주의를 잠탈하는 것으로 허용할 수 없다는 법리를 설시**하였다. 대법원이 적시한 법리는 아래와 같다.

> "기본적 인권 보장을 위하여 압수수색에 관한 적법절차와 영장주의의 근간을 선언한 헌법과 이를 이어받아 실체적 진실 규명과 개인의 권리보호 이념을 조화롭게 실현할 수 있

---

130) 서울중앙지방법원 2023. 6. 14. 선고 2022노257 판결
131) 대법원 2024. 10. 8. 선고 2024도10062 판결

도록 압수수색 절차에 관한 구체적 기준을 마련하고 있는 형사소송법의 규범력은 확고히 유지되어야 하므로 헌법과 형사소송법이 정한 절차에 따르지 아니하고 수집한 증거는 물론 이를 기초로 하여 획득한 2차적 증거 역시 기본적 인권 보장을 위해 마련된 적법한 절차에 따르지 않은 것으로서 원칙적으로 유죄 인정의 증거로 삼을 수 없다. 다만 위법하게 수집한 압수물의 증거능력 인정 여부를 최종적으로 판단함에 있어서는, 수사기관의 증거 수집 과정에서 이루어진 절차 위반행위와 관련된 모든 사정, 즉 절차 조항의 취지와 그 위반의 내용 및 정도, 구체적인 위반 경위와 회피가능성, 절차 조항이 보호하고자 하는 권리 또는 법익의 성질과 침해 정도 및 피고인과의 관련성, 절차 위반행위와 증거수집 사이의 인과관계 등 관련성의 정도, 수사기관의 인식과 의도 등을 전체적·종합적으로 살펴 볼 때, 수사기관의 절차 위반행위가 적법절차의 실질적인 내용을 침해하는 경우에 해당하지 아니하고, 오히려 그 증거의 증거능력을 배제하는 것이 헌법과 형사소송법이 형사소송에 관한 절차 조항을 마련하여 적법절차의 원칙과 실체적 진실 규명의 조화를 도모하고 이를 통하여 형사 사법 정의를 실현하려고 한 취지에 반하는 결과를 초래하는 것으로 평가되는 예외적인 경우라면, 법원은 그 증거를 유죄 인정의 증거로 사용할 수 있다고 보아야 한다. 이는 적법한 절차에 따르지 아니하고 수집한 증거를 기초로 하여 획득한 2차적 증거의 경우에도 마찬가지여서, 절차에 따르지 아니한 증거 수집과 2차적 증거 수집 사이 인과관계의 희석 또는 단절 여부를 중심으로 2차적 증거 수집과 관련된 모든 사정을 전체적 · 종합적으로 고려하여 예외적인 경우에는 유죄 인정의 증거로 사용할 수 있다(대법원 2007. 11. 15. 선고 2007도3061 전원합의체 판결 참조)."

"형사소송법 제216조 제3항은 "범행 중 또는 범행직후의 범죄 장소에서 긴급을 요하여 법원판사의 영장을 받을 수 없는 때에는 영장 없이 압수, 수색 또는 검증을 할 수 있다. 이 경우에는 사후에 지체없이 영장을 받아야 한다."라고 규정하고 있다. 이 규정에 따라 압수수색 영장을 청구하였다가 영장을 발부받지 못한 때에는 수사기관은 압수한 물건을 즉시 반환하여야 하고, 즉시 반환하지 아니한 압수물은 유죄의 증거로 사용할 수 없으며, 헌법과 형사소송법이 선언한 영장주의의 중요성에 비추어 볼 때 피고인이나 변호인이 이를 증거로 함에 동의하였다고 하더라도 달리 볼 것은 아니다(대법원 2009. 12. 24. 선고 2009도11401 판결 참조)."

V. 재압수수색에 대한 증거능력 인정 여부

"압수한 물건을 즉시 반환한다는 것은 수사기관이 압수한 물건을 곧바로 반환하는 것이 현저히 곤란하다는 등의 특별한 사정이 없는 한 영장을 청구하였다가 기각되는 바로 그 때에 압수물을 돌려주기 위한 절차에 착수하여 그 절차를 지연하거나 불필요하게 수사기 관의 점유를 계속하는 등으로 지체함이 없이 적극적으로 압수 이전의 상태로 회복시켜주 는 것을 의미한다.(대법원 2024. 10. 8. 선고 2024도10062 판결 참조)."

대법원은 수사기관이 이 사건 휴대전화를 형식적으로 반환한 외관을 만든 후 다시 압수하는 것은 적법절차의 원칙이나 영장주의를 잠탈하는 것으로 허용 할 수 없으므로 이 사건 휴대전화 압수의 위법성이 이 사건 사전압수영장 집 행으로 희석·단절되었다고 할 수 없다는 제2심의 판단에 위법수집증거 배제 법칙의 예외에 관한 법리를 오해한 사실이 없다고 판단했다. 그 구체적 근거 로는 아래의 사정들을 들었다.

(1) 사법경찰관이 피고인의 영업소에서 형사소송법 제216조 제3항에 의하여 피 고인으로부터 이 사건 휴대전화를 영장 없이 압수하였으나, 압수조서를 작 성하지 않았고 피고인에게 압수목록을 교부하지 않았다는 이유로 법원에서 사후압수영장이 기각되었으므로, 이 사건 휴대전화를 피고인에게 즉시 반 환하여야 한다.

(2) 피고인은 합리적인 근거를 들어 이 사건 휴대전화를 우편으로 보내달라는 요청을 하였으나, 사법경찰관은 이를 거절하고 직접 출석하여 수령할 것을 계속 요구하였다.

(3) 사법경찰관은 이 사건 사전압수영장 발부 이후 피고인에게 연락하여 이 사 건 휴대전화를 반환받아 갈 것을 고지하면서 다른 한편으로는 이를 다시 압 수해야 해서 피고인이 이 사건 휴대전화를 가져갈 수는 없다는 취지로 말하 였고, 피고인은 이 사건 휴대전화를 반환받을 수 없다고 생각하고 대전지방 경찰청에 출석하지 않았다.

(4) 피고인은 2020. 10. 8. 합리적 이유를 들어 우편 반환을 요청하였고 약속한 2020. 10. 12. 오전에 대전지방경찰청에 출석하지 않았으므로, 사법경찰관은 즉시 이 사건 휴대전화를 우편으로 반환하거나 피고인의 주거지 또는 영업소에 방문하는 등 그 반환을 위한 적절한 조치를 취했어야 했으나, 사법경찰관은 이 사건 휴대전화를 즉시 반환하는 것이 곤란하다고 볼만한 특별한 사정이 없음에도, 대전지방경찰청에 직접 출석하여 반환받을 것만을 요구하는 한편 반환받더라도 다시 압수되어 가져갈 수 없다는 취지의 말을 함으로써, 정당한 이유 없이 이 사건 휴대전화의 반환을 지연하거나 압수를 계속하는 등으로 그 반환을 불필요하게 지체하였다.

Ⅳ. 대상 판결의 의의

대상 판결은 수사기관이 압수물을 일시적으로 반환한 것처럼 외관을 형성한 뒤, 실질적인 처분권이 회복되기 전에 다시 압수한 조치에 대하여 단호하게 위법하다고 판단함으로써, 형사소송법상 영장주의의 원칙을 엄격히 유지한 사례로서 중요한 의의를 지닌다.

대법원은 압수물 반환의 외형만으로는 피압수자의 권리가 실질적으로 회복되었다고 보기 어렵고, 피압수자의 권리가 실질적으로 회복되지 않은 상태에서의 재압수는 형식적인 외관과 무관하게 위법하다는 점을 명확히 하였다. 이는 수사기관이 위법성을 회피하기 위하여 절차적 형식을 가장하는 행위를 배척한 판단으로 향후 수사기관의 수사 절차에 대한 법적 기준을 명확히 제시하였다고 평가할 수 있다.

또한, 대상 판결은 위법성의 판단요소로서 '압수수색 과정에서의 절차적 정당성'과 '피압수자의 실질적인 권리 회복 여부'를 제시함으로써 영장주의와 사생활 보호, 재산권 보장 간의 균형을 이루고자 하였다. 이는 형사절차의 적법성을 판단함에 있어 압수수색 영장 집행 과정에서의 단순한 형식적 절차 준수 여부가 아니라, 실질적으로 국민의 기본권이 침해되었는지 여부가 중요한 기준이 된다는 대법원의 입장을 분명히 드러낸 것으로 헌법상 기본권 보장 원칙의 실효성 확보 측면에서도 중요한 판시이다.

나아가, 대상 판결은 수사기관이 외형상 적법한 절차를 갖춘 것처럼 보이게 한 후, 즉시 재압수한 행위에 대하여 "위법상 회피를 위한 탈법적 행위"로 강도 높게 비판함으로써, 실무적으로 향후 압수물 반환과 재압수 절차 전반에 대한 사법적 통제를 한층 강화시키고 형사절차에서의 실질적인 기본권 침해를 방지하겠다는 대법원의 태도를 보여주는 판결이라고 해석된다.

3 압수수색 영장의 집행 종료 이후 미선별자료에 대한 파기의무 불이행이 새로운 압수수색 영장으로 하자가 치유되는지 여부

I. 대상 판결

압수수색 영장의 집행 종료 이후 미선별자료에 대한 파기의무 불이행이 새로운 압수수색 영장으로 하자가 치유되는지 여부에 대해, 대법원 2024. 4. 16. 선고 2020도3050 판결은『**수사기관이 범죄 혐의사실과 관련 있는 정보를 선별하여 압수한 후에도 그와 관련이 없는 나머지 정보를 삭제·폐기·반환하지 아니한 채 그대로 보관하고 있다면 범죄 혐의사실과 관련이 없는 부분에 대하여는 압수의 대상이 되는 전자정보의 범위를 넘어서는 전자정보를 영장 없이 압수수색하여 취득한 것이어서 위법하고, 사후에 법원으로부터 압수수색 영장이 발부되었다거나 피고인이나 변호인이 이를 증거로 함에 동의하였다고 하여 그 위법성이 치유된다고 볼 수 없다.**』고 판시하였다.

Ⅱ. 사안의 개요

- 수사기관은 A 등의 국토의계획및이용에관한법률위반 혐의(이하 '별건 범죄사실')에 대하여 수사하면서 2018. 12. 12. 법원으로부터 B의 휴대전화(이하 '이 사건 휴대전화') 등에 대한 압수수색 영장(이하 '제1차 영장')을 발부받아 이 사건 휴대전화를 압수함(이하 '제1차 압수')

- 수사기관은 이 사건 휴대전화에 저장된 전자정보를 이미징한 파일을 대검찰청 통합디지털증거관리시스템에 저장하고, 제1차 영장 기재 혐의사실과 관련된 전자정보를 탐색하던 중 우연히 피고인(검찰수사서기관)과 B 사이에 여러 차례 통화한 내역을 녹음한 녹음파일, 일정내역표 내역, 문자메시지 내역 등(이하 합쳐서 '이 사건 녹음파일 등') 이 사건 공소사실인 청탁금지법위반, 공무상비밀누설 혐의와 관련된 전자정보를 발견하고, 이 사건 녹음파일 중 이 사건 공소사실과 관련된 혐의사실 부분을 정리하여 이를 CD에 복제한 다음 수사기록에 편철함(이하 '제1처분')

- 이후에도 수사기관은 이 사건 녹음파일 등을 계속 대검찰청 서버에 그대로 저장한 채로 이를 통해 피고인이 B로부터 받은 구체적인 이 사건 청탁의 내용, 이 사건 청탁의 대상이 되는 수사인 형사사건의 진행 경과, 피고인과 B가 만난 일자, 장소 등에 관해 수사하였고, 그 과정에서 이 사건 녹음파일에 대한 녹취록을 작성한 다음 해당 부분을 CD에 저장하여 이를 수사기록에 첨부하고, 이 사건 휴대전화에 저장되어 있던 문자메시지 내역을 조사하여 공무상비밀누설 부분에 관한 증거를 수집하였음(이하 '제2처분')

- 수사기관은 2019. 1. 23. 이 사건 공소사실을 혐의사실로 하여 대검찰청 서버에 저장된 이 사건 녹음파일 등을 대상으로 압수수색 영장(이하 '제2차 영장')을 청

구하여 발부받음[132]

▨ 수사기관은 2019. 2. 22. 다시 이 사건 공소사실을 혐의사실로 대검찰청 서버에 저장된 이 사건 녹음파일 등에 대한 압수수색 영장(이하 '제3차 영장')을 청구하여 발부받아 2019. 3. 22. B로부터 압수절차에 참여할 의사가 없음을 확인한 다음, 대검찰청 서버에 저장되어 있는 이 사건 녹음파일 등을 압수하였음(이하 '제2차 압수')[133]

▨ 한편, 피고인은 제1심 법정에서 '사실관계는 인정하나 법리적인 부분에 다툼이 있다'는 취지로 진술하면서 검사가 제출한 모든 서류에 대하여 증거로 함에 동의하였으나, 피고인의 변호인은 제1심 제3회 공판기일에 이르러 최종의견 진술을 하면서 이 사건 녹음파일 등이 위법수집증거에 해당한다고 주장하였고, 이에 변론이 재개되어 검사는 제4회 공판기일에 제2차, 제3차 영장 사본 등을 증거로 제출하였음

Ⅲ. 재판 진행경과

1. 제1심 및 제2심의 판단

제1심[134]은 피고인과 B 간의 통화 녹음파일과 그 녹취내용이 위법수집증거로

---

132) 제2차 영장에는 '압수할 물건'으로 'B 소유 휴대전화기에 대하여 2018. 12. 20. 디지털 증거분석 완료하여 대검찰청 서버에 업로드한 결과물 중 영장 기재 범죄사실과 관련된 디지털 자료'라고 기재되어 있고, '수색·검증할 장소'로 'C지검 D지청 내 디지털 포렌식팀 또는 대검찰청 서버에 접속이 가능한 PC 설치 장소'라고 기재되어 있었다. 그러나 수사기관은 제2차 영장을 집행하지 않은 상태에서 통신 및 계좌 영장 등을 발부받아 집행하고, 이 사건 녹음파일 등을 확인해 피고인과 B가 만난 장소를 조사하는 등 이 사건 공소사실에 대한 수사를 계속 진행하였다.

133) 제3차 영장에 기재된 '압수할 물건'과 '수색·검증할 장소'는 제2차 영장과 동일하였다. 그러나 수사기관은 제3차 영장을 집행하지 않은 상태에서 피고인, A, B 등 관련자들의 주거지, 사무실 등에 대한 압수수색으로 이 사건 청탁 대상인 수사와 관련된 구속영장신청서, 수사지휘부 등의 수사기록을 수집하고, 피고인을 비롯한 관련자들을 소환하여 진술을 받기도 하였다.

134) 춘천지방법원 원주지원 2019. 8. 14. 선고 2019고단305 판결

증거능력이 없다는 주장에 대하여, "검찰이 B와 피고인 간의 이 사건 통화 녹음파일에 대해 2019. 1. 23. 압수수색검증 영장을 발부받고도 그 집행을 미룬 경위와 그에 대해 다시 발부받은 압수수색검증 영장을 2019. 3. 22. 집행한 점 등에 비추어 수사기관이 의도적으로 영장주의의 취지를 회피하려고 시도한 것은 아닌 것"이라고 보면서, 2019. 3. 22. 이후에 수집된 증거들은 절차에 따르지 아니한 1차적 증거 수집과 2차적 증거 수집 사이에 인과관계가 희석 또는 단절되었다고 보이므로 그 증거능력이 인정된다고 판단하였다.

제2심[135]은 (1) 영장 집행의 경위와 사건의 특수성 등에 비추어 수사기관이 의도적으로 영장주의의 취지를 회피하려고 시도하였다고 보기 어려운 점, (2) 피고인의 일부 법정진술은 공개된 법정에서 진술거부권을 고지받고 변호인의 충분한 조력을 받은 상태에서 자발적으로 이루어진 것인 점, (3) 제3차 영장의 집행 당시 B에게 참여권 등 관련 절차를 준수하였던 점 등의 사정들을 들어, 제1심 판단이 정당하다고 보았다.

2. 대법원의 판단

대법원은 이 사건 녹음파일 등에 관한 압수의 적법 여부를 판단하면서 전자정보에 대한 압수수색 과정에서 무관한 전자정보를 탐색·복제·출력하는 것이 원칙적으로 위법한 압수수색에 해당하므로 허용할 수 없다는 법리를 다시 한 번 확인하면서 수사기관이 새로운 범죄혐의의 수사를 위하여 무관정보가 남아 있는 복제본을 열람하는 것은 위법수집증거라는 점을 명확하게 판시하였다.

> "전자정보에 대한 압수수색이 종료되기 전에 유관정보를 적법하게 탐색하는 과정에서 무관정보를 우연히 발견한 경우라면, 수사기관으로서는 더 이상의 추가 탐색을 중단하고

---

135) 춘천지방법원 2020. 2. 7. 선고 2019노718 판결

법원으로부터 별도의 범죄혐의에 대한 압수수색 영장을 발부받은 경우에 한하여 그러한 정보에 대하여도 적법하게 압수수색을 할 수 있다(대법원 2015. 7. 16. 자 2011모1839 전원합의체 결정 등 참조)."

"수사기관이 유관정보를 선별하여 압수한 후에도 무관정보를 삭제·폐기·반환하지 아니한 채 그대로 보관하고 있다면 무관정보 부분에 대하여는 압수의 대상이 되는 전자정보의 범위를 넘어서는 전자정보를 영장 없이 압수수색하여 취득한 것이어서 위법하고, 사후에 법원으로부터 압수수색 영장이 발부되었다거나 피고인이나 변호인이 이를 증거로 함에 동의하였다고 하여 그 위법성이 치유된다고 볼 수 없다(대법원 2022. 1. 24. 자 2021모1586 결정 등 참조)."

"수사기관이 새로운 범죄혐의의 수사를 위하여 무관정보가 남아 있는 복제본을 열람하는 것은 압수수색 영장으로 압수되지 않은 전자정보를 영장 없이 수색하는 것과 다르지 않다. 따라서 복제본은 더 이상 수사기관의 탐색, 복제 또는 출력 대상이 될 수 없으며, 수사기관은 새로운 범죄혐의의 수사를 위하여 필요한 경우에도 기존 압수수색 과정에서 출력하거나 복제한 유관정보의 결과물을 열람할 수 있을 뿐이다. 사후에 법원으로부터 복제본을 대상으로 압수수색 영장이 발부받아 집행하였다고 하더라도, 이는 압수수색 절차가 종료됨에 따라 당연히 삭제·폐기되었어야 할 전자정보를 대상으로 한 것으로 위법하다(대법원 2023. 6. 1. 선고 2018도19782 판결, 대법원 2023. 10. 18. 선고 2023도8752 판결 등 참조)."

대법원은 위와 같은 법리에 비추어 피고인이 제1차 영장의 대상자인 A 등과 사이에 인적 관련성이 있지 않고, 이 사건 휴대전화에 저장된 이 사건 녹음파일 등은 제1차 영장의 범죄 혐의사실인 별건 범죄사실과 구체적·개별적 연관관계 있는 관련성이 있는 전자정보로 보기 어렵고, 나아가 아래와 같은 사정들을 종합하면, 이 사건에서 **수사기관이 무관정보를 우연히 발견하였음에도 더 이상의 추가 탐색을 중단하고 법원으로부터 압수수색 영장을 발부받았다고 평가할 수 없다**고 판단하였다.

(1) 수사기관은 이 사건 휴대전화에 저장된 전자정보의 이미징파일에서 무관정보인 이 사건 녹음파일 등을 발견한 2018. 12. 21. 무렵부터 제2차 영장의 발부를 청구한 날인 2019. 1. 23.까지 약 1개월에 걸쳐 영장을 발부받지 않은 채 이 사건 녹음파일 등에 대한 탐색을 계속하면서 제1, 2처분으로 이 사건 녹음파일을 취득하고 그에 기초하여 다른 증거를 수집하는 등 영장 없이 수사를 계속하였다.

(2) 이후에도 수사기관은 제2차 영장은 집행하지 않은 채 제3차 영장을 집행한 날인 2019. 3. 22.까지 약 2개월에 걸쳐 무관정보인 이 사건 녹음파일 등을 탐색, 복제, 출력을 하면서 수사를 계속 진행하였다.

(3) 제1차 영장 혐의사실인 국토계획법위반 등 사건과 이 사건은 피의자, 범행의 내용, 사건의 발생 시기, 관련자 등이 서로 전혀 달라 유관정보와 무관정보를 구별하기 어려웠다고 볼 수 없다.

(4) 무관정보를 발견하고 제2차 영장을 발부받기까지 약 한 달이라는 상당한 시간이 소요된 것은, 제1차 영장 혐의사실에 대한 무관정보를 구별하기 위한 것이 아니라 오로지 무관정보를 기초로 한 이 사건 수사를 위한 것이었다고 보인다.

(5) 기록상 이 사건 녹음파일 등을 발견하고 제2차, 제3차 영장을 발부받을 무렵까지 제1차 영장에 의한 집행이 종료되지 않고 계속되는 상태에 있었다고 볼 만한 아무런 자료가 없다. 따라서 **제1차 영장 집행 종료 후 무관정보를 삭제·폐기·반환 등의 조치를 취하지 않고 계속 보관하면서 이를 탐색·복제·출력하는 제1, 2처분을 비롯한 일련의 수사상 조치는 모두 위법함이 명백**하다. 나아가 제2차 압수 또한 제1차 영장에 의한 압수에 따른 복제본이 저장된 대검찰청 서버의 전자정보를 대상으로 발부된 제3차 영장을 집행한 것에 불과하다. 이는 **제1차 영장의 집행이 종료됨에 따라 당연히 삭제·폐기**

되었어야 할 전자정보를 대상으로 한 것이어서 그 자체로 위법하고, 제3차 영장을 발부받아 제2차 압수를 하였다는 사정만으로는 그 하자가 치유된다고 보기 어렵다.

결론적으로 대법원은 이 사건 휴대전화에 저장된 전자정보인 이 사건 녹음파일 등은 제1, 2처분과 제2차 압수에 의하여 취득한 것으로서 적법한 압수수색절차에 요구되는 관련 규정을 준수하지 아니함으로써 영장주의와 적법절차 원칙을 위반하여 위법하게 수집된 증거에 해당한다고 보았다.

나아가 대법원은 "이 사건 녹음파일 등은 영장주의를 위반하여 수집된 증거로서 그 압수절차 위반행위가 위법수집증거 배제법칙의 예외를 인정할 수 있는 경우에 해당하지 아니하고, 나아가 위법수집증거인 이 사건 녹음파일 등을 기초로 수집된 증거들 역시 위법수집증거에 터 잡아 획득한 2차적 증거로서 위 압수절차와 2차적 증거수집 사이에 인과관계가 희석 또는 단절되었다고 볼 수 없으므로 증거능력을 인정할 수 없다."라고 판시하였다.

파기환송심[136]은 대법원의 판단과 같은 이유로 **제1차 영장 집행 종료 후 무관정보를 삭제·폐기·반환 등의 조치를 취하지 않고 계속 보관하면서 이를 탐색·복제·출력하는 제1, 2처분을 비롯한 일련의 수사상 조치는 모두 위법**함이 명백하고, 나아가 **제2차 압수 또한 제1차 영장에 의한 압수에 따른 복제본이 저장된 대검찰청 서버의 전자정보를 대상으로 발부된 제3차 영장을 집행한 것에 불과하므로, 이는 제1차 영장의 집행이 종료됨에 따라 당연히 삭제·폐기되었어야 할 전자정보를 대상으로 한 것이어서 그 자체로 위법하고, 제3차 영장을 발부받아 제2차 압수를 하였다는 사정만으로는 그 하자가 치유된다고 보기 어렵다**고 판단하였다.

---

136) 춘천지방법원 2024. 8. 22. 선고 2024노372 판결

Ⅳ. 대상 판결의 의의

전자정보는 유형물이 아닌 무형물로서 압수의 대상이 되는 정보가 대량의 정보가 저장된 저장매체 전체에 분산되어 존재하는 경우가 많다. 범죄 수사의 대상이 되는 스마트폰, 컴퓨터 외장하드 등에는 개인정보, 일상생활 기록, 업무 관련 정보나 통신 내용 등 다양한 성격의 정보가 혼재되어 있다. 특히 저장 용량의 한계가 거의 없어진 오늘날 모든 개인정보는 정보주체가 의도적으로 삭제하지 않는 한 스마트폰이나 인터넷서비스제공자의 서버에 무한히 누적되어 저장된다. 이러한 점에서 수사기관에 의하여 수집된 전자정보에 대한 관리는 적법한 절차에 의하여 필요한 범위로 제한되어야 하고 엄격하게 통제되어야 한다.

하지만 현행 형사소송법은 전자정보의 압수수색 절차에 관하여 해당 사건과 관계가 있다고 인정할 수 있는 것에 한정해서만 압수수색을 할 수 있고(형사소송법 제215조[137], 제219조, 제106조 제1항[138], 제107조 제1항, 제109조 제1항), 압수한 경우에는 목록을 작성하여 교부해야 한다고 규정하고 있을 뿐이다(형사소송법 제219조, 제129조[139]). 수사기관 등이 압수한 정보를 어떻게 보관하고 관리하여야 하는지, 구체적으로 **압수수색 영장의 집행 종료 이후 미선별 자료에 대한 파기의무에 대하여는 형**

---

137) 형사소송법 제215조(압수, 수색, 검증) ① 검사는 범죄수사에 필요한 때에는 피의자가 죄를 범하였다고 의심할 만한 정황이 있고 해당 사건과 관계가 있다고 인정할 수 있는 것에 한정하여 지방법원판사에게 청구하여 발부받은 영장에 의하여 압수, 수색 또는 검증을 할 수 있다.

② 사법경찰관이 범죄수사에 필요한 때에는 피의자가 죄를 범하였다고 의심할 만한 정황이 있고 해당 사건과 관계가 있다고 인정할 수 있는 것에 한정하여 검사에게 신청하여 검사의 청구로 지방법원판사가 발부한 영장에 의하여 압수, 수색 또는 검증을 할 수 있다.

138) 형사소송법 제219조(준용규정) 제106조, 제107조, 제109조 내지 제112조, 제114조, 제115조제1항 본문, 제2항, 제118조부터 제132조까지, 제134조, 제135조, 제140조, 제141조, 제333조제2항, 제486조의 규정은 검사 또는 사법경찰관의 본장의 규정에 의한 압수, 수색 또는 검증에 준용한다. 단, 사법경찰관이 제130조, 제132조 및 제134조에 따른 처분을 함에는 검사의 지휘를 받아야 한다.

형사소송법 제106조(압수) ①법원은 필요한 때에는 피고사건과 관계가 있다고 인정할 수 있는 것에 한정하여 증거물 또는 몰수할 것으로 사료하는 물건을 압수할 수 있다. 단, 법률에 다른 규정이 있는 때에는 예외로 한다.

139) 형사소송법 제129조(압수목록의 교부) 압수한 경우에는 목록을 작성하여 소유자, 소지자, 보관자 기타 이에 준할 자에게 교부하여야 한다.

사소송법이 규율하고 있지 않고 대통령령인 검사와 사법경찰관의 상호협력과 일반적 수사준칙에 관한 규정이나 각 수사기관의 행정규칙에서 규율하고 있다.[140]

위 규정들에 의하면 수사기관은 전자정보의 탐색·복제·출력을 완료하여 피압수자 등에게 전자정보 상세목록을 교부한 경우, 그 목록에 포함되지 않은 전자정보를 지체 없이 삭제 또는 폐기하거나 반환해야 한다(수사준칙 제42조 제1항, 제2항, 대검찰청 디지털 증거 예규 제24조, 경찰청 디지털 증거 훈령 제35조 제1항, 제2항, 고위공직자범죄수사처 디지털포렌식 예규 제13조의3).

> **검사와 사법경찰관의 상호협력과 일반적 수사준칙에 관한 규정** 제42조(전자정보의 압수수색 또는 검증 시 유의사항) ① 검사 또는 사법경찰관은 전자정보의 탐색·복제·출력을 완료한 경우에는 지체 없이 피압수자등에게 압수한 전자정보의 목록을 교부해야 한다.
>
> ② 검사 또는 사법경찰관은 제1항의 목록에 포함되지 않은 전자정보가 있는 경우에는 해당 전자정보를 지체 없이 삭제 또는 폐기하거나 반환해야 한다. 이 경우 삭제·폐기 또는 반환확인서를 작성하여 피압수자등에게 교부해야 한다.
>
> **디지털 증거의 수집·분석 및 관리 규정(대검찰청 예규)** 제24조(전자정보 압수 후 조치) 주임검사등은 제23조의 목록에 포함되지 않은 전자정보가 있는 경우에는 해당 전자정보를 지체 없이 삭제 또는 폐기하거나 반환해야 한다. 이 경우 별지 제10호 "정보저장매체 등 반환 확인서" 또는 별지 제16호 "전자정보 삭제·폐기 확인서" 서식을 작성하여 피압수자등에게 교부해야 한다.
>
> **디지털 증거의 처리 등에 관한 규칙(경찰청 훈령)** 제35조 (전자정보의 삭제·폐기) ① 증거분석관은 분석을 의뢰한 경찰관에게 분석결과물을 회신한 때에는 해당 분석과정에서 생성된 전자정보를 지체 없이 삭제·폐기하여야 한다.

---

140) 박중욱, "압수된 전자정보의 보관·폐기 및 재사용과 관련된 문제점 – 대검찰청예규의 관련 규정에 대한 적법성 검토를 중심으로 –", 형사법연구 제36권 제3호(2024), 207-208

V. 재압수수색에 대한 증거능력 인정 여부

② 경찰관은 제1항의 분석결과물을 회신받아 디지털 증거를 압수한 경우 압수하지 아니한 전자정보를 지체 없이 삭제·폐기하고 피압수자에게 그 취지를 통지하여야 한다. 다만, 압수 상세목록에 삭제·폐기하였다는 취지를 명시하여 교부함으로써 통지에 갈음할 수 있다.

고위공직자범죄수사처 디지털포렌식 업무에 관한 규정(고위공직자범죄수사처 예규) 제13조의3 (관련 있는 전자정보 압수 후 조치) 주임검사등은 제13조의2의 목록에 포함되지 않은 전자정보가 있는 경우에는 해당 전자정보를 지체 없이 삭제 또는 폐기하거나 반환해야 한다. 이 경우 별지 제15호서식의 전자정보 삭제·폐기 또는 반환확인서를 작성하여 피압수자등에게 교부해야 한다.

그런데, 수사기관들은 선행 사건의 수사 과정에서 전자정보에 대한 탐색·복제 등을 완료하고 피압수자 등에게 전자정보 상세목록을 교부한 이후에도, 압수한 전자정보에 대한 이미징파일 일체를 보관하고 있는 방법으로 실무를 운용하고 있다.

대상 판결은 수사기관, 특히 검찰이 현재 진행 중인 사건 관련자의 과거 사건을 확인하여 대검찰청 통합디지털증거관리시스템에 관련 정보가 존재하는지를 확인한 후, 해당 정보가 있다면 위 시스템이 있는 대검찰청 디지털포렌식센터를 압수수색 장소로 하여 해당 정보에 대한 압수수색 영장을 청구하여 발부받아 집행하는 수사 행태를 지적하며, 수사기관이 압수수색 절차 종료 후 무관정보를 보관하는 행위가 그 자체로 위법하다고 보았다.

대상 판결에 앞서 수사기관이 관련성 구분 없이 임의로 전체의 전자정보를 복제·출력·보관하면서 개별 파일 명세를 특정하지 않고 전체 파일을 하나의 zip 파일로 압축하여 전자정보 목록을 포괄적으로 기재하고 피압수자 등에게 교부함으로써 범죄 혐의사실과 관련성 없는 정보에 대한 삭제·폐기·반환 등의 조치도 취하지 아니하였던 사안에서 대법원 2022. 1. 14.자 2021모1586 결정은 (1) 법원이 압수수색 영장에 범죄혐의와 관련 없는 정보에 대한 삭제·폐기·반환의무를 기재하여 발부할 수 있으며, (2) 피압수자가 참여권 등 절차상 권리를 포기하였다고 하더라도 수사기관이 영장 기재 사항을 이행하지 않은 경우 압수수색 전체가 위법하며, (3) 범죄 관련성 유무와 상관 없이 압수된 파일 전체에 대한 압수가 취소되어야 한다고 판시하였다.[141]

> "이는 결국 수사기관이 압수수색 영장에 기재된 범죄 혐의사실과 관련된 정보 외에 범죄 혐의사실과 관련이 없어 압수의 대상이 아닌 정보까지 영장 없이 취득하는 것일 뿐만 아니라, 범죄혐의와 관련 있는 압수 정보에 대한 상세목록 작성·교부의무와 범죄혐의와 관련 없는 정보에 대한 삭제·폐기·반환의무를 사실상 형해화하는 결과가 되는 것이어서 영장주의와 적법절차의 원칙을 중대하게 위반한 것으로 봄이 상당하다."(대법원 2022. 1. 14.자 2021모1586 결정[142])

또한 법원은 **별건으로 압수한 휴대전화의 전자정보 일체를 이미징한 파일을 검찰 서버에 보관하던 중 본건 수사로 압수수색 영장을 발부받아 그 이미징 파일에 대하여 집행한 사안**에서 본건 압수수색 영장의 집행으로 취득한 전자정보의 증거능력을 부정하였다(대법원 2022. 12. 15. 선고 2022도10452 판결[143]).

> "휴대전화 전자정보의 경우 하나의 파일에서 피의사실과 직접 관련이 있는 전자정보만을 분리하는 것이 기술적으로 어렵고, 휴대전화 대신 이미 보관 중인 전자정보를 압수하는 것이 압수당사자의 사생활 보장 측면에서 유리할 수 있다는 사정을 들어 위와 같은 절차로 취득한 증거 및 2차적 증거의 증거능력을 인정한다면, 이는 범죄혐의와 관련 있는 압수 정보에 대한 상세목록 작성·교부의무와 범죄혐의와 관련 없는 정보에 대한 삭제·폐기·반환의무를 사실상 형해화하는 결과가 되어 헌법과 형사소송법이 절차 조항을 마련한 취지에도 반한다."(서울고등법원 2022. 8. 12. 선고 2022노594 판결)

---

141) 이와 관련하여 일단 정보저장매체나 이미징을 예외적으로 반출한 경우 그 안에 저장된 정보는 사실상 모두 압수수색의 대상이 되는 결과를 가져와 최초의 영장이 일반영장, 포괄영장, 탐색적 영장으로서의 지위를 누릴 수 있게 된다는 문제점이 있는데, 대상 판결은 전자정보에 대한 압수수색 영장의 일반영장화를 제한할 수 있는 획기적인 의미를 가진 판례라는 견해로는 조기영, "압수수색 영장 사전심문제도의 도입 필요성", 형사법연구 제35권 제3호(2023), 282-283. 한편, 처음부터 별건 수사를 목적으로 하였다거나 하는 등의 특별한 사정이 없다면, 이미 유죄 확정된 사건과 관련된 압수수색 처분까지 취소할 이유가 있었는지 의문이라는 견해로는 이창온, "2022년도 형사소송법 판례 회고", 형사판례연구 제31권(2023), 32-38.

142) 해당 판결은 대상 판결이 참조 판례로 제시한 판결이다.

143) 해당 판결에서 원심인 서울고등법원 2022. 8. 12. 선고 2022노594 판결은 압수수색 영장에 관한 전자정보 선별 및 상세목록 교부 등에 관한 법리를 명확하게 판시하였다

V. 재압수수색에 대한 증거능력 인정 여부

나아가 **수사기관인 기무사가 공소외인에 대한 혐의를 수사하는 과정에서 압수수색 영장을 발부받아 유관정보를 선별하여 압수한 이후에 새로운 수사 과정에서 선행사건에서 압수된 이미징 사본에 대하여 압수수색 영장을 발부받아 이를 집행하여 전자정보를 추출하여 압수한 사안**에서, 대법원은 수사기관이 선행사건의 압수물을 탐색할 당시 제1영장 기재 혐의사실과 관련된 정보와 무관정보가 뒤섞여 있는 이미징 사본을 탐색의 대상으로 삼았으므로, 참여권 보장 여부와 관계없이 이미징 사본의 내용을 탐색하거나 출력한 행위는 위법하다고 보았고, 따라서 이를 바탕으로 수집한 전자정보 등 2차적 증거는 위법수집증거에 해당하여 유죄의 증거로 사용할 수 없다고 판단하였다(대법원 2023. 6. 1. 선고 2018도19782 판결[144]).

위와 같은 일련의 대법원 판결을 종합하여 보면, 대법원은 '압수수색 절차의 종료 후'에는 선행 사건의 무관정보는 후행 사건의 유관정보가 될 수 없으므로 **선행사건에서의 압수수색 절차가 종료된 후에 무관정보는 예외 없이 삭제 또는 폐기되어야 하고, 삭제·폐기되어야 하는 무관정보를 그대로 보관하거나 열람하는 행위는 위법**하며, 나아가 이러한 위법은 영장주의와 적법절차원칙을 중대하게 침해하는 것으로서 **사후 영장을 통해서도 치유될 수 없다**는 점을 분명하게 하였다.[145]

이와 같은 판례의 입장은 무결성 담보 등을 이유로 압수한 전자정보 저장매체 이미징 원본을 저장하고 있는 수사기관이 이를 별건 수사 과정에 활용하고 법원에 증거로 제출하는 행태를 통제할 수도 있으나, 그러한 정보를 내사 과정에서만 활용하는 경우에는 사후적으로 확인할 방법이 없다는 문제가 있다. 무결성 담보를 위하여 압수한 전자정보 이미징 파일 원본을 무결성 확인을 위한 목적 이외의 목적으로는 열

---

144) 원심은 고등군사법원 2018. 11. 29. 선고 2018노173 판결

145) 검찰은 대상 판결 선고 이후인 2024. 10. 1. 디지털 증거 예규 별지 제14호 "전자정보의 압수 등에 관한 의견진술서" 서식에 기존에 없던 '전부 이미지 파일 보관'에 관한 의견 항목을 추가하였는데, 실제 압수수색 과정에 해당 항목에 동의를 요구하거나 동의하지는 않고 있고, 만일 동의를 한다고 하더라도 그 이미지 파일에 대한 탐색, 복제, 출력을 하는 것은 허용될 수 없을 것이다.

람할 수 없도록 하는 근본적인 방안이 모색되어야 한다.

무관정보의 압수와 별건 정보의 의도적인 압수 등 수사권의 오남용에 대처하기 위하여 입법론적으로는 압수수색 영장 사전심문제도를 통하여 중립적인 법관으로 하여금 현장에서의 선별 압수방법 외에 저장매체 자체의 반출을 허용할 필요성이 있는지 여부를 판단하게 하거나 압수 대상이 광범위하고 무관 자료와의 선별이 어려운 경우 추가적인 대면 심리를 통하여 적정한 압수수색의 범위를 제한하는 방법도 고려해볼 수 있다.[146] 다만 현실적으로 압수수색 과정에서 무관정보의 압수를 최대한 방지하고 준항고 절차에서 위법한 수사행위에 효과적으로 이의제기할 수 있기 위해서는 피의자와 그의 변호인이 그 집행과정에서 참여하는 것이 가장 효과적일 것이다.[147]

---

146) 조기영, "압수수색 영장 사전심문제도의 도입 필요성", 형사법연구 제35권 제3호(2023), 296-297

147) 최병각, "디지털 증거의 압수수색에서 관련성과 참여권", 형사법연구 제35권 제1호(2023), 331-333. 박중욱, "전자정보의 압수수색과 피의자의 참여권 - 대법원 입장의 비판적 수용 및 독일 논의의 참고", 형사정책연구 제34권 제1호(2023), 54-55

V. 재압수수색에 대한 증거능력 인정 여부

4 압수물 원본을 장기간 미반환한 경우에 대한 압수절차의 위법 여부

Ⅰ. 대상 판결

압수물 원본을 장기간 반환하지 않은 등 압수수색 요건을 위반한 것이 압수절차의 위법 여부에 대해 미치는 영향에 대해, 서울남부지방법원 2018. 7. 5. 선고 2017고합 248 판결에서는 『**수사기관이 영장에 기재되어 있는 압수수색 대상 및 방법의 제한을 준수하지 않고 압수물 원본을 장기간 반환하지 않는 것은 위법이다.**』라고 판시하였다.

위 판결에서는 수사기관이 외장하드 자체를 반출한 행위, 압수한 외장하드 원본을 장기간 반환하지 않은 행위, 영장 혐의사실과의 관련성에 대한 구분 없이 외장하드에 저장되어 있던 전자정보 일체를 재복제·출력·복사한 행위, 압수한 전자정보가 영장 혐의사실과 인적·객관적 관련성이 없다는 점이 확인되었음에도 이를 폐기하지 않고 장기간 보관하다가 다른 수사기관으로 하여금 열람하도록 한 행위, 전자정보 상세목록을 교부하지 않은 행위 등 다양한 수사기관의 행위에 대한 위법성 판단이 이루어졌다.

아래에서는 위 판결 내용 중 압수물 원본을 장기간 반환하지 않은 행위에 대한 위법성 판단 부분을 살펴본다.

Ⅱ. 사안의 개요(압수물 원본 장기간 미반환 관련)

- 국방부 조사본부가 공무원 A, B가 민간인 X, Y로부터 사업의 편의 및 정보를 제공해 주는 대가로 식사를 접대받는 등 직무와 관련하여 뇌물을 수수하였다는 등의 혐의사실로 내사를 진행함

- 국방부 조사본부가 위와 같은 공무원 A, B에 대한 혐의사실에 관한 증거를 확보하기 위하여 압수수색검증영장을 신청하였고, 2015. 6. 8. 압수수색검증영장이 발부되었음

- 발부된 압수수색검증영장에는 전자정보의 압수수색에 관하여 대상 및 방법을 제한하는 내용이 포함됨(아래 내용은 일반적으로 압수수색검증영장에 포함되는 내용)

---

2. 컴퓨터용 디스크 등 정보저장매체에 저장된 전자정보에 대한 압수수색·검증

나. 전자정보의 압수

1) 원칙
저장매체의 소재지에서 수색·검증 후 혐의사실과 관련된 전자정보만을 문서로 출력하거나 수사기관이 휴대한 저장매체에 복사하는 방법으로 압수할 수 있음

---

2) 저장매체의 하드카피·이미징(이하 '복제'라 한다)이 허용되는 경우

　　가) 집행현장에서의 복제

　　　출력·복사에 의한 집행이 불가능하거나, 압수의 목적을 달성하기에 현저히 곤란한 경우에 한하여, 저장매체 전부를 복제할 수 있음

　　나) 저장매체의 원본 반출이 허용되는 경우

　　　(1) 위 가)항의 경우 집행현장에서의 저장매체의 복제가 불가능하거나 현저히 곤란할 때에 한하여, 피압수자 또는 참여인(이하 '피압수자 등'이라 한다)의 참여 하에 저장매체 원본을 봉인하여 저장매체의 소재지 이외의 장소로 반출할 수 있음

　　　(2) 위 (1)항의 방법으로 **반출한 원본은 피압수자 등의 참여 하에 개봉하여 복제한 후 지체 없이 반환하되, 특별한 사정이 없는 한 원본 반출일로부터 10일을 넘어서는 안 됨**

　　다) 위 가), 나)항과 같이 복제한 저장매체에 대하여는, 혐의사실과 관련된 전자정보만을 출력 또는 복사하여야 하고, 전자정보의 복구나 분석을 의뢰하는 경우 신뢰성과 전문성을 담보하는 방법에 의하여야 함

　　라) 위 다)항에 의하여 증거물 수집이 완료되고 복제한 저장매체를 보전할 필요성이 소멸된 후에는 혐의사실과 관련 없는 전자정보를 지체 없이 삭제·폐기하여야 함

3) 전자정보 압수시 주의사항

　　가) 피압수자 등에게 압수한 전자정보의 목록을 교부하여야 함[목록의 교부는 위 2)항의 절차를 거쳐 최종적으로 압수하는 출력물 또는 전자정보 사본의 교부로 갈음할 수 있음]

- 2015. 6. 11. 국방부 조사본부가 위 압수수색검증영장에 기하여 민간인 X의 사무실에서 X 소유 외장하드(이하 '이 사건 외장하드') 등을 반출함

- 2015. 7. 1. 국방부 조사본부가 이 사건 외장하드에 관한 디지털 포렌식 증거분석 결과를 이미징하여 별도 저장매체에 복제함

- 2015. 7. 2. 국방부 조사본부가 위 별도 저장매체를 X에게 전달하고 저장되어 있는 파일을 복호화해줄 것을 요구하여 복호화된 전자정보 전체를 확보함

- 2015. 8. 11. 국방부 조사본부가 압수물 분석을 완료하고 공무원 A, B에 대하여 수사전환함

- 2015. 10. 15. 제3의 수사기관인 기무사가 별건에서 제3의 인물에 대한 군사기밀 탐지, 수집, 누설 혐의를 수사하는 과정에서, 국방부 조사본부가 위와 같이 2015. 6. 8.자로 발부된 압수수색검증영장에 기하여 압수하여 보관하고 있던 압수물들을 열람함

- 2015. 11. 16. 기무사는 위 군사기밀 탐지, 수집, 누설 혐의 수사를 위한 압수수색검증영장을 발부받았고, 2015. 11. 18. 기무사는 2015. 11. 16.자 압수수색검증영장에 기하여 국방부 조사본부가 보유하고 있던 X 소유 이 사건 외장하드에 저장되어 있던 전자정보를 복제하여 확보함

- 2016. 1. 6. 국방부 조사본부가 이 사건 외장하드를 X에게 반환함

- 2016. 3. 군검사가 공무원 A, B에 대한 뇌물수수 등 혐의에 관하여 '혐의 없음' 처분함

III. 재판 진행경과

1. 제1심의 판단

제1심은 형사소송법 제219조, 제106조 제3항 단서 및 압수수색 영장상 압수수색 대상 및 방법의 제한 취지에 부합하는 사유가 있어 예외적으로 저장매체를 적법하게 반출한 경우에도 **압수수색 영장상 방법을 제한하는 규정 취지에서 벗어나**

반출한 저장매체 원본에 관하여 복제를 완료하고도 지체 없이 이를 반환하지 않거나 특별한 사정 없이 원본 반출일로부터 영장에 명시된 기간이 경과하도록 이를 반환하지 않았다면, 반출한 저장매체 원본에서 전자정보를 탐색·복제·출력하였는지 여부를 불문하고, 그 전자정보의 압수는 그 절차에 있어 **중대한 위법이 있다고 보아야 한다**고 판시하였다.

제1심이 위와 같이 판단한 이유는 아래와 같다.

(1) 전자정보에 대한 압수수색 현장에서 **저장매체 자체의 반출**은, 수사기관으로 하여금 위법으로 평가될 수 있는 **이른바 '포괄압수' 또는 '일반영장'의 효과를 거둘 수 있도록 할 위험성과 당초부터 압수수색의 대상에서 제외되는 무관정보까지 동반 반출되는 불가피성을 내포**하므로 수사기관의 형식적인 적법을 이용한 무분별한 개인정보 수집으로 인하여 국민의 기본권 및 실질적 적법절차 원리를 침해할 여지가 있는 영장 집행방법이지만, 압수가 허가된 유관정보를 압수하려면 전자정보가 기억되어 있는 저장매체를 확보한 다음 이를 탐색하여 유관정보를 선별하는 절차를 거쳐야 하는 전자정보 압수방법의 기술적인 특수성을 반영하여 유관정보에 대한 압수영장 집행에 필요한 처분(형사소송법 제219조, 제120조 참조)의 일환으로서 필요불가결한 범위 내에서 비례의 원칙에 따라 예외적으로 적법성과 정당성이 허여되는 강제처분이다.

(2) 이러한 전자정보 압수의 특성상 수사기관이 형사소송법 제219조, 제106조 제3항 단서 규정에 따라 전자정보가 아닌 저장매체 자체를 반출하였더라도, 형사소송법 제218조의2에 따른 환부 또는 가환부 규정과 무관하게 수사기관이 반출한 저장매체를 계속하여 점유·보관할 권한을 부여받을 수는 없다.

(3) 따라서 **수사기관은 압수수색 영장상 그 대상 및 방법의 제한 취지에 부합하는 한도 내에서만 저장매체를 적법하게 점유·보관할 권한이 있고, 그 기간**

이 경과한 후에도 수사기관이 저장매체를 반환하지 아니한 채 그대로 점유하는 것은 영장에 의하지 아니한 강제처분에 해당하여 영장주의에 반한다.

(4) 수사기관이 영장에서 허가된 기간을 경과한 후에도 저장매체를 장기간 점유할 경우에는 이로 인하여 피압수자로서는 개인의 일상생활이나 기업경영에 관한 정보 등 범죄혐의와 무관한 정보가 무분별하게 복제될 위험에 처하여 사생활의 비밀과 자유, 정보에 대한 자기결정권, 재산권 등이 침해될 우려가 있는바, 이 점에서도 수사기관이 저장매체를 장기간 점유하는 것을 제한할 필요가 있다.

(5) 전자정보에 대한 압수수색 과정에서 이루어진 현장에서의 저장매체 압수·반출과 수사기관의 저장매체 이미징·탐색·복제 및 출력행위, 저장매체 반환 등 수사기관의 처분은 하나의 영장에 의한 압수수색 과정에서 이루어지므로 당해 압수수색 과정 전체를 하나의 절차로 파악하여야 하는바(대법원 2015. 7. 16.자 2011모1839 전원합의체 결정 참조), **수사기관이 반출한 저장매체를 영장에서 허가된 기간 내에 반환하지 아니한 위법은 결국 전체적으로 그 저장매체에서 복제·출력한 전자정보에 대한 압수절차의 위법에 해당한다.**

(6) 만일 반출한 저장매체를 장기간 무단 점유한 처분이 위법하더라도 영장에 명시된 기간 내에 전자정보를 저장매체에서 탐색·복제·출력한 압수처분은 그와 별개의 처분으로서 여전히 적법하다고 한다면, 위와 같은 법익침해를 방지하기 위하여 부과한 압수수색 대상 및 방법 제한 취지의 실효성이 전혀 없게 되는 문제가 있다.

제1심은 위와 같은 입장에서, 2015. 6. 8.자 압수수색검증영장에 '집행현장에서의 저장매체의 복제가 불가능하거나 현저히 곤란하여 예외적으로 저장매체의 원본 반출이 허용되는 경우에도 반출한 원본을 복제한 후 지체 없이 반환하되,

특별한 사정이 없는 한 원본 반출일로부터 10일을 넘어서는 안 된다'는 압수수색 대상 및 방법의 제한이 부과되어 있었음에도, 국방부 조사본부가 2015. 6. 11. 위 압수수색검증영장에 기하여 이 사건 외장하드를 반출한 뒤 2015. 7. 2. 이미징 및 복호화 작업을 마쳤음에도 계속하여 보관하다가 반출일로부터 약 7개월이 경과한 2016. 1. 6.경에야 이를 반환한 것은 이 사건 외장하드를 위법하게 보관한 것에 해당하고 이 사건 외장하드에서 복제·출력된 전자정보는 모두 위법한 압수절차에 의하여 수집한 압수물에 해당한다고 판시하였다.

2. 제2심, 대법원의 판단

제2심에서도[148]에서도 제1심과 동일한 취지로 판단하여 검사의 항소를 기각하였고, 대법원[149] 또한 원심을 유지하였다.

IV. 대상 판결의 의의

압수수색 절차에서의 피의자 방어권 보장은, 수사기관이 영장에 기재되어 있는 혐의사실과 직접 관련이 있는 자료만 압수할 수 있도록 제한하는 것에서부터 시작된다.

압수물이 서류 등 실물인 경우에는, 최초 압수가 이루어지는 순간 영장에 기재되어 있는 혐의사실과의 관련성 판단이 이루어지므로 만약 수사기관이 혐의사실과 관련성이 인정되지 않는 서류 등을 압수한 경우에는 그 자체로 위법한 압수가 된다. 하지만 압수물이 전자정보인 경우에는, 예외적이기는 하지만 저장매체 원본 반출이 이루어질 수 있고, 저장매체에 저장되어 있는 전자정보에 대한 탐색, 선별, 압수 절차가

---

148) 서울고등법원 2019. 6. 27. 선고 2018노2035 판결
149) 대법원 2023. 6. 1. 선고 2019도9764 판결

완료되기 전까지는 수사기관이 관련성 없는 전자정보까지 보관하고 있다고 하더라도 이를 위법한 압수라고 평가하지는 않는다.

관련하여 법원은 저장매체 원본 반출을 예외적으로만 인정하고자 하고 이에 맞추어 압수수색검증영장에 전자정보 압수수색에 관한 제한 사항을 포함시키고 있다. 그런데 저장매체에 저장되어 있는 전자정보의 양이 많거나 보안프로그램의 보호를 받는 저장매체의 경우 일반적인 이용방법으로는 전자정보를 제대로 확인할 수 없는 등 여러 가지 이유에 기초하여 실무상 수사기관에 의한 저장매체 원본 반출이 매우 흔하게 이루어지는 것이 현실이다.

위와 같은 현실에서 앞에서 살펴본 대상 판결은 수사기관이 영장에 기재된 혐의사실과 관련성이 없는 자료를 제한 없이 획득하고 살펴보게 되는 결과를 방지하고자 하는 것으로서 의미를 가진다고 보인다.

대상 판결에서는 수사기관이 '집행현장에서의 저장매체의 복제가 불가능하거나 현저히 곤란하여 예외적으로 저장매체의 원본 반출이 허용되는 경우에도 반출한 원본을 복제한 후 지체 없이 반환하되, 특별한 사정이 없는 한 원본 반출일로부터 10일을 넘어서는 안 된다'는 영장 기재 제한 사항을 어기고 이 사건 외장하드를 반출한 때로부터 약 7개월이 경과한 시점에 이르러서야 이를 반환한 것은 이 사건 외장하드를 위법하게 보관한 것에 해당한다고 판단하였다.

대상 판결 사안과 같이 수사기관이 약 7개월이라는 긴 기간 동안 원본을 보관하지 않고, 원본 반환 기한을 준수하지 않은 정도가 심각하지 않은 경우가 문제가 될 수 있다. 대법원 2022. 7. 14.자 2019모2584 결정에서는 압수수색 과정에서 이루어진 수사기관의 다양한 위법행위를 지적하면서, 수사기관이 '집행현장에서의 저장매체의 복제가 불가능하거나 현저히 곤란하여 예외적으로 저장매체의 원본 반출이 허용되는 경우에도 반출한 원본을 복제한 후 지체 없이 반환하되, 특별한 사정이 없는 한 원본 반출일로부터 10일을 넘어서는 안 된다'는 영장 기재 제한 사항을 어기고 14일이 경과된 시점에서야 원본을 반환하였다는 점도 위법하다고 판단하면서, "이를 정당시할 만한 불가피하거나 특별한 사정"을 언급했는데, 만일 수사기관이 특별한 사정이 있는 경우에는 원본 반환 기한을 준수하지 않더라도 그 자체로 압수수색 절차 전체가 위법하다고 평가되지 않을 여지는 있을 것이다. 한편 대상 판결은 '반출한 저장매체 원본에 관하여 복제를 완료하고도 지체 없이 이를 반환하지 않은 사안'에 관한 것이지만, 수사기관이 '전자매체 원본'을 장기간 보유하는 것과 '전자매체의 전자정보 전체'를 장기간 보유하는 것은 수사기관이 무관정보를 계속 보관할 수 있다는 점에서 의미가 다르지 않다. 이러한 점에 비추어 보면, 대상 판결에서 지적하는 압수 절차의 위법성에 관한 내용은 '수사기관이 저장매체에 저장되어 있는 전자정보 전체를 이미징 한 다음 선별 절차를 거쳐 압수수색 영장 범죄사실과 관련이 있는 정보만을 보유하지 않고 정당한 이유 없이 선별 절차를 지연시키면서 장기간 압수수색 영장 범죄사실과 무관한 전자정보까지도 계속 보유한 경우'에도 동일하게 적용될 수 있을 것이다. 당연히 법원은 수사기관의 파기의무 위반 또한 위법하다는 점을 명확히 하고 있다.[150]

---

150) 대법원 2023. 10. 18. 선고 2023도8752 판결 - 압수수색 절차의 종료로 삭제 폐기의 대상일 뿐 더 이상 수사기관의 탐색, 복제, 출력 대상이 될 수 없는 복제본을 대상으로 새로운 범죄 혐의의 수사를 위하여 기존 압수수색 과정에서 출력하거나 복제한 유관정보의 결과물에 대한 열람을 넘어 그 결과물을 이용하여 새로이 영장 없이 압수수색한 경우에 해당하여 그 자체로 위법하다.

기타 압수수색
관련 쟁점 사례

암수수색에 대한

최근 판례 동향 분석

1 개인정보 보호법을 위반하여 제출된 증거의 증거능력 인정 여부

Ⅰ. 대상 판결

개인정보 보호법을 위반하여 수집된 후 재판에 증거로 제출된 입당원서의 증거능력 인정 여부에 대해, 대법원 2022. 10. 27. 선고 2022도9510 판결은 『**피고인이 입당원서를 작성자의 동의 없이 임의로 수사기관에 제출한 행위는 개인정보 보호법 제59조 제2호가 금지한 행위로서 해당 입당원서는 위법수집증거에 해당하고, 예외적으로 증거능력을 인정하여야 할 경우에 해당하지도 않으므로, 해당 입당원서 및 이와 관련된 증거의 증거능력이 인정되지 아니한다.**』고 판시하였다.

Ⅱ. 사안의 개요

▨ 피고인 甲 등이 A정당 입당을 희망하는 사람들로부터 입당원서를 받아 이를 A 정당 인천시당에 제출하였고, 자신의 직원으로 하여금 입당원서를 제출한 사람들의 이름, 연락처, 추천인 등 정보를 엑셀파일로 입력 및 정리하도록 함

- 피고인 甲 등은 위 입당원서(사본 476장, 원본 1장)와 입당원서 관련 정보를 정리한 엑셀파일 출력물(이하 '이 사건 입당원서 등')을 보관하고 있다가, 작성자들의 동의를 받지 않고 이를 경찰에 임의제출함

- 이 사건 입당원서 등에는 입당원서 작성자의 성명, 주민등록번호, 주소, 연락처, 계좌번호 등의 정보가 기재되어 있고, 해당 정보를 통해 특정 개인이 A정당에 입당하였다는 사실을 확인할 수 있음

Ⅲ. 재판 진행경과

1. 제1심 및 제2심의 판단

제1심[151]은 우선, 이 사건 입당원서 등에는 입당원서 작성자들의 성명, 주민등록번호, 주소, 연락처, 계좌번호 등이 기재되어 있고 이를 통해 특정한 개인이 A정당에 입당하였다는 사실을 확인할 수 있으므로, 이 사건 입당원서 등에 기재된 정보는 개인정보 보호법상의 개인정보에 해당한다고 보았다. 그리고 제1심은 위 개인정보를 처리하였던 피고인 甲 등이 정보주체의 동의 없이 이를 임의로 수사기관에 제출한 행위는 개인정보 보호법 제59조 제2호[152]에 위반하여 개인정보 자기결정권 등 기본권을 중대하게 침해하는 것으로서, 이 사건 입당원서 등은 위법수집증거에 해당하므로 증거능력이 없다고 판단하였다.

제2심[153]은 관련 증거와 법률 규정에다가 아래와 같은 점을 더하여 보면, 이 사건 입당원서 등의 증거능력을 부정한 제1심의 판단이 정당하다고 보았다.

---

151) 인천지방법원 2021. 12. 8. 선고 2020고합639 판결

152) 개인정보 보호법(2020. 2. 4. 법률 제16930호로 일부 개정되기 전의 것, 이하 같음) 제59조(금지행위) 개인정보를 처리하거나 처리하였던 자는 다음 각 호의 어느 하나에 해당하는 행위를 하여서는 아니 된다.
　　2. 업무상 알게 된 개인정보를 누설하거나 권한 없이 다른 사람이 이용하도록 제공하는 행위

153) 서울고등법원 2022. 7. 22. 선고 2021노2521 판결

(1) 범죄 수사 등을 위하여 필요한 경우 개인정보처리자가 개인정보를 목적 외의 용도로 이용하거나 이를 제3자에게 제공할 수 있다고 규정하는 개인정보 보호법 제18조 제2항 제7호[154]는 개인정보처리자가 공공기관인 경우에 한하여 적용되는 것이므로, 공공기관이 아닌 피고인 甲 등은 위 규정을 근거로 개인정보를 제3자에게 제공할 수 없는 점,

(2) 개인정보 보호법 제18조 제2항 제2호4)의 '다른 법률의 특별한 규정'은 법률에서 개인정보의 제공을 구체적으로 허용하는 경우여야 하고, '수사에 관하여는 공무소 기타 공사단체에 조회하여 필요한 사항의 보고를 요구할 수 있다'고 정한 형사소송법 제199조 제2항은 이에 해당하지 않으므로, 수사기관이 공공기관이 아닌 개인정보처리자로부터 범죄 수사를 위하여 개인정보를 입수할 필요가 있다면 법원으로부터 압수수색 영장을 발부받아야 하는 점,

(3) 피고인 甲 등은 입당원서를 모집하여 제출한 사실 자체는 인정하고 있으므로, 이 사건에서 위 증거들의 증거능력을 부인한다고 하여 공소사실과 관련된 실체진실 발견에 큰 지장이 있다고 볼 수 없는 반면, 위 증거들에는 공소사실에 기재되지 않은 것까지 포함하여 다수의 입당원서가 포함되어 있고 거기에 작성자들의 성명, 주민등록번호, 주소와 민감정보인 정당 가입 정보가 포함되어 있으므로, 정보주체들의 개인정보 자기결정권의 침해에도 불구하고 증거능력을 인정할 예외적인 경우에 해당한다고 볼 수 없는 점

---

154) 개인정보 보호법 제18조(개인정보의 목적 외 이용·제공 제한) ① 개인정보처리자는 개인정보를 제15조 제1항에 따른 범위를 초과하여 이용하거나 제17조 제1항 및 제28조의8 제1항에 따른 범위를 초과하여 제3자에게 제공하여서는 아니 된다.

② 제1항에도 불구하고 개인정보처리자는 다음 각 호의 어느 하나에 해당하는 경우에는 정보주체 또는 제3자의 이익을 부당하게 침해할 우려가 있을 때를 제외하고는 개인정보를 목적 외의 용도로 이용하거나 이를 제3자에게 제공할 수 있다. 다만, 제5호부터 제9호까지에 따른 경우는 공공기관의 경우로 한정한다.

2. 다른 법률에 특별한 규정이 있는 경우

7. 범죄의 수사와 공소의 제기 및 유지를 위하여 필요한 경우

2. 대법원의 판단

대법원[155]은 관련 법리 및 적법하게 채택된 증거에 비추어 보면, 위와 같은 제2심의 판단에 위법수집증거, 개인정보 보호법 제59조 제2호 및 제18조 제2항 제7호에 관한 법리를 오해함으로써 판결에 영향을 미친 잘못이 없다고 하면서, 이 사건 입당원서 등의 증거능력이 인정되지 아니한다고 판단하였다.

IV. 대상 판결의 의의

결국 대상 판결은 개인정보 보호법을 위반하여 제출된 증거의 증거능력이 인정되지 아니한다고 본 것인데, 그와 동일한 취지로 판단된 사례로 대법원은 검사가 이용자의 개인정보가 포함된 트위터 정보를 빅데이터 업체(판결문에는 '공소외 2 주식회사'로 기재)로부터 임의제출 받아 증거로 제출한 사안에서, 해당 트위터 정보는 개인정보 보호법을 위반하여 제출된 것으로서 그 증거능력이 인정될 수 없다고 판단하였다.[156] 대법원이 해당 판결에서 판시한 내용은 아래와 같다.

> "원심은, 검사가 공소외 2 주식회사로부터 임의제출 받은 28,765,148건에 달하는 대량의 트위터 정보에는 개인정보와 이에 해당하지 않는 정보가 혼재되어 있을 수 있는데, 국민의 사생활의 비밀을 보호하고 개인정보에 관한 권리를 보장하고자 하는 개인정보 보호법의 입법 취지에 비추어 그 정보의 제공에는 개인정보 보호법의 개인정보에 관한 규정이 적용되어야 하므로, 개인정보 보호법 제18조 제2항 제7호, 제2조 제6호에 따라 공공기관에 해당하지 아니하는 공소외 2 주식회사가 수사기관에 그러한 트위터 정보를 임의로 제출한 것은 위법하여 그 증거능력이 없으나, 이를 기초로 취득한 증거는 제반 사정에 비추

---

155) 대법원 2022. 10. 27. 선고 2022도9510 판결
156) 대법원 2015. 7. 16. 선고 2015도2625 전원합의체 판결

어 증거능력이 있다고 판단하였다.[157]

원심판결 이유를 적법하게 채택된 증거들에 비추어 살펴보면, 원심의 위와 같은 판단은 정당하고, 거기에 개인정보의 증거능력 인정요건에 관한 법리를 오해하거나 논리와 경험의 법칙에 반하여 자유심증주의의 한계를 벗어난 잘못이 없다."

한편, 개인정보 보호법을 위반하여 제출된 증거의 증거능력이 어떠한 경우에나 일률적으로 부정되는 것은 아니다. 대상 판결의 제2심에서도 "… 정보주체들의 개인정보 자기결정권의 침해에도 불구하고 증거능력을 인정할 예외적인 경우에 해당한다고 볼 수 없다."라고 하여 개인정보 보호법을 위반하였더라도 증거능력이 인정되는 예외적인 경우가 존재할 수 있다는 취지로 판시한 것처럼, 우리 법원은 개인정보 보호법을 위반하여 제출된 증거의 증거능력이 문제되는 경우 형사소송에서의 진실 발견이라는 공익과 개인의 인격적 이익 등 보호이익을 비교형량하여 그 증거능력의 인정 여부를 판단하고 있다. 이와 관련된 몇 가지 판례를 정리해 보면 아래와 같다.

(1) 수사기관이 개인정보처리자로부터 임의제출 받은 CCTV 영상과 PC 사용 정보의 증거능력이 문제된 사안에서, 대법원은 아래와 같이 판시하면서 증거능력이 인정된다고 판단하였다.[158]

"제1심은 판시 관련 법리 등에 기초하여, 국가정보원 수사관이 피씨(PC)방과 △△대학교 측으로부터 해당 폐쇄회로 텔레비전(CCTV) 영상녹화물과 개인용 컴퓨터(PC) 사용정보를 임의제출 받았고, 그중 폐쇄회로 텔레비전(CCTV) 영상녹화물은 개인정보 보호법상 개인정보에 해당하나 그 임의제출로 인한 피고인의 사생활이나 개인의 권익에 대한 침해정도와 피고인이 행한 범죄의 중대성 등을 비롯한 공익을 비교형량하면 위와 같은 임의제출로 취득한 폐쇄회로 텔레비전(CCTV) 영상녹화물 등이 위법수집증거여서 증거능력이

---

157) 해당 트위터 정보를 기초로 수집한 2차적 증거의 경우 증거능력이 인정되었는데, 이와 관련하여서는 검사가 공소외 2 주식회사로부터 트위터 정보를 임의제출 받은 이후 후속 수사과정에서 수차례 법원으로부터 적법한 압수수색 영장을 발부받아 증거를 수집한 사정 등이 고려된 것이다.

158) 대법원 2017. 11. 29. 선고 2017도9747 판결

부정된다고 할 수 없다는 취지로 판단하였다. 그리고 원심은 판시와 같은 이유를 들어, 이러한 제1심의 판단이 정당하다고 인정하여, 이에 관한 피고인의 항소이유 주장을 받아들이지 아니하였다.

… 원심판결 이유를 앞에서 본 법리와 제1심 판시 관련 법리 및 적법하게 채택된 증거들에 비추어 살펴보아도 위와 같은 원심의 판단에 상고이유 주장과 같이 개인정보의 수집에 대한 영장주의 등에 관한 법리를 오해하거나 자유심증주의의 한계를 벗어난 잘못이 없다."

(2) 수사기관이 아동학대 피해아동의 부모로부터 임의제출 받은 CCTV 영상의 증거능력이 문제된 사안에서도, 법원은 아래와 같이 판시하면서 증거능력이 인정된다고 보았다.[159]

"우선 위 CCTV 영상의 촬영에 관하여 정보주체인 피고인의 적법한 동의가 있었는지에 관하여 보건대, … 피해아동의 아버지의 원심 법정진술에 의하더라도 피고인에게 이와 같은 고지가 이루어지지 않았음은 분명하므로, 위 CCTV 영상의 촬영에 관하여 개인정보보호법에 따른 적법한 동의가 있었다고 볼 수 없다. 다만, … 이처럼 적법하게 수집된 증거는 아니라고 하더라도 진실발견이라는 공익과 개인의 인격적 이익 등 보호이익을 비교형량하여 볼 때 그 증거능력을 인정할 수 있는 경우에 해당한다고 봄이 타당하다."

(3) 수사기관이 양천구청으로부터 임의제출받은 피고인의 지하철 무임통과 영상파일의 증거능력이 문제된 사안에서, 법원은 아래와 같이 판시하면서 증거능력이 인정된다고 보았다.[160]

"피고인의 주장대로 양천구청이 관련 법령에서 정한 절차를 거치지 아니한 채 메트로나 양천구청역 측으로부터 CCTV 동영상 등을 제공받은 것이라면 이러한 행위로 인하여 피고인의 개인정보가 부당하게 유출되어 사생활의 비밀 등의 기본권이 침해당하였다고 볼

---

159) 서울중앙지방법원 2024. 8. 21. 선고 2023노2475 판결(상고 부제기로 확정)

160) 대구지방법원 2017. 2. 10. 선고 2016노4225 판결(대법원 2017. 11. 9. 선고 2017도3367 판결로 확정)

여지가 있기는 하나, 양천구청역에서 촬영한 CCTV 동영상은 지하철의 원활한 운영 및 관리 등 양천구청역의 업무상 필요에 의하여 설치된 CCTV에 의하여 촬영·보관되는 것으로서 그 자체로서 공적적 성격이 상당한 것으로 보이고, 그 내용 또한 다수가 이용하는 지하철 개찰구 주변의 동향에 관한 것으로 타에 전혀 공개되지 아니한 피고인의 지극히 개인적인 비밀이나 개인정보에 해당하지도 아니하며, 이와 같은 CCTV 동영상은 피고인에 대한 이 사건 형사소추에 필요한 직접적이고 중요한 증거인 점 등에 비추어 그 증거능력을 인정함이 상당하므로, 피고인의 이 부분 주장은 이유 없다."

이상에서 살펴본 것처럼, 개인정보 보호법을 위반하여 제출된 증거라고 하더라도 일률적으로 증거능력이 부정되는 것은 아니고, 정보주체의 개인정보 자기결정권 침해에도 불구하고 효과적인 형사소추 및 형사소송에서의 진실발견이라는 공익이 개인의 인격적 이익 등 보호이익보다 우월하다고 평가되는 예외적인 경우에는 그 증거능력이 인정될 수 있다.

다만 이는 어디까지나 예외적인 경우에 한하므로, 문제되는 자료의 제출이나 입수 방법에 관한 명문의 법적 근거, 정보주체의 동의, 법원이 발부한 영장 등이 결여된 상태에서 타인의 개인정보가 수사기관에 입수된 경우, 해당 자료가 유죄의 증거로 법정에 제출된다고 하더라도 이는 위법수집증거로서 원칙적으로 그 증거능력을 인정받을 수 없다. 또한 그 경우 심지어는 해당 자료를 임의로 수사기관에 제출한 사람이 정보주체의 개인정보 자기결정권을 침해하는 것이 되어 개인정보보호법위반에 따른 형사처벌의 대상이 될 가능성도 있으므로,[161] 이러한 사실을 유념할 필요가 있다.

---

161) 농업협동조합에 근무하였던 피고인이 조합장에게 농업협동조합법위반 등의 혐의가 있다고 주장하는 내용의 고발장을 경찰에 제출하면서, 근무 당시 취득하여 보관하고 있던 자료(위 조합장의 개인정보가 포함된 CCTV 영상, 거래내역확인서 등)를 증거자료로 제출한 사안에서, 대법원은 "고소·고발장에 다른 정보주체의 개인정보를 첨부하여 경찰서에 제출한 것은 그 정보주체의 동의도 받지 아니하고 관련 법령에 정한 절차를 거치지 아니한 이상 부당한 목적하에 이루어진 개인정보의 '누설'에 해당"한다고 하면서, 피고인에게 개인정보보호법위반죄가 성립한다고 판단하였다(대법원 2022. 11. 10. 선고 2018도1966 판결). 다만 대법원은 이때 피고인의 행위가 범죄행위로서 처벌대상이 될 정도의 위법성을 갖추고 있지 않아 위법성이 조각될 수 있는지는 별개의 문제라고 판시하였다.

2 사인이 위법하게 수집한 증거가 형사재판에서 증거로 사용될 수 있는지 여부

I. 대상 판결

사인이 위법하게 수집한 증거가 형사재판에서 증거로 사용될 수 있을지 여부에 대해, 대법원 2023. 12. 14. 선고 2021도2299 판결은 『**증거수집 절차가 개인의 사생활 내지 인격적 이익을 중대하게 침해하여 사회통념상 허용되는 한도를 벗어난 것이면, 단지 형사소추에 필요한 증거라는 사정만을 들어 곧바로 '형사소송에서의 진실발견이라는 공익'이 '개인의 인격적 이익 등 보호이익'보다 우월한 것으로 섣불리 단정해서는 안 된다. 그러나 그러한 한도를 벗어난 것이 아니라면 형사절차에서 증거로 사용할 수 있다.**』고 판시하였다. 대법원은 1997. 9. 30. 선고 97도1230 판결로 '사인의 위법수집증거에 대한 비교형량 법리'를 최초로[162] 설시한 이래, 위 대법원 2021도2299 판결에 이르기까지 같은 입장을 계속 유지하여 왔다. 아래에서는 최초의 판결부터 시작해 가장 최근의 판결에 이르기까지, 그간의 대표적인 대법원 판결례들을 통해 '사인 위법수집증거 증거능력 판단' 내지 '비교형량'의 구체적인 기준을 살펴본다.

---

162) 김상오, 사인이 수집한 증거의 증거능력에 대한 판례의 판단구조(독립적 증거사용금지의 도입과 오용), 형사법연구 통권 85호(2020), 210

Ⅱ. 대법원 1997. 9. 30. 선고 97도1230 판결(간통)

1. 사안의 개요

▨ 피고인의 나체를 촬영한 사진이 공소외인에 의해 촬영되었고, 해당 공소외인은 피고인으로부터 금원을 갈취하기 위한 목적으로 사진을 촬영한 것인데, 해당 사진이 **간통죄 증거로 제출된 사안**

2. 법원의 판단

▨ 가사 이 사건 사진을 촬영한 공소외인이 이 사건 사진을 이용하여 피고인을 공갈할 의도였다고 하더라도, **이 사건 사진은 범죄현장의 사진으로서 피고인에 대한 형사소추를 위해 반드시 필요한 증거**로 보이므로, 공익의 실현을 위해서는 이 사건 사진을 범죄 증거로 제출하는 것이 허용되어야 하고, 이로 말미암아 피고인의 사생활의 비밀을 침해하는 결과를 초래한다 하더라도 이는 피고인이 수인해야 할 기본권의 제한에 해당됨

Ⅲ. 대법원 2008. 6. 26. 선고 2008도1584 판결[특정경제범죄가중처벌등에관한법률위반(사기)등]

1. 사안의 개요

▨ 피고인이 계획적으로 B건축공사 관련 사문서를 위조하고 이를 증거로 제출하여 **법원을 기망함으로써 가액이 20억여 원에 이르는 B건물에 관한 건축주 명의를 넘겨받은 사안**

▨ 소송사기 피해자가 제3자에게 대가를 지급하고 취득한 절취된 업무일지를 사기죄에 대한 증거로 제출하였고, 해당 **업무일지에 피고인이 문서를 위조하기 위해 미리 연습했던 흔적이 나타나 있었음**

2. 법원의 판단

▨ 이 사건 업무일지는 피고인 경영의 회사가 그날그날 현장 및 사무실에서 수행한 업무내용 등을 담당 직원이 기재한 것이고, 그 뒷면은 이 사건 각 문서의 위조를 위해 미리 연습한 흔적이 남아있는 것에 불과하여, 이를 피고인의 사생활 영역과 관계된 자유로운 인격권의 발현물이라고 볼 수는 없음

▨ 사문서위조, 위조사문서행사 및 소송사기로 이어지는 일련의 범행에 대해 **피고인을 형사소추 하기 위해서는 이 사건 업무일지가 반드시 필요한 증거**로 보임

▨ 따라서 설령 그것이 제3자에 의해 절취된 것으로서 위 소송사기 등의 피해자 측이 이를 수사기관에 증거자료로 제출하기 위해 대가를 지급하였다 하더라도, 공익의 실현을 위해서는 이 사건 업무일지를 범죄의 증거로 제출하는 것이 허용되어야 하고, 이로 말미암아 피고인의 사생활 영역을 침해하는 결과가 초래된다 하더라도 이는 피고인이 수인해야 할 기본권 제한에 해당

IV. 대법원 2010. 9. 9. 선고 2008도3990 판결(간통)

1. 사안의 개요

▨ 피고인들 사이의 **간통 범행**을 고소한 '피고인 1의 남편인 공소외인'이 피고인 1의 주거에 침입하여 혈흔이 묻은 휴지들 및 침대시트를 수집한 후 수사기관에 제출한 사안

2. 법원의 판단

▨ 공소외인이 피고인 1의 주거에 침입한 시점은 피고인 1이 그 주거에서의 실

제상 거주를 종료한 이후이고, 위 혈흔이 묻은 휴지들 및 침대시트를 목적물로 하여 이루어진 감정회보는 피고인들에 대한 형사소추를 위해 반드시 필요한 증거라 할 것이므로, 공익의 실현을 위해서는 위 감정의뢰회보를 증거로 제출되는 것이 허용되어야 함

▨ 이로 말미암아 피고인 1의 주거의 자유나 사생활의 비밀이 일정 정도 침해되는 결과를 초래한다 하더라도 이는 피고인 1이 수인해야 할 기본권의 제한에 해당됨

V. 대법원 2013. 11. 28. 선고 2010도12244 판결(공직선거법위반)

1. 사안의 개요

▨ 동장 직무대리 지위에 있던 피고인이 시장에게 시청 전자문서시스템을 통해 '통장인 공소외 2 등에게 시장을 도와달라고 부탁했다'는 등의 내용을 담고 있는 전자우편을 보냈는데, 시청 소속 공무원인 제3자가 권한 없이 전자우편에 대한 비밀보호조치를 해제하는 방법을 통해 수집한 전자우편이 공직선거법위반죄 증거로 제출된 사안

2. 법원의 판단

▨ 제3자가 위와 같은 방법으로 전자우편을 수집한 행위는 정보통신망이용촉진및정보보호등에관한법률위반죄로 형사처벌 되는 범죄행위에 해당할 수 있을 뿐만 아니라, 전자우편을 발송한 피고인의 사생활의 비밀 내지 통신의 자유 등 기본권을 침해하는 행위에 해당한다는 점에서 일응 그 증거능력을 부인해야 할 측면도 있어 보임

- 그러나 위 전자우편은 시청 업무상 필요에 의해 설치된 전자관리시스템에 의해 전송, 보관되는 것으로서, 그 공공적 성격을 완전히 배제할 수는 없음

- 또한 **이 사건 형사소추 대상이 된 행위는 공직선거법에 의해 처벌되는 공무원의 지위를 이용한 선거운동행위로서, 공무원의 정치적 중립 의무를 정면으로 위반하고 이른바 관권선거를 조장할 우려가 있는 중대한 범죄에 해당함**

- 따라서 위 전자우편을 증거로 제출하는 것은 허용되어야 할 것이고, 이로 말미암아 피고인의 사생활의 비밀이나 통신의 자유가 일정 정도 침해되는 결과가 초래된다 하더라도 이는 피고인이 수인해야 할 기본권의 제한에 해당함

VI. 대법원 2023. 12. 14. 선고 2021도2299 판결(위탁선거법 위반)

1. 사안의 개요

- 공소외인이 피고인 1 동의 없이 피고인 1의 휴대전화를 조작하여 피고인 1의 전화통화 내용을 모두 녹음하였고, 그 전화통화 녹음파일이 피고인 1의 휴대전화에 저장되어 있는데, 수사기관이 피고인 1의 휴대전화를 적법하게 압수하여 분석하던 중 우연히 이를 발견하여 압수하였고, **공공단체등위탁선거에관한법률(약칭 '위탁선거법')위반죄 증거로 사용된 사안**

2. 법원의 판단

- 공소외인이 피고인 1 동의 없이 피고인 1의 휴대전화를 조작하여 통화내용을 녹음하였다는 점에서 공소외인이 피고인 1의 사생활 내지 인격적 이익을 침해했다고 볼 여지는 있음

- 그러나 공소외인은 전화통화의 일방 당사자로서 피고인 1과 직접 대화를 나누면서 피고인 1의 발언내용을 직접 청취하였으므로, 공소외인이 피고인 1과 사이의 통화내용을 몰래 녹음하였더라도 그로 인하여 피고인 1의 사생활의 비밀, 통신의 비밀, 대화의 비밀이 침해되었다고 평가하기는 어렵고, 음성권 등 인격적 이익 침해 정도도 비교적 경미하다고 보아야 함

- 한편, **이 사건 형사소추 대상이 된 행위는 피고인들이 수산업협동조합장 선거에서 금품을 살포하며 선거인을 매수하는 등의 방법으로 위탁선거법을 위반하였다는 것으로, 이른바 '돈 선거'를 조장하는 중대범죄에 해당함**

- **선거범죄는 대체로 계획적, 조직적 공모 아래 은밀하게 이루어지므로, 피고인들의 공모관계를 비롯한 구체적 범행내용 등을 밝혀줄 수 있는 객관적 증거인 위 전화통화 녹음파일을 증거로 사용해야 할 필요성이 높음**

- 따라서 위 전화통화 녹음파일은 증거로 사용할 수 있다고 보아야 함

Ⅶ. 대상 판결들의 의의

위와 같은 그간의 대표적인 판례들에 따르면, **대법원은 소위 '비교형량설'의 입장에서 사인 위법수집증거의 증거능력도 부인될 수 있는 것처럼 판시**하고 있기는 하다.

그러나 위 대법원 판례들은 모두 결국에는 증거능력이 있다고 판단하였으며, 실제 증거능력을 부인한 대법원 판례는 아직까지는 없는 것으로 보인다.

이에 대해서는 실제로 **"형식적으로는 '효과적인 형사소추 및 형사소송에서의 진실발견이라는 공익과 개인의 인격적 이익 등 보호이익'을 비교형량 하여야 한다는 입장을 취하면서도, 구체적 결론에서는 거의 언제나 전자에 해당하는 '형사소추의 공익'이 우월하다는 입장에 서서 그 증거능력을 인정함으로써, 실제적으로는 헌법상 인정되**

는 권리인 정보적 자기결정권 보호의 법리를 무색케 한다"는 지적이 있기도 하다.[163]

이에 위 판례들만으로는 '**개별 사안에 따라 전체적, 종합적으로 비교형량 하여 증거로 사용할 수 있는지 여부를 결정한다**'는 일반법리에 가까운 내용 외에는, '**도대체 어느 정도가 되어야 실제로 비교형량상 증거능력이 부인되는 것인지**'를 알기 어렵다.

다만 위와 같은 그간의 대표적인 대법원 판결례들에서 반복적으로 설시되는 내용을 종합하여 보면 ① '**피고인에 대한 형사소추를 위해 반드시 필요한 증거**' 내지는 '**증거로 사용해야 할 필요성이 높은**' 경우, 그리고 ② '**형사소추 대상이 된 행위가 중대한 범죄에 해당**'하는 경우에는 증거능력이 인정될 가능성이 클 것이다.

그리고 이에 대한 반대해석상 ① **반드시 필요한 증거가 아니거나,** ② 형사소추 대상이 된 행위가 **상대적으로 중한 범죄가 아닌 경우**[164]에는 증거능력이 부인될 가능성을 상정해볼 수 있을 것이다.

실제로 최근 하급심 판례[165] 중에는 ① **다른 증거를 수집할 수도 있었을 것으로 보이는 점,** ② **수리비 약 98만 원이 들도록 피해차량이 손괴된 것 외에 피해 운전자에 대한 상해가 발생한 것은 아니고, 보험사기행위의 규모(약 274만 원 지급, 1,000만 원 지급보류)도 매우 크지는 않은 것으로 보이는 점** 등을 바탕으로 버스 내 블랙박스 영상의 **증거능력을 부인하고 무죄를 선고한 사례**가 있다.

---

163) 김승주, 사인에 의한 위법수집증거: 비교형량론의 구체화, 대법원 판례해설(2014-06, 98호), 505

164) 예컨대 사인의 증거수집행위가 위법하였던 경우에, 형사소추 대상이 된 범죄의 법정형'이 '그 증거수집행위에 해당하는 죄의 법정형'보다 낮은 경우를 상정해볼 수 있을 것이다.
그러나 이에 대해서도 '당해 범죄의 법정형이 그 증거수집행위에 해당하는 죄의 법정형보다 반드시 높아야만 형사소추의 공익이 우월한 것으로 볼 수도 없다'는 견해도 있다(김승주, 앞의 논문, 509).

165) 광주지방법원 2023. 10. 5. 선고 2022고단1037 판결, 광주지방법원 2024. 11. 7. 선고 2023노2823 판결(검사 상고 않아 확정). 버스운전사인 피고인이 「피해자 F가 운전하는 승용차가 피고인 차량 우측에서 좌회전을 하면서 중앙선을 침범한 것을 발견하고, "그대로 받아부러 씹할놈"이라고 말하면서 피고인 차량 앞범퍼 부문으로 피해자 차량 우측 옆범퍼 부분을 들이받아 손괴하고(특수재물손괴), 위와 같이 고의로 교통사고를 일으켰음에도 피해자 회사에 우연한 교통사고로 피해를 입은 것처럼 행세하며 피해자 회사 직원을 기망하여, 이에 속은 피해자 회사로부터 보험금 명목의 금원을 교부받아 편취하려 하였으나 피해자 회사에서 고의 교통사고가 의심되어 지급을 보류하는 바람에 미수에 그쳤다(보험사기방지특별법위반)」고 기소된 사안

정리하면, 사인의 위법수집증거와 관련하여, 고소인 입장에서는 (애초에 사인 위법수집증거의 증거능력이 인정될 가능성이 압도적으로 높기는 하나) 우선 다른 증거들부터 제출한 뒤 최후의 경우에 해당 증거를 제출하는 방법이 보다 안전할 것이고, 피고인 입장에서는 현실적으로 **공소사실이 그렇게까지 중하지 않음을 강조하는 방법** 정도가 있을 것으로 보여진다.

3 수사기관이 압수수색 영장 없이 범죄 현장을 촬영한 촬영물의 증거능력 인정 여부

I. 대상 판결

나이트클럽 무대 위에서 이루어진 남성 무용수의 음란성 공연을 수사하기 위하여 수사기관이 압수수색 영장 없이 촬영한 영상 및 사진의 증거능력 인정 여부에 대해, 대법원 2023. 4. 27. 선고 2018도8161 판결은 『**수사기관이 통상적인 방법으로 개방된 장소에 출입하여 증거보전의 필요성 및 긴급성 하에 불특정 다수에게 공개된 장면을 일반적으로 허용되는 상당한 방법으로 촬영하였다면, 비록 영장 없이 촬영이 이루어졌더라도 그 영상물은 증거능력이 인정된다.**』고 판시하여 증거능력을 인정하였다.

Ⅱ. 사안의 개요

- 국민신문고 인터넷사이트에 '나이트클럽에서 남성 무용수의 음란한 나체쇼가 계속되고 있다'는 민원이 제기되자, 경찰관들이 나이트클럽에 손님으로 가장하여 들어가 비노출 소형카메라를 이용하여 무용수의 공연을 촬영

- 검찰은 위와 같이 촬영한 현장 영상 및 사진을 근거로 하여 나이트클럽의 운영자, 연예부장, 종업원이자 무용수를 음란행위 영업의 공모 혐의로 기소

- 경찰은 무용수의 공연을 촬영함에 있어 사전에 압수수색 영장을 발부받지 아니하였으며, 사후에도 별도로 압수수색 영장을 발부받지 아니하였음

Ⅱ. 재판 진행경과

1. 제1심의 판단

제1심[166]은 피고인들의 공연이 풍속영업의 규제에 관한 법률상 금지된 음란행위에 해당한다고 판단하여 유죄를 인정하였다.

구체적으로 제1심 재판부는 "피고인 A의 공연은 성행위와 유사한 동작을 연출하거나 실제 성기로 오인될 수 있는 모조 성기를 노출함으로써 관객들의 색정적 흥미에 호소하는 목적을 가지고 있을 뿐 그 밖에 다른 예술적, 문화적 가치는 전혀 없는 것으로 보이는 점 등을 더하여 보면, 피고인 A의 이 사건 공연은 단순히 일반인들에게 부끄러운 느낌이나 불쾌감을 주는 정도를 넘어서서 형사법상 규제의 대상으로 삼을 만큼 노골적인 방법에 의하여 성적 부위를 노출하거나 성적 행위를 표현한 음란행위에 해당한다고 보아야 한다."라고 판시하며 피고인들에게 유죄를 선고하였다.

---

166) 제주지방법원 2016. 1. 25. 선고 2016고정819 판결

한편, 제1심의 심리 과정에서 경찰이 압수수색 영장 없이 촬영한 영상 및 사진의 절차적 적법성 내지 증거능력에 관하여는 별도로 다투어지지 아니하였다.

2. 제2심의 판단

제2심[167])에서는 제1심과 달리, 수사기관이 압수수색 영장을 발부받지 아니한 채 범죄 현장을 촬영한 행위의 절차적 적법성 및 증거능력 여부를 주요 쟁점으로 보았다.

제2심은 경찰이 비노출 소형카메라를 이용하여 남성 무용수의 공연을 촬영한 행위는 피고인의 동의나 승낙 없이 이루어졌으며, 이는 피고인의 직업 선택 및 수행의 자유를 제한하는 강제수사에 해당하므로 헌법상 영장주의가 적용되어야한다는 점을 전제로 하고, 그럼에도 수사기관은 촬영 전은 물론 사후에 어떠한 영장도 발부받지 아니하였는바, 이와 같은 촬영은 적법절차에 위반된 위법수집증거라는 결론에 이르렀다.

구체적으로, 제2심은 아래와 같이 판단하여 압수수색 영장 없이 현장을 촬영한 영상 및 사진의 증거능력을 부정하였다.

> "경찰관들이 위와 같이 나이트클럽에 손님으로 가장하여 들어가 피고인 1의 공연을 촬영한 행위는, 수사기관으로서 피고인들의 이 사건 공소사실과 관련된 형사소송에서 사용될 증거를 수집하는 활동으로, **피고인들의 동의나 승낙 없이 피고인들의 직업 선택 및 수행의 자유 등에 대한 제한을 수반한다는 점에서 강제수사에 해당한다.**"

> "공소외 1을 비롯한 △△경찰서 소속 경찰관들이 위와 같이 나이트클럽에 손님으로 가장하여 들어가 **피고인 1의 공연을 촬영한 행위가 강제수사에 해당함은 앞서 본 바와 같고,**

---

167) 제주지방법원 2018. 5. 3. 선고 2017노112 판결

이 사건 기록에 의하면 경찰관들이 그 과정에서 사전 또는 사후에 영장을 발부받은 사실이 없음을 인정할 수 있으므로, 위와 같이 촬영한 영상이 수록되어 있는 CD 및 그 영상을 캡처한 현장사진은 모두 헌법과 형사소송법이 정한 적법절차를 위반하여 수집한 증거로서, 피고인들과 변호인이 그 증거 사용에 관하여 동의하였더라도 유죄의 증거로 사용할 수 없다."

또한 법원은 위 촬영물에 기초하여 작성된 피의자신문조서, 진술조서, 증인신문조서 중 공연 내용에 관한 진술 부분 등을 위법수집증거에 해당하는 영상 및 사진에 기초하여 획득한 2차적 증거로서 유죄의 증거로 사용할 수 없다고 판단하였다.

결국 제2심법원은 유죄의 증거로 사용할 수 없는 증거들을 제외하고는 공소사실을 인정하기에 부족하다고 판단하였고, 형사소송법 제325조 후단에 따라 피고인들 전원에게 무죄를 선고하였다.

3. 대법원의 판단

대법원[168]은 제2심의 판단에 증거능력에 관한 법리를 오해하여 판결에 영향을 미친 잘못이 있다고 보아 원심판결을 파기하고 사건을 환송하였다.

대법원은 "수사기관이 범죄를 수사하면서 **현재 범행이 행하여지고 있거나 행하여진 직후이고, 증거보전의 필요성 및 긴급성이 있으며, 일반적으로 허용되는 상당한 방법으로 촬영한 경우라면 위 촬영이 영장 없이 이루어졌다 하여 이를 위법하다고 할 수 없다**(대법원 1999. 9. 3. 선고 99도2317 판결 등 참조). 다만 촬영으로 인하여 초상권, 사생활의 비밀과 자유, 주거의 자유 등이 침해될 수 있으므로 수사기관이 일반적으로 허용되는 상당한 방법으로 촬영하였는지 여부는 **수사기관이 촬영장소에 통상적인 방법으로 출입하였는지 또 촬영장소와 대상이 사생활의 비밀과 자유 등에 대한 보호가**

---

168) 대법원 2023. 4. 27. 선고 2018도8161 판결

합리적으로 기대되는 영역에 속하는지 등을 종합적으로 고려하여 신중하게 판단하여야 한다."라는 기본적인 법리를 설시하고, 구체적으로 아래와 같이 판시하며 이 사건 촬영물과 그 촬영물을 캡처한 영상 사진의 증거능력을 인정하였다.

> "1) △△경찰서 소속 경찰관들은 국민신문고 인터넷사이트에 '이 사건 나이트클럽에서 남성무용수의 음란한 나체쇼가 계속되고 있다'는 민원이 제기되자 그에 관한 증거수집을 목적으로 이 사건 나이트클럽에 출입하였다.
>
> 2) 이 사건 나이트클럽은 영업시간 중에는 출입자격 등의 제한 없이 성인이라면 누구나 출입이 가능한 일반적으로 개방되어 있는 장소이다.
>
> 3) 경찰관들은 이 사건 나이트클럽의 영업시간 중에 손님들이 이용하는 출입문을 통과하여 이 사건 나이트클럽에 출입하였고, 그 출입 과정에서 보안요원 등에게 제지를 받거나 보안요원이 자리를 비운 때를 노려 몰래 들어가는 등 특별한 사정이 발견되지 않는다.
>
> 4) 피고인 1은 이 사건 나이트클럽 내 무대에서 성행위를 묘사하는 장면이 포함된 공연을 하였고, 경찰관들은 다른 손님들과 함께 객석에 앉아 그 공연을 보면서 불특정 다수의 손님들에게 공개된 피고인 1의 모습을 촬영하였다.

사실관계가 위와 같다면, 이 사건 촬영물은 경찰관들이 피고인들에 대한 범죄의 혐의가 포착된 상태에서 이 사건 나이트클럽 내에서의 음란행위 영업에 관한 증거를 보전하기 위한 필요에 의하여, 불특정 다수에게 공개된 장소인 이 사건 나이트클럽에 통상적인 방법으로 출입하여 손님들에게 공개된 모습을 촬영한 것이다. 따라서 영장 없이 촬영이 이루어졌다 하여 이를 위법하다고 할 수 없어 이 사건 촬영물과 그 촬영물을 캡처한 영상사진은 그 증거능력이 인정된다."

Ⅳ. 대상 판결의 의의

오늘날 수사기관이 사진이나 동영상을 촬영하여 증거를 수집하는 것은 필수적인 수사 방법으로 자리 잡았고, 특히 과학기술의 발전으로 촬영 기술, 범위 등이 고도화됨에 따라 그 중요성이 더욱 강조되고 있다. 그러나 우리 현행법상 이러한 수사 방법을 규율하는 명시적인 규정이 없기 때문에, 그 법적 성격(임의수사인지 강제수사인지 여부, 강제수사라면 검증에 해당하는지 여부 등), 허용 여부 및 그 요건 등을 둘러싸고 논란이 있어 왔다.[169]

대상 판결의 제2심 법원은 경찰의 촬영 행위가 피고인의 직업 선택 및 수행의 자유를 제한한다는 점을 근거로 강제수사에 해당함을 명시적으로 인정하였고, 사전·사후 어떠한 형식의 압수수색 영장도 발부받지 않고 수집된 촬영물은 헌법상 영장주의에 위배된 위법수집증거에 해당하기 때문에 증거능력을 인정할 수 없다고 판시하였다. 이와 같은 판단은 수사기관의 촬영이 강제수사에 해당하는지 여부를 판단함에 있어 대상자의 기본권을 실질적으로 제한하는지 여부를 기준으로 삼았다는 점, 나아가 향후 비슷한 유형의 촬영 행위에 대한 위법성 판단에 있어 일응의 기준을 제시하였다는 점에서 의미가 있다.

그러나 비밀 촬영이 강제수사라면 그 법률상 근거가 무엇인지에 대한 판단이 선행되어야 한다. 제2심은 형사소송법에 마련된 사전 또는 사후 영장을 발부받지 않아 위법하다는 취지로 판시하였는데, 그런데 동법은 영장을 필요로 하는 대물적 강제처분으로 압수수색·검증만 규정하고 있는데(형사소송법 제215조[170]), 동 판결에서 정작 비

---

169) 김시원, 수사기관의 범행현장 등 촬영의 적법성 판단 기준 - 대상판결: 대법원 2023. 4. 27. 선고 2018도8161 판결, 사법 제69호(2024), 476

170) 제215조(압수, 수색, 검증) ① 검사는 범죄수사에 필요한 때에는 피의자가 죄를 범하였다고 의심할 만한 정황이 있고 해당 사건과 관계가 있다고 인정할 수 있는 것에 한정하여 지방법원판사에게 청구하여 발부받은 영장에 의하여 압수, 수색 또는 검증을 할 수 있다.

② 사법경찰관이 범죄수사에 필요한 때에는 피의자가 죄를 범하였다고 의심할 만한 정황이 있고 해당 사건과 관계가 있다고 인정할 수 있는 것에 한정하여 검사에게 신청하여 검사의 청구로 지방법원판사가 발부한 영장에 의하여 압수, 수색 또는 검증을 할 수 있다.

밀촬영이 이 중에서 무엇에 해당하는지 또는 성격이 유사하여 유추 적용되는 것인지에 대한 설명이 없어 압수, 수색, 검증 중 어떤 절차에 따라 강제수사가 행하여져야 하는지 명확하지 않다.[171]

한편, 대법원은 원심판결을 파기하고 사건을 환송하면서, 이 사건 촬영 행위가 강제수사에 해당하는지 또는 임의수사에 해당하는지에 관하여는 명시적으로 판단하지 아니하고, 범죄 혐의의 명백성, 증거보전의 필요성 및 긴급성, 촬영 방법의 상당성이 충족될 경우에는 영장 없이 촬영이 이루어졌더라도 위법수집증거로 볼 수 없다는 기존 법리를 설시하며, 이에 따라 수사기관이 일반에게 개방된 장소에 통상적인 방법으로 출입하여 불특정 다수에게 공개된 공연 장면을 통상적인 방법으로 촬영한 영상 및 사진은 증거능력이 인정된다고 판시하였다.

그러나 이 사건의 경우, 수사기관은 이미 사전에 피고인들의 혐의를 인지한 상태에서 비노출 소형카메라를 지참하고 나이트클럽에 출입하여 공연 장면을 촬영한 것으로, 과연 '긴급성' 요건이 충족되었는지에 대하여는 의문이 제기될 수 있다. 만약 이와 같은 사안에서도 영장 없는 촬영이 허용된다면, 이는 헌법 제12조 제3항[172]에서 보장하는 영장주의의 실질적 의미와 기능을 현저히 약화시킬 우려가 있다.

그렇다고 하여 사전에 압수수색 영장을 발부받고 촬영을 시도하는 경우에는, 형사소송법 제122조[173] 및 제219조[174]에 따라 피의자에게 영장을 제시하여야 하는데, 범죄현장 촬영 직전에 영장을 제시하게 되면 피의자가 즉시 범행을 중단함으로써 수사의

---

171) 지은석, 수사기관의 비밀촬영 - 대법원 2023. 4. 27. 선고 2018도8161 판결, 형사법의 신동향 통권 제79호(2023), 167-168

172) 제12조 ③체포·구속·압수 또는 수색을 할 때에는 적법한 절차에 따라 검사의 신청에 의하여 법관이 발부한 영장을 제시하여야 한다.

173) 제122조(영장집행과 참여권자에의 통지) 압수수색 영장을 집행함에는 미리 집행의 일시와 장소를 전조에 규정한 자에게 통지하여야 한다. 단, 전조에 규정한 자가 참여하지 아니한다는 의사를 명시한 때 또는 급속을 요하는 때에는 예외로 한다.

174) 제219조(준용규정) 제106조, 제107조, 제109조 내지 제112조, 제114조, 제115조제1항 본문, 제2항, 제118조부터 제132조까지, 제134조, 제135조, 제140조, 제141조, 제333조제2항, 제486조의 규정은 검사 또는 사법경찰관의 본장의 규정에 의한 압수, 수색 또는 검증에 준용한다.

실효성이 상실될 가능성도 존재한다. 이는 특히 공연 행위와 같이 일회적이며 현장에서 실시간으로 이루어지는 사안에서 중요하게 고려하여야 할 부분이라고 할 것이다.

이러한 수사 방법상의 현실적 제약과 헌법상 기본권 보장의 요청을 조화롭게 충족하기 위하여는, 수사기관의 범죄 현장 촬영 행위가 강제수사인지 임의수사인지 여부를 판단하는 기준을 우선적으로 명확히 정립할 필요가 있다. 만약 강제수사로 판단되는 경우 수사기관은 사후에라도 즉시 압수수색 영장을 발부받아야 할 것이고, 임의수사로 평가되는 경우 대법원의 일관된 법리에 따라 영장주의의 예외 요건인 범죄의 명백성, 증거보전의 필요성 및 긴급성, 촬영 방법의 상당성을 충족하는지에 대한 엄격한 심사가 이루어져야 할 것이다.

4 압수수색 영장의 집행과정에서 사인 참여의 불법성

Ⅰ. 대상 판결

압수수색 영장 집행에 있어 사인이 참여하여 증거수집이 가능한지, 가능하다면 그 한계는 어떻게 되는지에 대하여 대법원 2024. 12. 16. 자 2020모3326 결정은『**법률상 사인의 참여를 허용하는 예외적인 경우를 제외하고는 형사소송법상 참여권자나 참여할 수 있도록 규정된 사람 이외의 사람을 참여시킬 수는 없고, 참여가 허용된 사람 이외의 제3자를 임의로 참여케 하여 압수수색 영장을 집행하거나 영장 없이 압수수색을 한 것은 위법하다.**』고 판단하였다.

Ⅱ. 사안의 개요

▨ 수사기관은 2020. 8. 5. 법원이 적법하게 발부한 압수수색 영장을 가지고 치과의 사인 피혐의자가 운영하는 치과병원을 수색하면서, 생명보험협회 소속 치위생사인 사인 A를 참여하게 하였고, 수사기관은 사인 A의 도움을 받아 치과병원의 진료기록부와 업무용 수첩 등 서류들을 압수하고 하드디스크 등에 기록된 전자정보를 압수

▨ 이 과정에서 생명보험협회 소속 치위생사인 사인 A는 자유롭게 압수대상인 서류들을 열람하고 분류하였으며, 간호사의 PC를 탐색하고 환자의 진료기록부를 확인하는 등 압수수색 과정에 적극 참여함

Ⅲ. 재판 진행경과

1. 준항고인의 주장

준항고인은 ① 피준항고인들이 압수수색 당시 준항고인에게 압수수색 영장을 사전에 제시하지 않다가 약 3시간 정도 도과한 후 준항고인의 항의에 따라 영장의 표지 부분만 준항고인에게 제시하였으므로 위 압수수색은 형사소송법 제118조[175]에 위반되어 위법하고, ② 압수수색 당시 경찰관이 아닌 생명보험협회 직원이 직접 압수수색을 집행하여 자료를 선별하는 작업을 하였으므로 압수수색은 형사소송법 제115조 제1항 본문[176]에 위반되어 위법하다고 주장하였다.

---

175) 제118조(영장의 제시) 압수수색 영장은 처분을 받는 자에게 반드시 제시하여야 한다.

176) 제115조(영장의 집행) ① 압수수색 영장은 검사의 지휘에 의하여 사법경찰관리가 집행한다. 단, 필요한 경우에는 재판장은 법원사무관등에게 그 집행을 명할 수 있다.

2. 법원의 판단

가. 준항고심의 판단

준항고심[177]은 ① 주장에 대하여, 준항고인이 제출한 자료 중 특히 CCTV 영상에는 압수수색 개시 당시 경찰관들이 준항고인에게 영장을 제시하는 장면이 명확히 촬영되지는 않았으나, 수사기관이 압수수색 착수 당시 준항고인에게 영장을 제시하였다는 취지의 수사보고를 작성한 바 있고, 준항고인이 제출한 CCTV 영상을 살펴보면 수사기관이 압수수색 개시 이전 서로 서류를 건네받는 장면과, 이후 화면에 촬영되지 않은 부분에서 준항고인이 나타나는 장면이 있는 것으로 보아, 압수수색 개시 전에 준항고인에게 영장을 제시하였다고 볼 여지가 있으므로 경찰관의 진술이 신빙성이 있어 준항고인의 주장을 받아들일 수 없다고 하였으며,

② 주장에 대하여는, 생명보험협회 소속 치위생사인 사인 A가 압수수색에 활발히 참여한 사실이 인정되고, 수사기관도 의료자문을 위해 치위생사를 대동하여 압수수색 영장을 집행한 사실을 인정하나, 압수수색 당시 치위생사 외에도 여러 명의 경찰관들이 활발하게 압수수색에 참여하면서 서류를 수색하고 준항고인과 여러 차례 대화하는 장면이 촬영된 사실이 있다. 이러한 CCTV 영상에 의하면, **치위생사가 사법경찰관들을 배제한 채 자신이 주체가 되어 주도적으로 압수수색을 집행하였다고 볼 수 없고, 치위생사는 경찰관들의 적법한 수색업무 집행을 위한 이행보조자나 조력인 정도의 역할을 수행한 것에 불과하다**고 보이기에, 사법경찰관 외 사인이 압수수색을 집행하여 위법한 압수집행이라는 취지의 준항고인 주장을 받아들일 수 없다고 하였다.

---

177) 인천지방법원 부천지원 2020. 9. 29.자 2020보7 결정

나. 재항고심의 판단

대법원[178]은 형사소송법 제199조 제1항 단서[179]가 강제처분 법정주의를 취하고 있으므로, 형사소송법에 근거하지 아니한 수사기관의 강제처분은 허용될 수 없으며 압수수색은 주거의 자유나 사생활의 비밀과 자유를 중대하게 제한하는 강제처분이기에 수사기관은 강제채혈, 강제채뇨 등과 같이 강제처분이 법률상 의료인 아닌 자가 수행할 수 없는 의료행위를 수반하는 경우, 잠금장치 해제, 전자정보의 복호화나 중량 압수물의 운반과 같이 단순한 기술적, 사실적 보조가 필요한 경우, 압수수색 후 환부 대상이 될 도품의 특정을 위하여 필요한 경우 등 **제한적 범위 내에서 압수수색 영장의 집행기관인 사법경찰관리의 엄격한 감시·감독하에 제3자의 집행 조력이 정당화될 수 있는 예외적인 경우가 아닌 이상 압수수색 현장에 형사소송법상 참여권자나 참여할 수 있도록 규정된 사람 이외의 사람을 참여시킬 수는 없고, 참여가 허용된 사람 이외의 제3자를 임의로 참여케 하여 압수수색 영장을 집행하거나 영장 없이 압수수색을 한 것은 위법하다**고 판시하였다.

특히 대법원은 위 사례에서, 대법원은 ① 치위생사가 사법경찰관과 준항고인의 대화 도중 사법경찰관이 소지하고 있던 서류에 자유롭게 접근하여 열람하는 장면, ② 치위생사가 이 사건 병원 압수수색 과정을 촬영하던 사법경찰관으로부터 휴대전화를 건네받아 준항고인이 사용하던 것으로 보이던 책상 서랍과 그 내용물을 촬영하는 장면 및 병원 환자대기실 바닥에 펼쳐진 압수대상 문서를 직접 분류하는 장면, ③ 치위생사가 압수 대상물을 소지한 채 사법경찰관들에게 다가가 이를 보여주면서 대화를 나누는 장면 및 사법경찰관에게 서류뭉치를 건네주자 사법경찰관이 건네받은 서류에 무언가를 기재하는 장면, ④ 치위생사가 병원 접

---

178) 대법원 2024. 12. 16.자 2020모3326 결정

179) 제199조(수사와 필요한 조사) ① 수사에 관하여는 그 목적을 달성하기 위하여 필요한 조사를 할 수 있다. 다만, 강제처분은 이 법률에 특별한 규정이 있는 경우에 한하며, 필요한 최소한도의 범위 안에서만 하여야 한다.

수대 안쪽에 설치된 간호사 PC를 탐색하고, 그곳에 펼쳐진 환자의 엑스레이 사진이 부착된 진료기록부를 확인한 후 그 진료기록부를 넘겨가며 사법경찰관과 대화하는 장면과 소지한 노트에 무언가를 적은 다음 그 노트를 사법경찰관에게 보여주며 대화하는 장면 등이 이 사건 병원에 설치된 CCTV에 녹화되어 있음을 인정하고,

이러한 사실관계와 앞서 본 법리에 비추어 볼 때, ① 이 사건 압수처분이 법률상 의료기사인 치위생사만이 할 수 있는 행위를 수반한다고 보기 어렵고, ② 이 사건 치위생사가 이 사건 압수처분 당시 한 압수 대상물 분류, PC 탐색 등과 같은 행위는 전자정보 복호화, 잠금장치 해제나 중량 압수물 운반과 같이 단순한 기술적, 사실적 보조에 그친다고 보기 어려우며, ③ 이 사건 압수처분을 통하여 압수된 유체물이나 전자정보가 이 사건 치위생사 혹은 생명보험협회에게 환부되어야 할 물건이나 전자정보로 보기도 어렵고, ④ 그 밖에 이 사건 치위생사가 이 사건 영장에 기한 사법경찰관의 압수수색 과정에 참여한 것이 정당화될 수 있는 예외적인 경우에 해당한다고 볼 만한 특별한 사정을 찾을 수 없으며, ⑤ 이 사건 치위생사는 보험사기의 피해자인 개별 생명보험회사의 공동 이익 증진 등을 위해 설립된 단체인 생명보험협회의 사용인으로 이들과 이해관계를 같이한다고 볼 여지도 있다고 보았다.

따라서 대법원은 사법경찰관이 이 사건 압수처분 당시 형사소송법이 규정한 압수수색 참여권자 또는 압수수색에 참여할 수 있도록 규정된 사람 이외의 제3자인 이 사건 치위생사를 약 3시간 동안 압수수색 전과정에 참여케 한 행위는 **강제처분에 있어 헌법과 형사소송법이 정한 절차에 따르지 아니한 것으로 위법하고, 헌법 제12조에서 정한 적법절차 원칙과 헌법 제16조, 제17조에서 규정하고 있는 기본권인 주거의 자유와 사생활의 비밀과 자유의 중요성에 비추어 그 위반의 정도 역시 무겁다고 판단되므로, 결국 이 사건 압수처분은 취소되어야 한다**고 판시하며 원심결정을 파기하고 환송하였다.

Ⅳ. 대상 판결의 의의

대상 판결에서 원심은 수사기관의 압수수색 영장 집행 과정에서 사인이 직접 주체가 되어 주도적으로 압수수색을 집행하였는지 또는 수사기관의 적법한 수색업무 집행을 위한 보조자나 조력인 정도의 역할을 수행한 것에 불과하였는지 여부에 따라 구분하여 적법성을 판단하였으나, 대법원은 적법절차원칙을 더욱 엄격하게 해석하여 사인의 집행 조력이 정당화될 수 있는 예외적인 경우가 아닌 이상 압수수색 현장에 있어 형사소송법상 규정된 참여권자 외의 사람을 참여시킬 수 없다고 보았다.

대상 판결의 원심 결정과 같이 압수수색 영장 집행 과정에 참여한 사인이 주도적으로 활동하였는지 혹은 단순한 조력자에 불과한지와 같은 사실관계를 확정하는 것은 쉽지 않을 것이며, 우리 법제상 사인의 영장 집행 참여를 명문상 허용하는 규정을 두고 있지 않은 점과 압수수색 영장 집행에 있어 사인 참여의 필요성을 고려할 때 대상 판결의 대법원 결정처럼 사인의 영장 집행 참여를 적법절차 원칙 위반으로 보아 수집한 증거의 증거능력을 부인하는 것도 적절치 않다는 견해도 있다.[180]

그러나 대표적인 국가 공권력 작용인 압수수색 절차에 있어 적법절차에 따라 공무를 위임 받지 아니한 사인이 명확한 법률의 근거 없이 압수수색 절차에 참여하여 피압수자에 대한 침익적 처분에 관여하는 것은 합리화 될 수 없고, 그 과정에서 야기될 수 있는 공무상 비밀누설, 개인정보 침해, 부패 가능성 우려 등을 고려할 때 대상 판결과 같이 적법절차 준수를 엄격하게 할 필요가 있다고 판단된다.

---

180) 박용철, "압수수색 영장의 집행 과정에서 사인 참여의 기준과 한계", 「서울法學」 제32권 제4호(2025), 323

5 기소 이후 준항고를 통해 압수물 처분의 취소 청구를 할 수 있는지 여부

Ⅰ. 대상 판결

대법원 2022. 7. 28.자 2022모2352 결정에서는, 공소제기 이후의 단계에서 검사의 압수물에 대한 처분에 관하여 준항고로 다툴 수 있는지, 압수물에 대한 가환부 이후 몰수가 선고되지 않은 판결이 확정되어 압수가 해제된 것으로 간주된 경우 검사에게 압수물 환부에 대한 처분을 할 권한이 있는지 여부가 문제되었다.

대법원은 위 결정에서 『**공소제기 이후의 단계에서는 압수물 환부, 가환부에 관한 처분권한이 수소법원에 있으므로 검사의 압수물에 대한 처분에 관하여 형사소송법 제417조**[181]**의 준항고로 다툴 수 없고, 형사소송법 제332조**[182]**에 따라 압수물에 대한 몰수의 선고가 포함되지 않은 판결이 확정된 때에는 압수가 해제된 것으로 간주되므로**

---

181) 형사소송법 제417조(준항고) 검사 또는 사법경찰관의 구금, 압수 또는 압수물의 환부에 관한 처분과 제243조의2에 따른 변호인의 참여 등에 관한 처분에 대하여 불복이 있으면 그 직무집행지의 관할법원 또는 검사의 소속검찰청에 대응한 법원에 그 처분의 취소 또는 변경을 청구할 수 있다.

182) 형사소송법 제332조(몰수의 선고와 압수물) 압수한 서류 또는 물품에 대하여 몰수의 선고가 없는 때에는 압수를 해제한 것으로 간주한다.

이 경우 검사에게는 압수물 환부에 대한 처분을 할 권한이 없다.』라고 판시하였다.

Ⅱ. 사안의 개요

- 경찰은 2021. 10. 1. 재항고인의 사기 등 피의사실 관련하여 재항고인으로부터 편취금 오만 원권 100매, 일만 원권 100매를 압수하였고, 검사는 2020. 10. 6.[183] 위 압수물을 피해자에게 가환부

- 이후 재항고인은 위 피의사실로 기소되어 1심에서 징역 3년 6개월을 선고받았고,[184] 이에 항소하였으나 항소심은 재항고인의 항소를 기각하였으며,[185] 이후 재항고인은 상고를 제기하였다가 2022. 10. 4. 상고를 취하하여 형이 확정됨

- 재항고인은 검사의 2020. 10. 6.자 가환부 처분의 취소를 구하며 준항고를 제기하였으나 준항고심은 이를 기각하였고, 재항고인은 이에 불복하여 대법원에 재항고

Ⅲ. 재판 진행경과

1. 준항고심의 판단

준항고심[186]은 「형사소송법 제417조의 규정은 검사 또는 사법경찰관이 수사단계에서 압수물의 환부에 관하여 처분을 할 권한을 가지고 있을 경우에 그 처분에

---

183) 대법원 2022모2352 결정문에는 2020. 10. 6.로 기재되었으나, 재항고인의 범행일자가 2021. 6.경 이후이고 경찰의 압수목록 교부서 작성일은 2021. 10. 1.인 점 등으로 보아 위 기재는 오기이고, 실제 검사의 가환부 처분은 2021. 10. 6. 이루어진 것으로 보인다.

184) 대전지방법원 천안지원 2022. 6. 15. 선고 2021고단2228, 2022초기214, 2022고단267, 2022고단689, 2022고단363, 2022고단586 판결

185) 대전지방법원 2022. 9. 21. 선고 2022노1614 판결

186) 대전지방법원 천안지원 2022. 9. 29.자 2022보1 결정

불복이 있으면 준항고를 허용하는 취지라고 보는 것이 상당하므로 형사소송법 제332조의 규정에 의하여 압수가 해제된 것으로 되었음에도 불구하고 검사가 그 해제된 압수물의 인도를 거부하는 조치에 대해서는 형사소송법 제417조가 규정하는 준항고로 불복할 대상이 될 수 없다.」라고 판시한 대법원 법리[187]에 비추어 볼 때, 이 사건 압수물에 대하여 몰수의 선고가 포함되지 않은 판결이 선고되어 확정되었으므로, 형사소송법 제332조의 규정에 따라 압수가 해제된 이 사건 압수물에 대하여 검사가 가환부 내지 환부 신청을 불허하였다고 하더라도 더 이상 이를 준항고의 방법으로 불복할 수 없다고 판단하여 준항고를 기각하였다.

2. 대법원의 판단

대법원[188]은 「**수사기관의 압수물의 환부에 관한 형사소송법 제417조의 준항고는 검사 또는 사법경찰관이 수사 단계에서 압수물의 환부에 관하여 처분을 할 권한을 가지고 있을 경우에 그 처분에 관하여 제기할 수 있는 불복절차이다.**」라는 기존의 법리를 재확인하면서, 「**공소제기 이전의 수사 단계에서는 압수물 환부 가환부에 관한 처분권한이 수사기관에 있으나 공소제기 이후의 단계에서는 위 권한이 수소법원에 있으므로 검사의 압수물에 대한 처분에 관하여 형사소송법 제417조의 준항고로 다툴 수 없다. 또한 형사소송법 제332조에 따라 압수물에 대한 몰수의 선고가 포함되지 않은 판결이 확정된 때에는 압수가 해제된 것으로 간주되므로 이 경우 검사에게는 압수물 환부에 대한 처분을 할 권한이 없다.**」라고 판단하여 재항고를 기각하였다.

---

187) 대법원 1984. 2. 6.자 84모3 결정
188) 대법원 2024. 4. 16. 선고 2020도3050 판결

IV. 대상 결정의 의의

대상 결정은 형사소송법 제417조의 준항고에 대하여, 수사기관이 수사 단계에서 압수물의 환부에 관한 처분권한이 있을 경우에 그 처분에 관하여 제기할 수 있는 불복 절차라는 기존의 법리를 재확인하면서, 나아가 공소제기 이후에는 수사기관에 압수물 환부 가환부에 관한 처분권한이 없다는 점을 명확히 하였다.

또한, 몰수 선고가 없는 판결의 확정 시 압수가 당연 해제된다는 법리를 재확인하고 이 경우 검사에게는 압수물 환부에 대한 처분을 할 권한이 없으므로 검사가 환부를 거부하더라도 준항고의 대상이 되지 않는다고 판단하였다.

한편, 형사소송법 제332조에 의하면 압수한 서류 또는 물품에 대하여 몰수의 선고가 없는 때에는 압수를 해제한 것으로 간주한다고 규정되어 있으므로 어떠한 압수물에 대한 몰수의 선고가 포함되지 않은 판결이 선고되어 확정되었다면 검사에게 그 압수물을 제출자나 소유자 기타 권리자에게 환부하여야 할 의무가 당연히 발생하는 것이고, 권리자의 환부신청에 대한 검사의 환부결정 등 어떤 처분에 의하여 비로소 환부 의무가 발생하는 것은 아니므로, 검사가 피압수자의 압수물 환부신청에 대하여 아무런 결정이나 통지도 하지 아니하고 있다고 하더라도 그와 같은 부작위는 현행 행정소송법상의 부작위 위법확인소송의 대상이 되지도 아니한다.[189]

결국 피압수자는 검사의 환부 거부에 대하여 민사소송인 압수물 인도청구의 형태로 환부를 구할 수 있고,[190] 환부 거부로 인해 손해가 발생한 경우 손해배상을 청구할 수 있을 것이다.[191]

---

189) 대법원 1995. 3. 10. 선고 94누14018 판결
190) 대법원 2006. 12. 7. 선고 2006다24124 판결
191) 대법원 2001. 4. 10. 선고 2000다49343 판결